人工智能法律基础研究

王婧◎著

中国商务出版社
CHINA COMMERCE AND TRADE PRESS

图书在版编目（CIP）数据

人工智能法律基础研究 / 王婧著. -- 北京 : 中国
商务出版社，2022.12
ISBN 978-7-5103-4511-1

Ⅰ．①人… Ⅱ．①王… Ⅲ．①人工智能－科学技术管
理法规－研究－中国 Ⅳ．①D922.174

中国国家版本馆 CIP 数据核字(2023)第 012121 号

人工智能法律基础研究
RENGONG ZHINENG FALU JICHU YANJIU

王婧　著

出　　版：中国商务出版社
地　　址：北京市东城区安外东后巷28号　　邮　编：　100710
责任部门：教育事业部（010-64283818）
责任编辑：丁海春
直销客服：010-64283818
总 发 行：中国商务出版社发行部　（010-64208388　64515150 ）
网购零售：中国商务出版社淘宝店　（010-64286917）
网　　址：http://www.cctpress.com
网　　店：https://shop162373850.taobao.com
邮　　箱：347675974@qq.com
印　　刷：北京四海锦诚印刷技术有限公司
开　　本：787毫米×1092毫米　1/16
印　　张：11　　　　　　　　　　　　字　数：227千字
版　　次：2023年5月第1版　　　　　　印　次：2023年5月第1次印刷
书　　号：ISBN 978-7-5103-4511-1
定　　价：73.00元

前　言

近几年，由于人工智能技术的迅速发展，其在全球范围内得到了越来越多的应用，尤其是我们人类的生产和生活的各个领域。人工智能从默默无闻到走进人类日常生活，这是科技与产业发展规律的必然结果。过去的几十年，互联网推动数据化、信息化的进一步发展，计算机超级计算能力进一步提升，人工智能迅猛发展，正在成为21世纪新技术革命的创新动能。人工智能作为科技发展的突破口，日益显现出塑造社会的影响力。人类的科学水平和知识能力也推动了人工智能的飞速发展。

人工智能拥有类似人类的智能，但是并未发展出人类理性，也不能为自己立法，不可取得类似自然人的法律主体地位。人工智能虽然具有某些超越人类能力的强大功能，但是为其拟制一个法律主体并无实益，不可赋予其类似人的法律主体地位。人们一方面担忧人工智能技术的滥用，希望出台管制人工智能的法律与政策；另一方面又担心对高度智能机器人的虐待，期待赋予人工智能以电子人格。这些问题的解决都需要从法律角度对人工智能的法律地位进行定位。基于此，我们必须顺应潮流，与时俱进，不断充实自己的法律知识营养，提高法律素养和法治意识，用智能技术的外衣去装备法律知识的本体，推进智能技术与法律专业、司法领域的融合，用最前卫和理性的姿态去拥抱人工智能。

本书共分为六章。第一章为人工智能伦理困境及其破解，分析了人工智能的伦理困境与困境原因，并就此提出人工智能的伦理困境解决路径；第二章针对人工智能法律应用进行研究，论述人工智能在法律领域的应用与规制现状，分析了人工智能法律应用领域凸显的问题，明确了确立人工智能法律地位面临的"两难困境"与确立人工智能法律地位的制度建设之道；第三章为人工智能法律人格理论研究；第四章为人工智能生成物的法律定性研究，论述国内外对人工智能生成物的法律保护现状，分析了人工智能生成物法律保护模式的选择，最后提出人工智能生成物著作权法保护的特有制度构建；第五章研究了人工智能算法权力的法律规制，分析了人工智能算法权力滥用引发的风险与人工智能算法权力规制的域外经验，提出了构建人工智能算法权力的法律规制路径；第六章为人工智能的刑法规制研究，介绍了人工智能的刑法规制现状，简述人工智能的刑法规制相关问题的解决建议，最后提出人工智能刑事风险的应对设想。

由于作者水平有限，文中难免有不足之处，恳请各位专家、老师、读者批评指正。

目 录

第一章 人工智能伦理困境及其破解

第一节 人工智能和人工智能伦理

对人工智能伦理困境进行研究，首先要明晰人工智能和人工智能理论的相关概念、特点，发展历程、现状及趋势，具备全面的知识基础和整体认知，才能进一步对课题进行深入研究和创新。

一、人工智能技术概念及其发展历程

人工智能技术的发展至今仅仅经历了 60 多年，比起人类漫长的科技发展史，人工智能还只是处于初级阶段，还有很多的不足和发展空间。

（一）人工智能的定义

人工智能（Artificial Intelligence，简称 AI），最早是由麦卡锡（McCartney）牵头与几位不同领域的专家于 1965 年达特茅斯会议上共同提出，"人工智能"技术研究涉及领域包括数学、计算机、神经网络等学科，经过近 60 年的发展，对于其定义，各个领域的专家学者各执一词、莫衷一是。美国学者 P. H. 温斯顿教授在《人工智能》中认为："人工智能就是用计算机中所编制的程序去做人之前能做的富有智能的事情。"[①] 其实质是自适应机器学习。而在人工智能学家斯特阿特·罗素（Suart Russell）看来，人工智能是理性行动者，即在某一个情境中采取最好行动的理性行动者。[②] 以上都是计算机学家从技术角度给出的定义。在人工智能哲学、伦理研究的范畴内，随着社会化进程的加快，人工智能不仅仅是一种技术，而更多地具有社会学的色彩，也就是从单纯的程序、技术，演化为与人

[①] 武满芳. 人工智能技术在教学中的应用 [J]. 电脑编程技巧与维护，2020：131-132.

[②] 刘凯，胡静. 人工智能教育应用理论框架：学习者与教育资源对称性假设——访智能导学系统专家胡祥恩教授 [J]. 开放教育研究，2018，24（06）：4-11.

息息相关的智能产物。"智能"本是人类专属的能力，拥有"收集信息、独立思考、正确判断、准确行为"整个过程便是智慧的体现。人类正是因为拥有智慧，创造出一系列替代、延伸人类感官、器官与智慧的工具强化自身能力，才作为"智人"战胜凶猛的野兽与恶劣的自然环境成为蓝色星球的统治者的。人工智能逐渐具有人所具有的感知、推理、决策、行为能力，斯图尔特·拉塞尔和彼得·诺维（Stuart Russel land Peter Norvig）在《人工智能：一种现代方式》提出了两种定义方式；一种是通过过程和推理，另一种是通过行为。① 也就是以技术的运算和行为结果作为判别人工智能的定义标准；于雪、段伟文将人工智能定义为：基于大数据、算法与算力能为人类提供产品、服务、应用的智能体。②

而在本书中，作者面向论证的人工智能则是从伦理视角出发，定义为："应用于人类生产、生活的包含人工智能技术且对人类个人、社会伦理关系产生影响的人工智能体。"人工智能研究中的重要领域"人机交互"关注的不仅是人工智能体对人的作用——也包括人对机器的反作用：沟通交往、情感传递、关系建立。正是由于人工智能与个人、人类社会的互动性，人被人工智能或主动或被动地影响到价值判断、价值选择与价值决策，因此，人工智能伦理也越来越引起专家学者的研究与探讨。

（二）人工智能的分类及现状

人工智能技术根据其基本功能、智能程度被区分为"弱人工智能""强人工智能"与"超人工智能"，由于人工智能被定义为像人一样思维或行动、具备类人的认知、判断和情感能力的机器。因此，将人工智能与人对比可以更生动地体现人工智能技术的发展阶段：弱人工智能就像儿童一样，强人工智能表现得像正常的成年人一样，而超人工智能则像超人一样。

弱人工智能指的是只能完成单一某项任务、解决某种特定问题的应用型人工智能，如当前的无人驾驶、人脸识别、语音助手、扫地机器人等都属于弱人工智能。弱人工智能产品某一方面的智能可以与人类媲美甚至优于人类，看起来很聪明，可以做出人类智能难以企及的决策或行为，但不可否认的是，它们仍旧只是被既定程序所操控的空壳，完全按照既定程序与算法进行运行，并不具备人类智慧，称其为"机器智能"更为贴切。弱人工智能一旦接收的信息难以被既定程序识别，自身就会混乱。

---

① 郝君. 通过实践活动创新小学人工智能教学方式——以"有趣的 0 和 1"一课为例 [J]. 中小学信息技术教育，2020：52-55.
② 牟莉娜，阳杰. 人工智能时代的机遇与挑战：基于算法的审计决策 [J]. 中国内部审计，2018：6-8.

强人工智能则是指通用型人工智能，可以像人一样拥有智力与情感的智能机器，是随着算力大幅提高和海量数据的摄取以及"深度学习"、"自主学习"、技术的快速发展，让人工智能在现实生活，通过模型和海量数据训练实现拥有自我意识、理性思想的人工智能，最大的特点就是能够像人一样能够实时感知、分析、理解从外部接收的信息，做出决策并采取行动。如 2019 年科幻电影《流浪地球》中的管家"Nike"，是一款强人工智能软件系统，能够全面周密地监控飞船机体及宇航员的状况。它的思维符合斯特阿特·罗素的"理性行动者"设想，通过数据周密计算做出最优解，并替人类做出决策。

超人工智能则是拥有人类思维、情感的超智能人，但是学习、运算、推理、生存等能力超越人类自身，这是人工智能技术梦寐以求想要达到的最高目标，日本、美国都紧锣密鼓地研究具有超越人类能力的人工智能，在 2020 年中国人工智能应用层产业规模中智能机器人的占比达 20%，对超人工智能的研发欲望就可见一斑。超人工智能常出现在影视作品中，如《人工智能》中与母亲建立情感的小男孩，《银翼杀手》中的男主角，《吾乃母亲》中有目的有意识地对人类进行教育和选择的机器母亲，等等。超人工智能在当下现实中还没有出现，不过随着人工智能技术的爆炸性发展，在未来的某一天，人工智能超过"技术奇点"，那时人类文明或将面临被奴役被扼杀的命运，面对占有绝对优势的种群要么俯首称臣被摆布，要么奋起反抗惨遭灭绝。

人工智能发展的不同阶段所导致的伦理困境有所不同，人工智能技术水平越高，对人类生活融入越深入越广泛，所出现的伦理困境也就越多越复杂。当前弱人工智能已经引发了伦理冲突和思考，未来更严重的问题也需要未雨绸缪，因此，人工智能伦理研究已是大势所趋、迫在眉睫。

（三）人工智能技术的发展

人类社会的发展史其实就是人类制造和利用工具改造自然和完善社会的历史，也是技术发展和进化的历史。人工智能技术也是一样经过历史的考验，在近 60 年的长河中跌宕起伏。

从时间更迭的角度看，人工智能技术的发展经历了三次高潮和两次低谷：20 世纪 50 年代末，由神经网络主导了第一次高潮，利用感知器数学模型模拟人的神经元反应，完成简单学习及分类任务；70 年代初期，由于计算能力不足，无法使机器完成大规模数据训练和复杂任务而陷入低谷；而在 80 年代中期反向传播算法获得广泛关注，专家系统也投入应用，人工智能技术第二个黄金期，但好景不长，90 年代初，由于没有严格的数学理论支撑人工神经网络的设计，专家系统也暴露出应用领域狭窄、知识获取困难等问题，导致政府投入缩减，人工智能再次陷入低谷；而 2016 年以来，云计算、大数据、物联网等技术的群体性突破，深度学习、对抗学习和强化学习等思想的提出和运用也促使 AI 领域实现重大突破，以 AlphaGo 战胜围棋世界冠军李世石为起点，人工智能开始了第三次高潮，并以前所未有的态势快速渗透进人类生活的方方面面。

从对人工智能基础理论和技术的研究途径来看，对智能的不同理解，引发不同研究思路并形成流传较广公认度较强的三大学派：联结主义、符号主义、行为主义，此外还有吸收借鉴和整合三大学派而提出的新联结主义、符号联结主义等研究路线。联结主义也叫仿生学派、生理学派，基于对人脑结构理论，从神经元开始进而研究神经网络模型和脑模型，用电子装置模仿人脑结构域功能，开辟了联结主义研究纲领。当前，人工智能技术四足机器人、昆虫机器人都是联结主义的现实应用成果。符号主义也叫作计算机学派、逻辑主义，其代表人物主要有纽厄尔（Newell）、西蒙（Simon）和威尔森（Wilson），该学派将计算机、心灵、思维都看作是物理符号系统，利用计算机代码生成的各种算法程序，转换为机器语言，从而使机器给出人所期望和设想的结果，若追溯其哲学渊源甚至可以到古希腊哲学家毕达哥拉斯的"数本原说"以及赫拉克利特的"万物皆有逻各斯"，"逻各斯"后被引申为逻辑、规律与法则；随着数学科学的不断探索，笛卡儿提出"思维可计算"的设想，而在 1937 年丘奇-图灵论题所说"人类所能解决的问题都可以归结为一套算法"。符号主义一度陷入困境，但 2016 年 AlphaGO 打败围棋大师李世石重新以胜利者的姿态掀起人工智能新时代：当前人工智能利用大数据与算法作为其发展的动力就是这一研究纲领的体现。行为主义则是以控制论为基础，将其他学科引入到控制科学与人工智能，认为人工智能也是可以用"刺激—反馈"来解释，并将这一过程发展成为"行动"。当然，以上三大学派各有局限与不足，如无法解释机器意向性的理论基础，无法实现所谓机器情感与认知的模型建立，等等，因此，人工智能基础理论依旧还有很长的路要走。

从技术变革的推动力来讲，当下的人工智能通过市场化、产业化，由先前的科研机构的单纯学术研究发展为受国家高层关注的战略规划内容，成为企业内部革新与转型升级的科技驱动，更成为众互联网公司引领时代前沿的"军备竞赛"。人工智能技术从未像今天走近人类社会、走进日常生活，由此所决定的技术的应用化、市场化也是前所未有的。由于市场经济基本规律的作用，资本的趋利性必然会将更多的人才、资金、技术等生产要素向人工智能产业转移。世界主要国家的布局给人工智能技术的发展增添一台"加速器"，在政策制定、经济扶持、法律与伦理引导等各方面给予支持。

二、人工智能技术的特点

人工智能技术不同于有史以来的任何一项技术，全面、深入地融入人类的生活，成为不可或缺的一部分，有其他技术所不具有的特点。

（一）技术黑箱的隐象性

人类是通过视觉、听觉、味觉、嗅觉、触觉等获取外部世界信息，然后通过本能、直觉、感性及理性的加工后做出行动。用计算机语言来理解，可以简化为输入—运算—输出的过程，如：

①输入：看到一朵花；②运算：这朵花很美丽；③输出：采摘回家放入花瓶欣赏。而人工智能也可以看作是数据输入算法模型经过运算后输出结果的程序，只不过输入的数据更加繁杂，运算过程更为复杂。在人的日常行为过程中，输入与输出都是可视的，但是人脑和计算机如何做出运算，却是难以解释的，每个人的价值观、受教育情况、成长阅历、性格爱好不同，决定了其思维过程实际上是一个"黑箱系统"，而深度学习下的人工智能亦是如此，算法模型的透明性和可解释性成为技术界亟须实现的目标。

第二代人工智能随着深度学习产生的不可解释性问题是由清华大学张钹院士及其团队提出的，技术的不可解释性会阻碍技术的进一步发展，而在伦理场域下则会直接影响社会对技术的信任度。欧盟出台《人工智能道德准则》中明确提出 AI 发展方向应该是"可信赖"，其中包含安全、隐私、透明、可解释等方面。杨庆峰教授指出，人工智能技术的可解释性直接决定了"工具主义"与"实体主义"的终极走向，工具主义中由人类控制制造、掌控和处置的权利，而在实体主义话语体系中，技术表现为一种能够超越人类的力量，成为不受人控制的"他者"，当下的奇点理论、觉醒理论实际上都一定程度上推动了实体主义观念的形成。人工智能技术越是具有实体主义的属性，便越难走向可信任的 AI 的方向。2020 年 7 月，世界人工智能大会在上海举办，在人工智能治理论坛的探讨中，专家学者多次提到可信赖的负责任伦理需要以可解释性为前提。因此，要想揭示技术黑箱的隐象性，必须在技术上实现可解释，才能实现可信任的 AI。

（二）应用范围的广泛性

当前，人工智能技术以算法、算力、大数据为基础，在语音识别、图像识别、自然语言处理、专家系统、情感交互、机器学习等方面取得系列成果，并通过"AI+"的形式将技术成果应用于人类生活具体场景，融入社会生产、日常生活的方方面面，带来产业与社会的颠覆性变革。

智能交通方面实现城市交通流量的实时监控与播报，便于司机调整路线，提高车辆运行效率；车辆尾气监控排查对城市节能减排、改善环境方面具有重要意义。智能家居的风口一直是创业、投资人关注的焦点，从扫地机器人到智能音箱，再到住宅式智能家居，将供暖、照明、家电等设备利用物联网技术联结在一起，实现信息交互，智能水平不断提高。智能医疗专注医疗影像技术，人工智能技术爆发的核心——深度学习、图像识别，正好成为医疗影像分析的得力助手。2020年新冠肺炎疫情全球肆虐，智能医疗也顺势得到大规模推广，"AI 可以快速识别并精准测量病灶，准确率达到 79.3%"，在疫情研判、情绪管理、行程追踪、基因检测、疫苗研发等方面也发挥了非常重要的作用。AI+安防在预防犯罪和保障社会安全方面可以起到非常重要的作用，人工智能拥有着很好的发展前景，技术推进到公安、城市建设、金融、工业、民用等各方面。应用范围广泛性的体现将会在下一节详细讲述。

（三）生产生活的颠覆性

此次第四次工业革命与以往几次工业革命相比，具有前所未有的颠覆性风险，人工智能更是如此。以往的技术之所以没有引起如人工智能技术这样的伦理考量，是因为它们仅仅作为实现某种目的的"工具"而存在，不会对人类社会带来颠覆性的冲击，而人工智能不同于以往技术的本质是多于工具的东西"智能"。而智能所带来的颠覆性体现着以下三方面：

第一，从人工智能对劳动者的替代性来看，会颠覆人类社会的就业结构与生存方式。人工智能的应用对就业产生的冲击是毋庸置疑的，人工智能不仅淘汰一部分重复性、低技能性的体力工作，一些低智能化的工作如信息处理、业务咨询等工作也会被人工智能占据，人类面对大规模失业危机。弗雷（Frey）和奥斯本（Osborne）在 2017 年对美国的702 个就业岗位进行分析，结果显示，有 47% 的岗位会被人工智能和自动化替代。当然人工智能也会像以往的技术一样创造新的岗位，如汽车的出现取代了马车夫却出现了司机，自动驾驶会取代司机然后制造新的就业岗位，但是这个过程对从业者的素质、技能要求不断提高是显而易见的，而掌握一门技术是需要经过长期学习和实践训练的，人类的学习与进化能力无法在短期内大幅度提升，因此，技术性失业与结构性失业或将成为人工智能颠覆就业行业的普遍表现。

第二，从人工智能发展的终极结果来看，会造成人类毁灭、人类文明消逝的颠覆可能性。霍金认为人工智能的成功可能是人类文明史上的最大事件——人类文明史的终结，因为随着人工智能的全方位发展，会面临被它藐视并边缘化，或者被它毁灭。[1] 人工智能具有能够出现自主意识和学习进化的先验可能性，人工智能能够通过深度学习、增强学习，不断实现"机器进化"，加之"暴力计算"带来的超速成长，依据"摩尔定律"来看，不

---

① 韩蕊. 浅析人工智能背景下译者的不可替代性——以社会人文类文本为例 [J]. 山西青年，2019（06）：169.

乏成为超越人类存在的可能性，而人类的生物进化是相当缓慢的，对比之下，人类无法与机器竞争终将被淘汰。

第三，从人的同一性方面来看，人机融合对人的身份认同也会形成颠覆性影响。古希腊的"秃头诡辩"，便体现了量变与质变关系的讨论：量变发展到什么程度，可以认为其发生质变？而在人机融合的讨论中，人类的身体加入机械协助，提升人体的运动性能甚至智力水平，如当前引发热议的"芯片植入"，改变人的脑部构造，将现有的知识、文化以及其蕴含的价值观输入人脑，那么由此带来的身体同一性与精神同一性问题便出现了：我是谁？我还是我吗？日本科幻作品《攻壳机动队》以 20 世纪后半叶人类认知神经科学对大脑实现深入了解、通信网络技术和人体电子机械化技术与人工智能研究取得突破性进展为背景，讲述的公安九课打击电脑犯罪的故事，其中一个主角草薙素子是义体改造人，而后出现机械进化而来的从网络诞生的生命傀儡人，两人在探讨生命时所引发了人的同一性方面的思考。

在当前人工智能发展的阶段来看，这一颠覆全人类的可能性只存在于所谓人工智能悲观派的讨论和科幻作品中，存在于有前瞻性和想象力的学者心中，但是未来发展走向如何，还需要我们静观其变、未雨绸缪，做好全面充分的考虑和应对准备。

三、人工智能技术的应用

人工智能技术在语音识别、图像识别、自然语言处理、专家系统、情感交互、机器学习等方面取得系列成绩，并通过"AI+"的形式将技术成果应用于人类生活具体场景，实现技术的创新落地，融入社会生产、生活的方方面面，给产业与社会带来颠覆性变革。

（一）AI+生产

人工智能作为工具最先被运用到农业、工业、服务业等生产领域，降低生产成本、提高生产效率，实现对生产过程的全方位监控和精准化管理。首先，在农业生产方面，产量监测设备观测农作物收获的各项信息，使用传感器和取样技术对土壤进行分析就可以收集土壤水分和养分水平的数据，利用图像识别系统监视病虫害情况实现精准防治。诸如美国的 OrbitalInsights、TellusLabs 等创业公司也正在基于卫星图像、历史天气信息和农作物产量数据等开发产量预测算法，国内的阿里巴巴、腾讯、滴滴等互联网巨头也积极探索种植、畜牧的智能生产，在未来 AI 作为精准、高效、智能化的工具，帮助应对现代农业中日益增长的复杂性问题，实现农业的深度变革；其次，工业生产是人工智能投入的使用最早、渗透速率最快的领域，工业 4.0 也是人工智能技术助推下的工业产业内部革命。智能制造下的工业生产将成为"无人工厂、无人车间、无人生产线"的集合，大大降低人工参与度。工业人工智能赋能实体制造业前景可期；最后，AI+服务业实际上是人工智能应用最为广泛的领域，营销、客服、前台等操作重复、简单，只需要提供查询、咨询和简单业务办理的工作最先被人工智能替代。数据显示，银行前台岗位人员减少比重最大，"自助办理""无人大堂"等随着人工智能技术的应用推广成为现实。

人工智能与生产相结合，将会以低成本、高效率为前提基础，为社会提供优质的产品与服务。而由此可能带来的劳动者大幅失业将会成为社会治理的难题之一。

（二）AI+生活

人工智能融入生活可以说是近5年来才逐步实现的，人工智能技术得到大数据、5G技术及GPU（图形处理器）加速计算力的加持，不断扩大应用范围。国家政策的全力支持、巨头企业的资金投入、IT人才的大量培养，更是使人工智能技术融入生活的脚步不断加快。从人机对弈、无人驾驶到智能家居、同声传译，再到移动终端的生活助手，人工智能在医疗、教育、金融、交通、娱乐各种生活场景都占有一席之地。

2020年，突如其来的新冠肺炎疫情席卷全球，AI+医疗可谓是"临危受命"，在新冠肺炎的预防、诊断、治疗、护理的全过程都发挥重要作用，筑起疫情防控的坚实防线。利用"健康打卡""防疫健康信息码"对人员进行健康监控，其轨迹追踪功能可以画出确诊病例的行程路线，更好实现对接触人员的锁定与检测，从传播源头上切断传播源、阻断传播途径；借助自然语言处理等技术打造了新冠肺炎线上咨询系统，辅助医生处理病情问答。在病例诊断与治疗中，利用热成像测温系统对来往人员进行快速体温检测，人工智能CT影像辅助诊断系统提高病例诊断效率与准确率，消毒机器人、医护机器人也投入使用分担医护人员的工作压力。这次疫情可以说是医疗人工智能快速融入社会的重要契机，其他如为残疾人士设计的智能义肢、为语言残障人士的语音专属系统等都会逐渐进入社会视野，进一步加速人工智能+医疗的产品化与市场化。

在教育方面各种学习交互工具、虚拟现实技术等不仅扩大了教育资源的传播范围与力度，而且丰富了教育形式与方法，以"因材施教"的教育理念实现个性化定制，贯穿"教育、学习、测试、评价"全阶段，涉猎通识教育、专业教育、兴趣教育全方面，伴随义务教育、高等教育、成人教育及终身学习的全过程。人工智能与教育的结合必然推动教育行业的跨越式变革。人工智能与交通则更多地在无人驾驶的领域进行推进，以实现社会无人驾驶为目标，全面无人驾驶以降低事故率。AI+金融结合探索人工智能技术在智慧服务、智慧营销、风险防控、金融产品咨询等领域的应用路径和方法，推动金融服务向主动化、个性化、智慧化发展。此外，人工智能在绘画、音乐、文字创作等方面成果惊人，为人类的艺术、娱乐生活增添新内容。

（三）AI+军政

军事与政治作为国家间、政党间争夺话语权的来源，不断增强军事实力、国防力量是人工智能赋能军事场景的战略目的，获得政治地位、优化政府管理、现代化社会治理成为人工智能在政治场景应用中的应用目标。

在战争情境下，AI 在军事场景中被国家高层重点关注，包括自动化武器、辅助决策智能技术、战场检测与情报分析技术、自动化网络攻防技术等。

政治方面，AI 也已经深刻影响政治格局。如数据分析被用于竞选广告的精准投放和舆论引导，在 2016 年美国大选中，Facebook 便通过对用户点赞、评论等数字信息与人工智能、政治心理测绘学相结合，进行分析得出用户的性格特征与政治取向，有针对性地推送政客信息与竞选广告，影响大选。

此外，人工智能+政务也成为政府社会治理场景中的一个亮点，人工智能时代下的经济、文化、社会均呈现新形势、新机遇、新挑战，而为社会治理服务的政府也应该与时俱进，构建"电子政务"新模式，开辟社会治理智能化、现代化新格局，让"人工智能+政务"承载起辅助领导科学决策、经济平稳运行、社会精准管理、政务高效服务的责任担当，发挥人工智能的"头雁"效应，为提升人民群众获得感、幸福感、安全感赋能。

四、人工智能伦理的内涵及历史溯源

人工智能伦理作为技术伦理的一个分支，近年日益成为热点话题。之所以人工智能伦理被重视，一方面是人工智能技术本身的快速发展、运用对人类社会带来巨大影响，另一方面也是技术伦理学本身的大发展所促成的。二战后，核武器、环境污染等关涉人类整体利益与未来命运的问题引发了人们对技术的思考——如何使科学技术在服务人类的同时，不损害人的尊严，不损害当前整体利益及未来长远利益？当前的互联网、大数据、人工智能更是与昔日单纯指向客观世界的技术不同，它们研究人的主观世界，并深度学习、企图替代人的主观世界，拥有与人类所媲美甚至超越人类的智慧，因此，人工智能技术同样面临诸多问题与挑战。

（一）AI 智能伦理的内涵

伦理是属于社会意识形态的范畴，指一定社会调整人与人之间以及个人与社会之间关系的行为规范的总和。"伦"是指人与人之间的关系，"理"则是道理、事理、情理等，二字合起来就是人们相处时应遵守行为准则。"伦理"虽与"道德"经常连用，但是二者含义并不相同，道德是主观的法，是个人道德，而伦理偏向于客观的法，即社会道德，通过各种形式的教育和社会舆论等手段，是其成为客观约束人社会行为实践的规范。

而人工智能伦理则是从科技哲学、科技伦理中演化、延展来的一门学科，是科技伦理一个重要分支，当前基因编辑技术、大数据、人工智能等技术面临伦理困境，尤其是人工智能技术发展日新月异，以惊人的速度从研究院、实验室走进人类社会、融入日常生活，冲击人类伦理，引发伦理困境与争论。

当下人工智能伦理的内涵被扩大，人工智能伦理不仅包括对机器的治理，使人工智能成为合伦理、合道德的技术，也指向推动技术发展的研究人员、应用产品推广的生产、销售人员，更包括使用和享用人工智能产品和服务的消费者，每一个参与者都应该划入人工智能治理的范围中来，成为破解伦理问题的参与者和建设者。

（二）人工智能伦理的理论来源

科学技术的发展从来不缺少哲学视角的反思，只有进行深刻反思，才能摆脱技术发展的盲目性与无意识性，人工智能发展亦是如此。人工智能伦理的终究还是跳不出伦理学的范畴，应用伦理学需要元伦理学的理论依据为支撑，因此，人工智能伦理的思想来源大致有以下三个：义务论、功利主义、德性论。义务论的核心思想是以行为本身或其初衷来确定该行为是否道德，而不是行为后果，用行为准则、规范对行为进行规约，是义务论者在社会生活中的具体体现。康德作为义务论的代表人物认为：真正的道德行为源于善良意志，而道德法则和律令是人应当无条件履行的义务和信条。[①] 因此，在义务论看来，道德行为本身就是目的，是受主观道德驱动下采取的必然行动。而功利主义与其不同，其主张采取某个行动或者判断某个行为是否道德要根据其后果来确定：实现大多数人的幸福。在技术伦理方面工具理性、实用主义等思想都是边沁、密尔功利主义的演化，"在使意义固定下来的过程中，工具的发明和使用经常起着很大的意义和作用，因为工具就是用来达到后果的手段"的功利性思维，在道德哲学上表现为现实经验世界的实践意义，表明其功利主义价值指向。

当前，人工智能伦理治理机器规范构建是融合了以上伦理思想的应用伦理学，立足于技术运用场景出现的具体问题，在不同的角度提出不同治理思路。在人工智能伦理中嵌入道德准则的思想显然是借鉴了康德的义务论道德，按照普遍的道德法则作为行动指南，人工智能伦理体系的建构讨论是以"智能体"为中心，不仅仅是从人工智能体出发，对技术产品进行道德算法嵌入，使之成为"道德主体"，而且也应该考虑"人"在人工智能时代

---

① 陈忠. 涂层正义论——关于正义真实性的行为哲学研究 [J]. 探索与争鸣，2019（02）：36-46+141-142.

下的伦理问题，正如于雪教授对人工智能伦理的定义："在人工智能产品、服务、应用与治理中，智能体（人与智能机器）所应该遵循的一般伦理原则和行为规范。"① 应该将其作为目的而不是达到某个目标的手段；而亚里士多德在美德伦理学中所倡导的勇敢、节制、慷慨、大度、温和、友爱等都成为人工智能伦理的目标与蓝图，我们期望我们所制造出的人工智能体具备这些美好的品德，而不是愚昧、残暴、疯狂、自私的；此外，罗尔斯的正义论思想同样为人工智能伦理建设提供了理论建设与思路，我们将人工智能投入社会，会增加社会治理的因素，使多元化的社会更加复杂，如何在这样的社会中用道德对人类加以引导，用"正当性"成为衡量道德与好的生活的标准。

对于人工智能技术及产品的设计必须将义务论、功利主义、正义论、美德伦理学等理论相结合，统筹全局、综合考虑。尽管技术的最终目的是实现人类社会的自由全面可持续发展，不能完全按照功利主义的思路对人工智能进行设计，如《吾乃母亲》中的机器母亲通过对人类进行测试，将没有通过测试的人类杀死，然后重新培育新的胚胎和婴儿，直到出现可以回答正确答案，价值观念有利于人类未来生存发展的人类出现，这显然是令人难以接受的。用义务论的规范"代码化"实现对人工智能行为进行控制是当前弱人工智能技术中较容易实现的，告诉人工智能哪些事情是可以做的，哪些事情是禁止的，便可以很大程度上保证安全。但现实生活是复杂多变的，单纯义务论式的教条规范，也无法顺利解决问题。

第二节　人工智能的伦理困境

人工智能的研发与应用是为了给人类与人类社会带来福利，促进人的发展，避免技术鸿沟，共享技术红利，实现包容、公平和可持续发展。但是人工智能技术的发展和应用必然会对当下社会伦理关系产生冲击，接下来将从人权困境、安全困境、责任困境三个方面对困境分别阐述。

一、人权困境

人权这一问题是在近代才提出来，联合国成立后才逐渐确认其普遍意义。对人权的解释也有法理学、政治学、哲学等多个维度，在哲学层面可理解为人之为人的权利，强调人区别于动物的尊严与价值，人是有思想的人，追求自我价值实现，马斯洛需求层次理论中，人的最高级需求便是自我实现，成为一个完善人格、全面发展具有价值的人。

---

① 于雪，段伟文. 人工智能的伦理建构 [J]. 理论探索，2019（06）：43-49.

（一）主体性觉醒与丧失之间的矛盾

所谓的主体性只是近代历史和近代哲学发展的产物，由于科学技术的发展，人类得以从自然、愚昧中解放出来，人不再是自然的依附性的存在，也不再是神灵的现世产物，而是独立、自主、有意识的能动性的人。此外，主体性不是一个抽象的逻辑上的论述，而是与实践相结合的回归到现实生活世界寻求生存价值和意义的具体问题。独立性、自主性、能动性和创造性作为主体性的四个基本表征，是人在具体实践中所展现出来的：人的自我意识、自我决策、自我认同、自我超越，通过改造客观世界与主观世界实现自我的价值与尊严，实现人的主体性存在。但是，人工智能在生产、生活中的普及，会削弱人在自然界、人类社会中的主体地位，出现主体性危机。

一方面，人类丧失决策权力使我们的主体地位受到前所未有的挑战。人工智能所具有的高效信息收集、分析、推理、决策能力是人类所难以企及的，通过人工智能对数据进行分析，得出"最优解"是专家系统、金融投资分析等人工智能产品的目的，人们利用"最优解"来做出决策，便是丧失了完全的自主决策权的先验条件。无论是人类借助于人工智能做出判断还是直接让人工智能做出判断，都有人工智能介入，影响人的自主判断，从一定意义上来说，人类丧失决策权是主体地位受到冲击的必然结果。除了根据专家系统给出的治疗方案救治病人、利用金融投资软件确定投资比重与数额等应用之外，人工智能还用来帮助人们寻找伴侣：婚恋网站上通过兴趣爱好、性格特点推荐你的合适伴侣，茫茫人海利用人工智能进行筛选不失为一种提高效率、增加牵手成功率的方法，但是却处于被人工智能"安排"的被动状态，只能在既定的范围内做选择。因此，人丧失了应当具备的主体性认知，丧失了自主自由选择的权利。

另一方面，人工智能导致人类能动性与创造性的丧失，产生"无用的人类"或至少是"无用的阶层"。人工智能渗透到生产、生活的方方面面，而其技术准入门槛高，创新难度大，而日常被人工智能辅助下的人类则如温水中的青蛙，丧失了避免成为无用的阶层的唯一方法就是终身学习，但事实是真正可以终身学习的只是少部分人，难以不断自我提升的人会在人工智能时代失去主体性。

（二）个人自由全面发展与片面化发展之间的矛盾

人工智能作为第四次工业革命的核心技术，应当服务于人的自由全面发展，使人成为可以随自己的心愿从事喜欢的活动，而不被贴上单一的标签，成为自主、自律、自由的个体，成为能将人自身所具有的能力发挥出来而不是受压抑的价值个体，成为有个性的人、全面的人，具有向全方面发展的能力并使个人素质不断完善的人。前三次工业革命给人类带来巨大的发展与解放，但不可忽视的是一些问题也不断显现，加之此次以人工智能技术为核心的第四次工业革命与科技史上前三次产业革命不同，我们不得不思考已经出现的以及未来可能要面对的负面影响。

生产方面，人工智能替代人类劳动可能导致人类身体机能与智力的退化。首先，科学技术发展导致人的被剥削程度加重。虽然科学技术的发展使人类日益摆脱了繁重而辛苦的劳动，但在资本主义社会中，却没有改变工人被剥削的命运。生产机器的改进使劳动简单化的同时，也带来了更多的机械化和重复性的劳动，机械化的单调生产方式剥夺了人自由全面发展的权利，在单调的劳动中失去了主体性和创造性，而这种劳动更容易被机器控制和取代，工人最后更容易陷入失业的境地。其次，社会分工的细化、行业门槛的提高导致人的日常工作、学习更加专注于某一方面的提升，缺失了全面发展的条件与意愿，甚至丧失了基本自理能力。最后，科学技术发展导致人的生存焦虑产生。科学技术的精细分工，专业化程度加深，对使用技术的人提出了更高的要求，要求人自身的知识储备、专业技能水平以及精神专注度都要十分充足，导致行业"内卷"严重。由此对现代人造成强大的工作压力和精神压力，造成大面积的生存焦虑，也正是科学技术发展对人的异化体现。

生活方面，人工智能的使用造成精神的肤浅与思想的匮乏。科学技术发展导致人的消费和需要畸形，人们的消费观念被消费主义思想占据，科技产品引发人的符号消费与攀比消费，求新、求异的消费观念被喧嚣尘上的产品所引导、控制，使人失去自我，失去自主选择权。科学技术发展使物质财富极大丰富，生产的产品多样化、个性化，人们过度追求、追捧产品而失去自我所形成异化消费，人不再是自主自觉的根据自身的需求购买、使用这些产品，背离了其作为满足人类需要的本质。文化产品人工智能技术助推下的短视频、直播行业喧嚣尘上，无创意流水线生产的综艺节目、不重质量看流量的影视剧，以粗制滥造的无聊、低俗的形象充斥耳目，低趣味甚至恶趣味产品，使消费者在耳濡目染的过程中消磨掉斗志，浪费时间与精力。人失去了对日常生活的正确认识并被裹挟其中而不自知，丧失了合理评判社会现实的能力，失去了自由、创造力和超越性，变成马尔库塞笔下"单向度的人"。

（三）人际关系的扩大化与人际孤岛之间的矛盾

人的本质属性是社会属性，人的本质是一切社会关系的总和。人类本身就是群居动物，通过血缘、契约等方式进行群居生活而形成社会，并在其中担任一定的角色，作为这一角色与外界进行互动与交往的过程，形成的伦理关系。伦理关系实质上是贯穿人际交往的全过程、全方面的。人工智能技术实现了人际关系的扩大化，互联网把世界连起来，网络社交平台打破时空距离，让全球的用户共同使用并与平台上的用户进行交流，即使身在大洋彼岸也可以通过邮箱、聊天软件接收到对方的文字、声音、图像。但与此同时，人际孤岛的问题也逐渐显现：越来越多的人信奉"孤独是人生的归宿"，选择独身、独居，甚至与虚拟人物结婚，"宅文化"盛行，个体与外界的隔离、小圈子与外界隔离，人活成一个孤岛。

首先，人际关系扩大化分散了与身边人建立亲密关系的精力。牛津大学的人类学家罗宾·邓巴提出"150定律"，"150定律"社交法则表明，人类智力和精力允许人类维持的社交网络的总人数是148人，大约150人。而这其中，精确交往的人数只有20人，都是与你日常相伴的家人、朋友、同事，而人工智能时代下万物互联，新媒体的运用使人际网络广度拓展，社交范围的扩大，我们与更多远在天边甚至不会见面的人产生联系，却忽视了身边关系的经营与感情培养；过度依赖网络交往，忽视甚至逃避现实，有害身心健康，此外，沉溺网络交往还会有使人丧失现实沟通能力的可能性，泯灭亲情与友情。[①]《Her》中的男主与人工智能的虚拟人物朝夕相处、闭门不出。此外，高度同质性也使群体间的沟通减少，阶级固化与标签固化，使某个群体走向狭隘与偏激，成为孤岛。对于群体孤岛，在信息革命与全球化的时代，人们更容易跨越距离，接触到自己喜欢或认同的内容，找到与自己志趣相投的群体，然而由此造成的信息茧房、自我封闭，同质化强化也伴随着风险：走向狭隘与偏激，甚至影响人的思维模式、扭曲认知。

其次，虚拟社群降低了人际交往的欲望，反而更愿意接受机器。大数据建立了与现实社会并行的虚拟世界，出现网络交友、网络恋爱，但网络的虚拟性与匿名性便决定了其中掺杂的难以避免的欺骗性，会令人失望，丧失与人交往的欲望。人工智能伴侣/对话机器人的推出，使人际交往的欲望降低，反而会更愿意人机对话，正因为机器人的设计充分利用大数据的算法推荐及深度学习，可以在用户输入的信息数据中形成用户偏好的性格，能够比人更加"善解人意"，从而更好地满足人的需求，不会有负面情绪，服从而温顺，具备人类所不具备的优点，可称为最佳灵魂伴侣。有些公司与研究者正向着这一目标迈进，包括人形社交机器人Pepper、情感伴侣机器人Buddy、宠物海豹等，伴侣机器人则试图解决帮助照顾孤寡老人、患自闭症的儿童等问题。伴侣机器人根据外形、应用场景区分有很多种类型，不同机器人有不同的应用场景，以满足人的差异化需求，提升了对人工智能体的满意度，继而降低现实人际交往的欲望和必要性。

最后，远程虚拟沟通技术会进一步拉大了人与人交往的鸿沟，强化人际孤岛效应。虚拟现实、增强现实等技术进行的交流和交往甚至会给我们的人际关系带来更深影响，远程

---

① 刘本燕，孔令南. 美国社交媒体广告的法律规制研究 [J]. 传媒，2018（03）：58-59.

交流不断增强，而面对面交流可能趋于日渐式微。面对面沟通交流越来越多地转变成"人—机器—人""人—人机协同—人"的沟通方式，距离感进一步增强，按照哈贝马斯的交往理论来看，有效的交往行为要求具备真实性、正确性和真诚性，虚拟现实和远程交往使真实性、真诚性蒙上了迷雾，真诚性也难以得到确证，人与人之间的信任被消磨，建立亲密关系的难度增大，进一步强化人际孤岛。

二、安全困境

人工智能的安全问题是业界最关注的问题之一，安全是人类最基本的生理需求，只有在保证财产、人身、心理安全的前提下，一切便利、效率才有意义。而如何证明人工智能的安全性一直是难题。因为人工智能本身具有"不可解释性"，"只要输入既定程序和规定算法，人工智能便可以在极短时间内完成计算、测绘、推论和策划，人们无须也无从知道运算过程的始终，更无法验证其运算结果的真伪"。① 如自动驾驶汽车撞死行人、医疗专家系统给出错误建议、陪伴机器人给出自杀建议、无人机误杀非军事人员等类似的案件已屡见不鲜。本节将从个人安全、社会稳定、国家安全三个层面就隐私安全、分配公平、军事运用为切入点展开，对人工智能可能带来的安全隐患进行分析与探讨。

（一）大数据信息收集与个人隐私泄露之间的矛盾

由于近几年大数据的使用、算力的提高和算法的突破这"三驾马车"并驾齐驱，为人工智能的学习、训练提供了大量的数据信息，才促成了人工智能技术第三次浪潮的兴起。人工智能越是"智能"，就越需要获取、存储、分析越多的数据信息，进而通过学习、模拟以提高自身在某个领域的能力。大数据要求对相关数据进行收集，医疗护理需要被服务对象的医疗数据，教育需要教育数据，而获取和处理海量的个人信息数据，形成个人隐私的侵犯，从而引发个人隐私保护这一重要伦理问题。

隐私一般意义上的理解就是不愿告人或不便告人的个人的事情，与他人的利益无关，隐私权既是公民的基本权利，也是社会文明进步的显著标志，不容侵犯。有效保护隐私不仅有利于人们保护身心健康，维护人格尊严，促进人的全面发展，也是推进社会和谐进步的重要手段。而自从个人隐私具有了商业价值之后，个人数据便增加了被非法使用和滥用的风险，人工智能技术作为获取个人数据的手段使数据泄露的数量更大、传播更广、影响更恶劣，系统安全漏洞的存在、黑客恶意的攻击、黑色产业链的藏匿，都会使个人数据处于被窃取、泄露、贩卖与滥用的风险中。人工智能时代下，即使没有专业的设备，日常生

---

① 庞金友. 人工智能的治理困境 [J]. 民主与科学，2019（06）：43-46.

活中的各种手机 App、登录网站都需要与个人的姓名、电话、邮箱等私密信息有效关联，通过手机导航、语音助手、网络购物、财务账户等渠道获得个人的片段化信息，利用信息便可以刻画出我们的角色画像。而当前的人脸识别更是直接将个人的面部信息收集、储存，"智能换脸"技术也进一步增加了个人信息泄露、滥用的危机感。

个人隐私的泄露轻则使我们处于"裸奔"的担忧之中，自己的生活状况、行动轨迹、兴趣爱好，甚至私生活、性取向等个人隐私与癖好都被外界监控，丧失了自身的空间；重则在生活中被商业推销信息轰炸、恶意骚扰甚至诈骗，经济财产损失、人身安全以及精神健康造成影响。更有甚者，贩卖个人信息的黑色产业链，用被害人的身份信息进行贷款，使被害人陷入债务危机。2020 年，新冠肺炎疫情在湖北武汉为起点向全国蔓延，作为传染性病毒的防治最有效的方法就是隔离传染源，避免与病毒携带者接触。因此，武汉返乡人员如一颗不定时炸弹，人人恐惧躲避。在这种情况下，人们利用人工智能技术将这些武汉返乡人员的信息挖掘、曝光并传播于公众视野之下，包括最基本的姓名、身份证、电话号码、行程，还包括家人信息、家庭住址等详细隐私信息，虽然此举在转发者看来是为了"便于监督""精准防控"，维护社会总体安全，但这种做法不仅违背了尊重他人平等的道德、尊严、人格和人权的道德原则，侵犯隐私权涉嫌违法，还容易对泄露者带来生命健康安全的隐患，激化民众对立情绪，制造社会焦虑和恐慌。

（二）科技成果创造与公平合理共享之间的矛盾

公正作为一种评价社会文明程度的道德标准，始终有着不容忽视的重要价值。当前科技日新月异，让人民群众共享科技红利也是时代发展的应有之义。但由于市场机制的作用，市场调节存在固有弊端，使社会资源分配存在马太效应，从而导致了社会不平等现象的加剧。

首先，在设计层面来看，人工智能的算法模型先验地自带"有色眼镜""偏见基因"。算法模型的设计总是设计者与代码的结合，天然携带着人类社会的劣根性——偏见，造成数据偏见与歧视，客观全面地对算法社会做到预判预防才能夯实未来社会稳定的基础。简单来说，就是用于解决某个问题的方案，例如，要解决人脸识别这一难题，就需要设计出一种算法，当输入一张图片数据时，算法通过运算得出预期的结果，便表明这一算法是可行的。而在设计的过程中，算法程序自输入—学习—输出—应用循环闭环中所产生的失去客观中立立场，掺杂进了人的主观意识与价值观念，造成显性的有意识的算法偏见，影响公众对信息的全面客观认知。此外，人工智能是通过算法模型利用大数据进行机器学习的结果。一个算法模型需要经过机器学习与训练，而进行学习的数据不仅仅包含正确、正向的优良数据，同时也包括不完整、不正确、不及时等偏见数据，用这些数据训练必然导致算法走偏，学习与交互过程中的不公平，在与社会交流过程中会学习人类的恶习，与社会公众的期待相去甚远。

其次，数字福祉的分配是增强社会公平、数字福祉的，如何让人工智能技术红利惠及人类，公平公正地分配 AI 所创造的价值，让每个人都可以享受到技术变革带来的便利，关注老年人、残疾人等弱势群体。人工智能对人进行快速审查、分类与分层，并将资源进行分配，看似每种资源进入目标人群的视野，而实质上却忽视了资源共享的公平性。

最后，从共享结果来看，可能在教育、医疗、就业等各方面的不公平现象。地区间、行业间、群体间的不公，社会财富更多地流入那些技术、资本的占有者，加剧贫富差距，导致社会动荡。就业方面门槛提高，"AI 对人的能力提出更高的要求"，只要掌握一种专业技能便可以顺利工作满足基本需求的时代已经一去不复返了。人工智能时代下，AI 会替代大部分低端的工作，劳动者需要更高的素质、更多的知识、更精的技能、更强的学习能力，促使自我不断提高，才能避免失业，否则便丧失工作权利，成为社会的负担，失去社会价值与自我实现的意义，成为"无用的阶层"。在这种状况下，是通过人类达尔文主义无视群体间的鸿沟，任由社会割裂，最终将这一阶层的人类淘汰，还是以人道主义原则公平、公正地对待每一个人，避免造成偏见、歧视，加剧或固化社会不公平对其进行救助？

可能导致人工智能成果公平惠及人类的影响因素贯穿了 AI 产品从研发设计到生产运营的全过程，每个环节都有偏离公平的杠杆，"失之毫厘，谬以千里"，对技术红利的公平分配和使用产生负面影响。如设计与应用过程中的算法偏见问题：性别歧视、种族歧视、行业歧视等等，AI 产品与服务设计阶段、分配过程中将受众标签化、圈层化；分配结果上贫富差距拉大成难以逾越的鸿沟，如拥有财富和权利的阶层利用人机融合、芯片植入等技术实现体能强化、智力增强，而社会底层的普通人别无选择反而被人工智能替代成为"无用的阶层"。

三、责任界定困境

由于人工智能本身具有安全风险，当其出现事故、对人造成伤害时，其具有的自主性、不可预测性等特征可能给责任承担提出挑战，使得受害人的损害无法获得弥补。该如何定责也是人工智能伦理研究的重要议题，欧盟、英国等开始考虑出台新的责任规则，如通过保险、赔偿基金等方式来分担事故的损害，但对于责任困境的解决任重道远。弱人工智能不具有自主性、独立意识，只是算法模型的工具，无力承担运行错误或失误导致的损失，当出现事故时可以通过类似飞机的"黑匣子"功能对事故进行定责，分析是由于出厂设计过失、外界数据挟持还是错误使用所致，由产品设计公司、供给商还是使用者自身承担责任。因此，对于这一议题的研究主要关注的是具有自主判断与决策功能的人工智能体，如自动驾驶汽车、陪伴机器人等对人造成伤害，是否应当让人工智能体承担法律责任或道德责任，人工智能体又如何承担责任？首先应当对人工智能的主体地位进行探讨，并在此基础上立足法律与道德两个领域思考定责问题。而人工智能算法本身具有的不透明性、不可理解、不可解释等特性，导致定责问题困难重重，前景渺茫。

（一）责任主体地位的探讨与确定

关于人工智能地位各方学者、专家众说纷纭、各持己见：新工具主义者的代表人物布赖森（J. J. Biyson）认为其不具备承担责任的能力，应该将机器人设计成奴隶，人类避免同情心泛滥，浪费不必要的人力、时间、资源成本，不具有主体地位，苏令银教授在其文章中"认为它们是机器，它们不配享有道德地位"[①]；而持有机器伦理观点的代表人物也有很多，其中的典型代表有瓦拉赫（W. Wallach）、艾伦（C. Allen）、摩尔（James H. Moor）等人。也有主张将智能体人格化的设计，如瓦拉赫和艾伦在其合著的《道德机器》一书中主张将伦理规则植入到机器之中，设计生产有伦理道德观念的智能体。拉美特利著作《人是机器》拉近了人与机器的距离，将人的感官、推理、判断具象化，打破了人与机器的严格分界。认为即使是人所特有的意向性，"随着医学、生物学及计算机等学科关于意向性研究的突破，意向性在一定程度上可以通过程序自主生成，这会使得责任的划分更加困难"。[②] 在罗尼·布鲁克斯（Rodney Brooks）看来，"我们想象出来的机器不仅会说话、懂技术，而且还有情绪、欲望、恐惧、爱和骄傲，虽然现实生活中的机器还没有这些能力，但是往后 100 年会发生什么呢？我认为只要再过 20 年，想象和现实的界限就将变得模糊"。[③] 甘克尔也认同，如果智能机器人达到布鲁克斯所形容的状态，却仍然把它们当作机器看待就是不道德的表现。智能机器人在科技与历史的推动下，必将成为具有自我意识、自主学习、自主决策能力与人类相媲美的超级智能体，为了防止出现有远见的科学家、企业家如霍金、马斯克对强人工智能表达忧虑：毁灭人类文明的终结者的严重后果，我们需要对智能机器人进行道德"教化"，以确保人工智能发展成果惠及人类的同时，又保证其安全性、可靠性。

---

① 苏令银. 机器的道德地位：一种关系式的道德诠释学范式 [J]. 自然辩证法研究，2017. 07.

② 闫坤如，马少卿. 人工智能伦理问题及其规约之径 [J]. 东北大学学报（社会科学版），2018, 20（04）：331-336.

③ Rodney Brooks. Fleshand Machines：How Robots will Change Us. New Yord：Pantheon Books 2002.（5）.

实际上，不同国家由于文化不同，对机器人的态度也有所不同。在研发双足人形机器人走在前列的日本就对人形机器人最开放和包容，如果机器人很大程度上模仿人类的能力，具有与人相同的认知能力，如阅读、识别、听力、交流，就将其当作人来看待。对于人工智能是否具有主体地位的条件本身就具有人为主观性，那么如何统一各方意见看法，制定一个认同度与可靠度较高的客观规范准则是当前这一问题研究的难点。但是在探讨是否认同赋予人工智能主体地位方面，首先要将人工智能体的设计为人类所接受，人具有排他性，在伦理道德方面对其他物种更明显，如机器人的"人形化"是机器人外形设计的必然趋势，尤其是以与人沟通交流为目的的具有人格的机器人，他们不仅需要与人类有肢体交流还需要面部表情的交流。其次，人之所以是人，能作为一个道德主体被对待，正是因为人具有自我意识、欲望、情感，而之所以能有这些情感，与人产生共情心理，能够体会到客体的情绪：喜怒哀惧，并在主体心中产生相应的情感，这种情感不是理性思考和后天学习得到的，而是人先验地拥有的"本性"，孟子"四端说"中的"恻隐之心、羞恶之心、辞让之心、是非之心"实质上就是人的道德情感的萌芽；休谟在谈道德哲学时，将"理性"与"情感"并举，认为道德是被人感觉到的，因此，感性情感是道德产生的起点。最后，如果说情感是心灵的表达，那么理性就是大脑的外部展现。人工智能体应该具备伦理决策与理性思维，需要其行为表现符合伦理道德规范，在遇到伦理问题时能够做出合理的判断。这需要在提高智能机器人思维能力的同时，完善其所遵循的伦理算法。

（二）法律责任问题

法律是维系社会稳定的国家机器，具有强制性、相对固定性、外部惩罚性等特征，明确法律关系主体、客体与法律关系内容是讨论法律事实、法律行为依法追究责任、实施相应处罚从而达到保障人民权益、维护长治久安的前提。因此，首先对人工智能法律主体地位进行界定成为学界的重点研究课题。

法律主体分为自然人与非自然人，对于自然人的法律主体界定根据自然人的行为能力、认知水平分为三种类型：18周岁以上公民完全行为能力人，14~18岁限制行为能力人，14岁以下则是无行为能力人，不承担法律责任。有观点主张将人工智能进行能力评估，例如，类似图灵测试等专业评估与分级，判断人工智能应该为无行为能力人还是限制行为能力人，进行定期诊断、登记、监督与管理。与自然人不同，法律主体还可以是法人，这里的"人"本身就是一种虚拟概念，只有当前为了满足对经济活动与市场运行的管理，法律规定能够独立承担民事责任的企业组织，在法律上享有权利与义务。法人是法律技术的产物，其表现往往为几个自然人或财产的集合，那么由此可推断，人工智能完全可以通过符合目的性拟制的方式将其视为法人，围绕法人制定相应的法律制度而不套用自然人制度，制定人工智能单行法具有现实可行性。俄罗斯最早进行了尝试，公布该国首部也是世界上最早的关于智能机器人法律地位的法律草案《在完善机器人领域关系法律调整部分修改俄罗斯联邦民法典的联邦法律》，也叫"格里申法案"。法案提出的"机器人—代理人"的概念，提出了机器人在不同法律关系中的发展阶段和定位，将不需要人类控制、依靠外部环境获取信息能采取完全行动并能够评估后果的装置进行登记，作为人类占有者的代理人。

从法律的进化变迁方面来看，法律文本与规定是随着社会现实不断变化和修正的，具备自主意识的强人工智能担任一定社会角色融入人类生产，尤其是日常生活中时，法律应当与时俱进，保持开放、灵活的态度，接纳人工智能，在不同的场域对人工智能施行不同的法律规范，优化对人工智能时代下的人工智能体运用与人机关系，不仅利于促进人工智能产业健康发展，更有利于保障人类社会的平稳运行，增加便利性，提高人类的生活质量和水平。

（三）道德责任问题

关于道德责任问题，有以下几个论点："①承担责任的行为必须在我们的能力范围之内；②该行为必须出于行为者本身的意愿，而不能是被迫的；③承担责任行为的起始因不能是出于无知。"从这三个责任主体应当承担责任的条件来对人工智能体能否承担责任进行分析，第一个论点如何判定人工智能体具有承担责任的行为与能力还有待确证；第二个论点满足，正是因为人工智能体具备自主决策与行动能力而不是受人控制才会对其主体性进行探讨；第三承担责任行为的起因不是出于无知，人工智能体自身具有严密的算法程序与数据信息，必然不会出于无知的状态。由此观之，人工智能体即使在被承认道德主体的前提下仍旧不能确定能否承担道德责任。

所谓承担道德责任更多是对道德主体主观内心上的惩罚，有来自内在的羞愧之感，也有来自外界的道德审判。道德高尚的人往往以严格的道德准则要求自己，如果做了自己认为不道德的事情，会有自责、羞愧等情绪，无法原谅自己的行为，也就是内在的自我惩罚。而外在道德审判是通过谩骂谴责甚至侮辱等方式，对其造成心理、精神方面的惩罚；或刺激唤醒其羞耻心，使其形成愧疚、自责等情感反馈。无论是内在还是外在，都需要以具有情感、良知、良善为前提，感性情感是道德产生的起点。因此，人工智能能否"通情理"，对于人的处境"感同身受"具有了朴素的道德情感，有羞耻是非观念和道德意识，是其承担道德责任的前提条件。

第三节 人工智能的伦理困境原因探析

人工智能不仅是一个独立的技术系统，而是与政治系统、经济系统、社会系统、文化系统紧密相连的共同体。产生伦理困境的原因分成以下几方面，从根本原因、制度原因、伦理原因和技术原因四方面展开论证。

一、经济原因

伦理道德作为思想上层建筑，直接受经济基础决定，间接被生产力发展所影响，伦理困境的根本原因要向经济追根溯源。

（一）生产方式引发生产关系的变革

社会关系与生产力紧密相连。人的本质是一切社会关系的总和，随着生产力的获得，人们改变自己的生产方式，随着生产方式即保证自己生活方式的改变，人们也就会改变自己的一切社会关系。按照社会关系的不同领域分为生产关系、政治关系、法律关系、伦理道德关系、宗教关系，在这些关系中，生产关系是最基本的关系，是人们在物质生产、分配、交换、消费过程中形成的社会关系。

每一次产业革命都是以新的科学理论为基础，以新工具为主导，引发经济结构与发展方式的变革，从而导致社会生产生活方式转变，最终作用于人的社会关系与伦理秩序的更迭。伦理关系是个人与他人、个人与社会的交往关系的统一整体，和生产关系一样是社会关系的重要组成部分，都是由生产所决定的。新技术在大大提高了社会生产力的同时，重塑了生产关系，催生新的工作方式、交往方式和生活方式，从而形成与之相适应的新的伦理关系和伦理规范，人工智能技术亦然。

三次工业革命下催生出的蒸汽时代、电气化时代与信息时代下的社会大生产，使劳动者逐渐从繁重、单调的体力劳动中解脱出来，利用机械化工具进行生产，技术、机器等作为劳动工具起初是作为生产资料辅助人类的存在，人在生产过程中处于主导地位，随着工业进程的推进、技术的发展，大机器时代成为技术生产的必然产物，人类成为机器运转和资本增值的"螺丝钉"，成为辅助机器与技术的存在，也就是失去了主体性的"异化状态"。而随着人工智能技术的推广运用，智能化工具超越了工业生产领域，进入社会服务行业，全面影响人类社会生活，人类劳动者成为智能机器的服务者、服从者。加之人工智能替代人类机械体力、简单脑力劳动，人类逐渐被排除在生产系统之外或成为机器的从属部分，人工智能技术成为固定资本的最新形式，传统生产关系将发生颠覆性的变革。未来，人类社会将进入一个在少数精英引领下的傻瓜化时代，少部分拥有知识、技能、资本的人具有驾驭人工智能或不会被人工智能替代的力量，从事生产活动，而大部分人成为被机器人养活的无用阶级。

（二）生活方式引发伦理关系的变革

相比较政治关系、法律关系、宗教关系，随着人工智能技术发生变革更令人关注的是伦理关系，任何人都是处于社会关系网中，亲情、友情、爱情、师生情等都是日常交往中的伦理关系。人工智能技术在融入生活改变人们的生活方式的同时，会对传统的伦理关系带来巨大影响。

第一，教育领域的传统师生关系会出现新业态。人工智能时代下互联网、大数据以及智能家教机器人，提供开放、共享的交互式学习系统和智能化学习模式，摆脱了传统物理空间的限制，使学习发生在虚拟空间，多维互动的学习中心和虚拟网络课堂成为主体，使教学更为自由，更加开放，更显活力。但虚拟平台提供的智能教育使得教育作为实体空间不断被侵占，实体学校遭到挑战。有学者预测，等到人工智能达到超级人工智能状态，学校将完全被学习空间取代。人工智能所建构的开放式庞大知识库，不仅可以为学生提供海量的、随时可以提取的知识，而且能够根据学生对知识的掌握情况，提供个性化的教学服务。人工智能在教育领域的应用，缓解教师负担的同时，消解了教师作为知识权威、教学主体的地位，消解了师生之间的"地缘""业缘""类血缘"① 关系，导致传统教育领域的师生关系受到冲击。

第二，人工智能时代，婚姻关系遭到全所未有的挑战。人与机器人产生恋爱、婚姻关系。日本作为一个人偶、傀偶文化盛行的国家，最早对将人工智能引入婚恋关系进行尝试。日本对于 AI 机器人的研究一直都处于世界前列，2019 年 5 月 4 日，日本研发了一款"美女机器人"，将其命名为"妻子"，外形几乎完全接近真实的人，而且具有人类体温，此外，她还能够读出人们所说的言语，并做出相应的反应，这台机器人在一小时之内售出了上万台。购买使用美女机器人还属于私人领域的个人事件，而与人工智能产品结婚，并得到公众的认可，是表明人工智能对婚姻关系产生冲击的表现。日本一名 35 岁的男子在母亲反对的情况下邀请 39 位友人见证了自己与"初音未来"的婚礼。"初音未来"正是现代的 AI 技术定制出家用化智能全系机器人，用户可以通过语音输入和全息影像进行实

---

① 刘霞. 人工智能时代师生关系的伦理审视［J］. 教师教育研究，2020，32（02）：7
-12.

时互动，除了日常的问候外，还拥有闹钟、天气预报、家电控制等功能，让他对"初音未来"有人类妻子的实感，对人类社交彻底失望的他选择与智能机器人建立婚姻关系，并保证忠诚于对方。人类婚姻关系的定义是两个符合法定婚姻年龄的成年男女经过法律程序达成契约，建立其的权利、义务关系。人类能否选择人工智能与达成契约关系？达成的关系是否有效？如何保护双方的权益不会受到家庭暴力等因素损害？对未来婚姻伦理关系产生新的挑战。

二、制度原因

制度竞争是国家间最根本的竞争，制度优势是一个国家的最大优势，只有依靠制度，才能高效整合各种要素、各方面力量形成合力，推动社会进步与发展。习近平总书记提出，科技创新与制度创新要协同发挥作用，而科技制度创新是科技创新的坚强保障，人才培养制度、伦理审查制度、法律制度等都是影响科技创新与成果转化的重要因素。而人工智能技术面临的伦理困境同样需要制度建设为其排忧解困，当前相关制度建设不足也成为伦理问题未能有效解决的重要原因。

（一）法治建设相关制度不健全

但就当前来看，人工智能对当前民事主体法、著作权法、侵权责任法、人格权法、交通法、劳动法等诸多方面与现有法律制度发起挑战，但当前的法律制度以及无法应对这些挑战，人工智能的法律规范缺乏相应的法律依据、可操作性的法律条例，也没有相关人工智能规则负责的专职部门。

欧盟是人工智能立法走在前沿的国际组织，在2018年5月提出最严格数据信息隐私保护的《通用数据保护条例》，对违反规定的企业进行罚款，完善法律法规，发布《数据安全征求意见稿》，向民众征求意见建议；日本在使用机器人的时候，为了保护人类，政府组织学者、商业人士、官僚和律师组成专门的队伍，讨论法律的制定，发表了《下一代机器人安全问题指导方针》的草案，将人工智能、机器人置于法律笼子的规制范围内，我国也出台《数据安全法》《电信法》等应对当前的困境。但是这些内容也多是伦理规约的细化或针对某方面进行法律规范，并未从根本上解决问题，随着越来越严峻的矛盾不断显现，对人工智能相关法治建设的要求越来越高、越来越迫切。

（二）科技伦理相关制度不完善

科学技术的发展与市场化离不开各种制度的保驾护航，除了系统的法律制度之外，需要系统性的激励、监管及反馈调节机制，对人工智能技术落地实现伦理治理的"软着陆"。

从短期来看，伦理治理的制度建设不可避免地会在某些方面对技术的发展产生负面影响，看似是技术研发落地的"紧箍咒"，但却维护了长远利益与技术的健康发展，扮演了推动社会进步的"加速器"角色。我国当前正在努力迈向创新型国家的道路上，为了减少科技伦理风险，降低其带来的不利影响，亟须完善人工智能伦理治理的体制、机制建设，加强科技伦理建设，完善国家治理。

人工智能技术从实验室走向社会现实，在真正落地应用的过程中必然面对诸多伦理挑战，但当前人工智能技术伦理监管和监督，缺乏正确的科学指导，没有一套完整的贯穿人工智能技术产品的开发、利用全过程的系统监督和治理方案，也没有配套伦理教育培训机制，更没有健全的伦理审查机构，来应对这些新业态、新问题、新挑战，必须加强科技伦理相关制度机制建设，将科技创新与科技伦理制度创新并行推进，或伦理先行为科技创新保驾护航，避免造成重大伦理冲突而阻碍科技进步。

除了针对技术的伦理规范与监督机制，也应当制定针对不同主体的道德规范与监管，利用人的内在驱动力实现自我约束，从内在、根本上杜绝技术滥用，将囿于外界约束而"不敢"转化为内在自律而"不想"，加强对相关利益主体以及人工智能人才的伦理道德教育，提高伦理意识，严格自律，避免做出有违伦理法则、违背道德规范的选择和行为，对他人及社会造成损害。

三、伦理原因

任何一项技术都不能脱离社会而独立存在，因此，必然会影响到社会伦理生活，汽车、空调等技术产品的使用会不断消耗自然资源、破坏生态环境，基因工程技术在解决实际问题的同时也会对人类物种多样性产生威胁，人工智能技术也是一样，在给人类带来正面效益的同时，冲击社会既有的稳定的伦理观念、伦理行为、道德规范，主观上的认知体验和感受以及必然存在的伦理规范与客观科学技术及其社会转化产生冲突，且有些伦理规范是人作为人的必然存在，如生命伦理、家庭伦理，因此，必然与科学技术产生冲突，而产生各种伦理困境。

（一）技术进步与伦理观念的不同步性

思想、观念、意识就是由物质活动、生产实践、生活交往的基础上产生发展起来的，伦理道德作为思想观念等上层建筑的一部分由物质基础决定，本身具有相对稳定性和滞后性，总是随着科学技术的变革而逐渐自我解构与自我重建，但历史文化越是深厚道德进化越是缓慢。科学技术本身作为一种工具，对人类改造客观世界起到辅助作用，不具有改变人自身内在精神的力量，技术工具论者认为人始终是决策的主体，技术所带来的或正或负的外部效应都是由人决定，但是对于当前的人工智能技术，我们应当意识到其对人思想的渗透与控制，人类的判断决策可能完全听从于人工智能的计算结果。因此，人工智能将成为技术中立论与技术工具论的反面论证，让我们不得不更新对技术的观念看法，对技术加以正确引导的同时，适应人工智能时代的发展，对不适合新时代的伦理观念进行转型，对历史观念进行革新。

当前第四次产业革命引导的社会变革，将引发传统的伦理观念的反思、革新。人机伦理随着人工智能技术的发展进入人们视野，第二届中国国际进口博览会上，机器人 Boboy 不仅会对话、会脸红，甚至还会卖萌，可以将人的语言、行为甚至记忆情感通过数据化的形式储存下来，并根据这些历史数据做出反应，让人感受到机器人不再是冰冷的机器，而是具有"人情味"的伙伴。随着护理机器人、陪伴机器人等技术成熟，市场化融入社会成为人的服务者、陪伴者，甚至作为朋友、爱人的角色存在，到那时，新技术必然与旧道德产生价值冲突，冲击原有的道德观念与伦理规范，人机共处的社会秩序与文化规范必然面临内部重建，新的伦理规范将由新时代下社会人民意志创立。

（二）道德原则底线的不可突破性

随着人工智能技术掀起新的浪潮，资本必然会蜂拥而入以期走在时代前沿与风口处，获得技术变革带来的经济利益，在市场经济其决定性作用下，而由此驱动着技术产品化、市场化，提高资金投入、技术研发的变现率。但是，市场经济的盲目性、滞后性、自发性，不可避免地会出现僭越道德规范甚至触及道德底线的现象。尽管技术进步所引导的伦理秩序与道德规范会进行内部重建，适应时代变迁、社会进步，以更和谐顺畅地调整社会关系与伦理关系，因此，道德观念具有时代性、区域性、多元性特征，但是一些道德原则是绝对不可突破的底线。底线被突破并被社会所接受，将会导致频发的道德滑坡、利己主义横行、价值取向错位、信仰与敬畏缺失、社会秩序混乱，严重危害社会稳定、经济发展以及人的自由全面发展。

道德底线是文明社会上道德水准的平均值，是群体在道德行为、道德观念领域所能容忍的最低限度，普遍适用于社会成员在道德方面的最低要求。不同社会时期的伦理观念、道德底线的差异与经济、政治、文化、宗教息息相关，会随着社会群体的道德水准有所区别，而一个文明进步的社会必定是道德底线不断提高的社会。但是道德底线的提高不是"存天理、灭人欲"的道德苛求，用一套理想主义的道德规范甚至当作道德义务来规束人的行为，而应当"从现实的人性出发，从社会生活的实际出发，来确立一种切实可行的最低限度的道德"。充分考虑人道主义基本原则，明礼知耻，明辨善恶。我国伦理学家何怀宏教授把道德底线定义为"己所不欲，勿施于人"，简单来讲就是不要求别人做自己不愿承受的事，自己不愿意被杀、被抢、被欺侮就不可以去抢掠、欺侮他人，无论是私人领域还是公共领域，底线道德是必须遵守的最基本的行为准则，是必须承担的道德义务。

人工智能技术在研发应用的过程中，相关主体应当承担道德义务，杜绝技术的不道德使用，损害用户个体、社会群体、自然环境的权益，坚守道德底线、操守红线，不能因利益驱动挑战正义原则、无视道德法则，并不断用技术手段，提高人的认知水平和思维能力，改变人们的世界观，从而提高人的思想道德观念，提升社会道德底线。

四、技术原因

一项技术研究、发展、推广应用到社会生活的过程是漫长的，会呈现螺旋式上升、波浪式前进的趋势，人工智能技术的发展成熟也不会是一帆风顺的，其间也必然会出现各种各样的问题和不足。技术自身不成熟或者受到外部因素的影响，都会导致技术的应用化、市场化受到阻碍，从而降低技术前进的步伐。

（一）内在技术原因

人工智能技术经过三起三落发展至今，虽取得一系列成就，但是其本身仍旧有许多难以跨越的技术难题。从技术理论方面来看，人工智能意在实现"机器像人一样行动"，但是人类智能还未能真正有科学解释和突破性研究，因此，联结主义、符号主义都具有相应的理论缺陷；从技术实践方面看，"算法黑箱"导致的不透明性、不可解释性也是困扰技术人员的难题，当前技术还未成熟，难免出现技术错误、失误、漏洞，如医疗机器人发生失误杀死病人，完全是由于技术原因。

（二）外部负面因素

自从计算机通信技术出现以来，"黑客"一词进入人们的视野，黑客是指精通各种编程语言和各类操作系统的IT能手，黑帽黑客是对利用通信技术未经对方许可入侵对方电脑、系统、网站，获取隐私信息或进行破坏的犯罪者的称呼，黑客对技术地窃取他人私人信息，木马病毒、技术手段的恶意破坏，都会造成潜在的安全隐患。

就在2020年7月，日本电报电话公司NTT对外宣布，公司内部服务器遭受了网络攻击，导致271家企业的重要信息泄露，并查明其中有83家是通过海外服务器的非法访问导致的信息泄露，188家企业可能由于员工私人终端途径的非法访问导致的信息泄露，据统计，2020年7月之前，已经有892家企业在NTT服务器上的数据发生泄露。可见一些政治因素、商业竞争以及黑客为了谋取利益会从外部对人工智能技术进行干扰、窃取、入侵，外部入侵会导致金融、医疗、军事、科研等重要信息被搜取。除了数据信息泄露，在未来也会出现人工智能产品被"控制、挟持"等危险，而且弱人工智能只是程序设定的结果，根据输入的既定程序完成指定命令，自身不具有判别是非对错的能力，因此，可能会被不法分子利用，陪护机器人成为监视者甚至加害者，都未可知。

此外，除了恶意入侵导致人工智能出现安全隐患之外，可能人类不经意的行为或者人类社会自身的不足之处，都会导致可怕后果。如限定场景下的自动驾驶汽车，可能会因为路边错误、涂鸦的警示牌而做出错误判断，在应当减速的路段保持高速行驶，造成安全事故。人工智能在图像输入识别、语音识别的过程中受外界环境影响较大，轻微干扰与虚假信息可能会引发安全、伦理风险。

第四节　人工智能的伦理困境解决路径

技术伦理在人工智能、基因编辑等技术取得巨大成就的同时，越来越引起重视与探讨。技术虽然是作为自然科学大范式下的理论与应用，但仍旧需要人文社会科学加以规范与引导。而伦理困境的解决应当坚持马克思主义具体问题具体分析的原则，以开放包容的心态，严谨审慎的姿态，宏观价值引领与中观负责任创新理念设计以及微观对策制定相结合，正确看待和解决伦理困境。人工智能技术的研发、设计与应用应该以技术为核心，以法律、伦理规范为红线，以社会进步为目标，以增进福祉为价值旨归，推动人工智能技术治理水平与治理能力现代化。

一、坚持正确伦理观念的价值引领

对于个人来说任何一个决策与行为，归根结底是由其内在的价值观所决定的；对于一个民族和国家来说，其制度与政策也是由内化其中的民族观念与精神所决定的。对于伦理困境的解决，应当从根本上加强思想引领，用正确的伦理观念化人育人，加强思想引领。

（一）吸收中国古代优秀科技伦理思想

中国古代在天文、造纸术、印刷、中医药、工程与工艺技术等方面取得重大科技成就，也产生了优秀的科技伦理思想，对今天的科技发展仍有指导、借鉴意义，应当深入领会传统科技伦理的内在含蓄，理解本土科技伦理的历史意味，更好地指导当前人工智能技术的发展。

第一，坚持"兴天下之利"的伦理观。中国科技的发展一直都是轻理论、重实用的，功利性的特征明显。无论是铁器、瓷器还是建筑，都讲求服务于日常生产生活，关注人民的衣、食、住、行。墨家提倡"仁人之事者，必务求兴天下之利"，儒家也强调"经世致用"，以人为本，服务社会，造福人民。因此，要坚持科学技术发展的服务性。科学技术发展应坚持以服务性为第一原则，以满足人的需要为核心，以提高人民生活水平为责任。人的需要包括基本的物质生活需要、社会需要和精神文化需要，而这些需要是科学技术的探索、创新和应用的动力所在，也就是说：正是因为存在着人的需要，科学技术才有不断向前发展的动力源泉。这就要求科学技术发展要坚持服务性，满足人们对衣食住行等基本生存性资料的需求，满足人们提升自我、享受生活的需要。切不可将创新研究变成少数人满足好奇心、求知欲的实验游戏，更不可将其变成谋一己之私的获利工具。

第二，科技发展应用要循序"天人合一"的生态伦理思想。中国古代科技在运用过程中注重人与自然的和谐，强调珍惜资源、保护环境，以实现可持续发展。"天人合一"最早出自先秦道家，随后儒家吸收借鉴以天人关系来对人进行道德教化，以天道与人道相对应，如《说卦传》中记载的天道——"以立天之道曰阴曰阳"，人道——"立人之道曰仁曰义"，以论证人应该顺应天道、遵循人道，讲求人与"天""地""人"的和谐共生，人是自然的一部分，应当与自然和谐相处，不违背自然规律、社会发展规律，是一种朴素的人与自然和谐共生的伦理思想。在三次科技革命的引领下，人类社会从农耕文明过渡到工业文明，又进入信息文明，人类社会取得巨大进步的同时，自然环境却不断恶化，水污染、空气污染、温室效应、生物多样性锐减等全球性生态危机、生态伦理引起重视，运用传统"天人合一"的伦理思想对科学技术进行指导与规范更具时代意义。

第三，坚持"以道驭术"的技术道德规范。技术行为和技术应用要受伦理道德规范的制约和驾驭，这一伦理观念应该追溯到春秋战国时期，技术得到一定程度的发展，同时文化繁荣，百家争鸣。但百家在"以道驭术"方面虽有差别却默契地达成一定共识，即：技术应该遵循社会自然规律、道德规范和统一标准。儒家强调三事：正德、利用、厚生，抨击"奇淫巧技"，防范技术误国害民，提倡技术应该去做该做的事，而不是做能做的事。此外，出土的历史文物上刻有制物者的名字，"物勒其名，以考其诚；功有不当，以行其罪，以穷其情"，这一记载表明传统技术伦理中已经注意到"工程伦理的制度化"的重要意义。中国传统科技伦理中对技术运用的考查、工匠道德的监督等都是用道德理念与规范来约束技术的重要表现。当下人工智能的发展也应该借鉴其"以道驭术"的思想，将人工智能技术发展坚持正确的价值导向和研发、运用规范。

（二）坚持贯彻落实习近平总书记关于科技理论的重要指示精神的引领

党的十八大提出实施创新驱动发展战略，通过科技创新助力提高社会生产力和增强综合国力。习近平总书记在重视科技创新的同时，注重科技伦理对技术进步的护航作用，在一系列关于科学技术创新、可持续发展等讲话、文件中，蕴含着习近平新时代中国特色社会主义思想，是科技创新健康发展的行动指南。发展科学技术要坚持以人民为中心，以服务人民、造福人类为根本目的，坚持绿色发展道路，"引导科技产品、科技发展朝着保持科技本身的'真'、科技成果的'善'、社会发展的'美'的道路上前进"。①

习近平总书记在多个场合多次发表对科技创新的期待与伦理要求，强调科技要为人民服务："科技是国之利器，国家赖之以强，企业赖之以赢，人民生活赖之以好。中国要强，中国人民生活要好，必须有强大科技。②"要将科技成果、服务惠及人民，要加大科技惠及民生力度，推动科技创新同民生紧密结合。人工智能技术以人民生产生活为中心，以人民的物质需要、精神文化需求为导向，服务于民，发展为民，将科技成果转化为人民福祉。中国将人工智能和智能制造纳入了国家科技创新的优先重点领域，产研融合，推动人工智能科技研发和产业化进程，使人工智能科技及其产品更好地为推动发展、造福人民服务。其次，主张重视人才培养，尤其是加强科研人员品德素质建设。要营造良好学术环境，弘扬学术道德和科研伦理，在全社会营造鼓励创新、宽容失败的氛围，建设一支德才兼备的创新人才队伍，坚守学术操守和道德理念，自觉加强道德修养。此外，要健全科技伦理治理体制，加强科技伦理建设，以应对当前科技伦理水平与科技发展速度严重不匹配的社会现实。在人工智能发展中，整合多学科力量，"加强人工智能相关法律、伦理、社会问题研究，建立健全保障人工智能健康发展的法律法规、制度体系、伦理道德"。

人工智能时代下，要深刻领会习近平总书记关于科技伦理的重要指示精神，以人民群众的根本利益和长远利益为出发点，坚持科技进步是人的全面发展的手段，人才是科技创新的内生动力，并主张对科技发展进行价值导向和伦理规约。

二、基于负责任创新框架的人工智能治理

"负责任创新"（Responsible Innovation）是德国学者托马斯·海斯托姆（Tomas Hellstrom）于 2003 年提出的，这是学界首次明确提出"负责任创新"这个概念。迈克·戴维斯和凯利·拉斯、杰克·提尔勾、希拉莉·萨克利夫等人在此基础上发展了这一理念，经过近 20 年的发展，已经成为欧美前沿的科技创新和研究理念。

"负责任创新"研究成果颇多，其中学界认同度最高、最有代表性的是英国学者欧文

---

① 何家伟，孟盼盼. 习近平关于科技伦理的"五论"［J］. 实事求是，2020（03）：11-16.

② 习近平：《为建设世界科技强国而奋斗——全国科技创新大会、两院院士大会、中国科协第九次全国代表大会上的讲话》.《人民日报》2016 年 6 月 1 日.

提出的"四维度"模型，即预测、反思、协商、反馈。预测关注前期评估与结果预期，反思阶段关注创新的可持续发展，协商主要围绕利益相关者展开，反馈是在最后环节对结果进行收集归纳。这四个维度在不同阶段，参与负责任创新的全过程，但是四个维度并不是线性串联关系，而是交叉并行，但在不同阶段各有侧重。"负责任创新"框架已经应用于英国、荷兰等国，2010 年，英国提出的平流层粒子注入气候工程项目（SPICE 项目），根据负责任创新理念，经协商和反思，确定该项目的风险便取消。荷兰在 2008 年鹿特丹港建设的马斯弗拉克特二期项目（MV2）立项开始，就贯穿着负责任创新理念，是"负责任创新"框架的成功案例。我国也有专家主张将该框架引入人工智能技术治理过程中，以保证人工智能技术在符合社会价值、发展需要的基础上不断创新取得成果，造福社会。

（一）预测维度的前瞻性远景化治理

预测维度把关注视角从下游结果转向上游创新，不是后果导向型，而是通过多种方式手段提前将文化、社会、伦理等要素加入技术应用之中，经过全方位交互，以前瞻性的治理视角，对未来科技创新在自然社会、人类社会的影响方面形成公共的政治的共识与意见。主要方法有预见、技术评估、情景规划、远景扫描、场景模拟、愿景评估、社会—文学方法等，将这些方法应用于人工智能治理中，从源头强化负责任治理与困境解决。

技术评估可采取的：议会式、专家式、参与式、辩论式等形式，通过不同主体、不同立场、不同观念的碰撞与交流，得出评估预期，当前头部互联网纷纷成立伦理委员会，邀请科研院所专家作为伦理顾问，在产品研发之后召开伦理审核会议进行深入讨论，是技术评估方法的现实应用；此外，通过论坛、大会等形式，各方参与，探讨评估 AI 技术未来发展对社会方方面面带来的可能性影响。"情景模拟"则是利用虚拟现实技术将创新技术的应用进行场景模拟，观察过程、分析结果。

人工智能产品除了虚拟场景进行试验，如无人驾驶汽车的软件仿真检测，还应用"试点模式"，如监控工具"赋思头环"设备进入班级、无人驾驶的真实路况模拟、护理机器人部分科室试验等。通过小范围的试点，以获得不同情境下的应用信息，提前分析风险与不足，并进行改进与革新。"愿景评估"就是将新技术较早地引入社会因素，立足生活和应用实践，进行分析和前景预判，具有前瞻性和预警性的眼光和评判。此外，值得一提的是，"社会—文学评估方法"作为"愿景评估"的重要方法，是将技术融入科幻作品，透过作品预测技术可能带来的影响，此方法在人工智能领域可谓是成为公众进行预期参与治理的重要方式，有关人工智能影响个人肉体、灵魂进化、人类社会变革、人类文明颠覆相关的文学作品创作为技术的发展提供方向。

（二）反思维度的多主体多层面自省

反思维度要求决策者、参与者不断地进行自我反思与自省，除了反思自身行为外，也要反思客观技术的创新处、优缺点以及可能出现的负效应，更要反思与技术配套的管理制度与监督机制是不做到了在维护技术安全性的基础上利用技术进步，而不是压抑和遏制的技术创新；是否建立反思的对照准则，以一套确定的规范准则作为参考标准，作为衡量是不是负责任创新的指标。

技术的问题归根结底是人的问题，反思维度首先要求决策者、参与者不断地进行反思与自省，对于人工智能技术的反思不仅局限于科研工作者、社会科学工作者、企业家和政府机构，同时也包括普通大众，反思人工智能各情境下的应用，可能导致的安全、伦理问题，也要反思技术，建立健全人工智能技术研发项目的风险评估机制和伦理审查机制。科研工作者作为推动技术进步的第一动力，应当反思自己是否真正站在以人为本的立场，以职业道德进行约束自我，而不是仅仅满足自身的求知欲和好奇心，以个人利益为中心，而为社会带来不必要的风险；社会学家、伦理学家作为社会科学的具有专业知识与经验的人才，具有比公共更宽广的视野与更独到的眼光，对人工智能技术可能带来的社会变革承担起责任，将伦理维度嵌入实验过程的始末，形成多学科的深度融合与联合训练。企业组织作为技术发展的推动者，"创新"是为了商业化应用，追求"利润最大化"，因此，将经济收益为评价指标是无可厚非的，但是也不能忽略社会责任，应该充分考虑对社会、环境带来的负面影响。当然，这一过程更需要政府机构进行管理与整饬，利用政策制度、法律法规规范人工智能相关创新的实施与应用，同时营造利于创新的科研学术氛围，激励负责任创新并鼓励推广符合社会价值的创新。最后，共同治理离不开公众对话、公众参与、公共合作，参与治理的普通大众尤其是有影响力的媒体公众人物也应当反思，是否站在客观、理性、公正的角度对技术进行分析看待，避免主观情绪化，用极端态度和悲观情绪看待人工智能技术的未来发展，如果只从科幻作品中接受"人工智能毁灭人类文明"的消极情绪而做卢德分子，将不利于人工智能技术健康发展与治理。

（三）协商维度的多利益体共同参与

协商指的是"把愿景、目的、问题和困境放到更大的背景之中，通过对话、参与和辩论来实现集体审议，邀请并倾听来自公众和利益相关者的广泛意见。通过引入广泛的视角来重新定义问题和识别潜在的争论领域"。关注重点在于收集不同群体、不同阶层、不同领域的观点与态度，充分对话与协商并达成共识，共同制定政策与规范，以确保不同学科背景、不同角度立场之间的协同和参与，注重自然科学、工程技术科学、人文社会科学的跨学科结合，推动各方共同构建人工智能技术的风险评估、敏捷沟通与高效治理机制。

协商的方式手段多种多样，通过对话、参与和辩论的方式，对话会议、听证会议、匿名投票等手段，充分听取专家学者、公众及利益相关者的见解、意见，并对其中分析性和审慎性的部分进行充分整合，多元主体协作和跨专业协商制定最优化结果。人工智能时代需要全球范围的共商共建，如2019年5月在北京召开的"国际人工智能与教育大会"2020年7月在上海举办的"世界人工智能大会"，聚集了来自联合国机构及世界各地政府机构、学术机构、公司企业、社会公益性组织多个领域的与会者，以人工智能为核心、以教育、医疗、伦理、法治等多个课题展开观点汇报及座谈交流，是全球共治、多元协商的积极探索。协商须坚持透明性、开放性、包容性，并建立组织机构与常态化协商机制，将各方意见贯彻事前、事中、事后的全过程。

（四）反馈维度的闭环灵活综合考量

反馈维度是实现闭环系统的收尾性设计，通过对整个过程的监测、分析、总结，最后做到信息反馈并做出反应动作，是多主体进行预测、反思、协商后结果落地执行、发挥作用的最后环节。反馈不是一个流程的结束而是新的开始，动态交互调整与开放灵活革新是反馈维度的常态化动作，以此实现对负责任创新的闭环监控和预期治理。反馈维度需要将前期反馈的技术问题、安全威胁、风险漏洞、社会公众态度等各方面真实、可靠的信息进行梳理，并做出针对性的诊断和全面综合性的考量，并采用多种反馈机制和应对方案以保证负责任创新理念得以最终体现。反馈维度常见的采用方法包括开放获取透明机制、价值敏感性设计等，其中，敏感性设计在人工智能治理的过程中，可以通过价值敏感性设计，将人类的价值观如公平正义、尊严、幸福等嵌入人工智能设计，创造出具备人类社会生活价值观念且以为人类增加福祉为责任的智能机器人。

负责任创新伦理框架模型的四个环节是相辅相成、对立统一的共同体，深度全面的反思会实现更精准的预测，扩大协商范围有利于反思的周全化，而反馈作为框架的核心，是优化负责任框架的重要支柱。四个维度共同形成对技术的负责任治理，防范风险危机，做到以人为中心，为实现人的自由全面发展服务。当下人工智能的伦理治理也在负责任创新治理思路，构建安全、和谐的人工智能时代。

三、教育、法律与伦理维度的补充路径

负责任创新框架下的治理对策形成内部自治的闭环系统，主要面向人工智能利益相关人员、技术本身及产品化的应用，而在核心系统外部，也应当建立更为全面、更宽泛的具体对策：在教育方面，加强对相关主体进行伦理道德提升教育、技能培训教育和个性发展

教育，解决伦理冲突、"机器换人"、人类自我价值实现缺失的社会问题；在外部监督方面，完善相关监管制度与法律法规，对不法分子恶意绕路科研环境、破坏社会秩序的行为进行依法惩处；在社会舆论方面，规范社会媒体对人工智能的看法，提高公众的文化素养和伦理观念，化解部分人工智能伦理冲突。多措并举，通过促进人工智能更好地为社会服务，为人的全面发展服务。

（一）完善新时代教育体制机制建设

每一次科学技术革命都会带来一波知识技能浪潮的更新，也会有各种新的技术岗位的出现，这就需要国家、社会对国民进行素质与技能教育，而人工智能时代除了新兴技术带来部分工作岗位的转型升级，也会替代大部分体力劳动和简单脑力劳动，使劳动力市场发生深刻变革，继而改变人们的生活方式。而教育作为从一个人从"自然人"向社会人转变过程中必不可少的环节，应该根据时代变化与社会需求做出调整，培养出紧跟时代步伐、与社会共进步的时代新人。

第一，发展德智体美劳全面自由发展的教育。德智体美劳是对人的素质发展的基本准则，也是人类社会教育的目标共识。人工智能时代，对国民、劳动者的道德水平、专业技能、审美观念与能力等各方面的要求不断提高，对教育发展提出新的挑战。如在"机器换人"促使更高技术含量的工作需要有更具专业技能的人员，同时不需要参加生产工作的领域会增加，人们不再需要将时间耗费在满足生存的生产劳动中，而拥有了自由而全面发展的闲暇与机会，在物质财富获得满足的基础上，从事更多如体育运动、哲学、文学、艺术等包涵人文精神、灵感与气质的精神文化创作和享受，这就需要对人审美能力提出更高要求。因此，教育重心的转向和评价标准的重制，不仅有利于解决当前社会变革过程中的困境，对迎接人工智能时代也具有重要意义。

第二，加强人工智能技术、应用和伦理道德教育。当前人工智能与教育的融合，多是作为教育工具、教学方法等外在形式提高教学成效，利用新兴技术优化教育服务和平台建设，为弱势群体创造更适宜的学习条件促进教育公平，促进优质教育和全民学习的机会。在技术层面，人工智能应用于教育领域包括三个基本层面：数据层、算法层、服务层。"数据层"是人工智能的基础，任务是采集、清洗、整理、存储的各类海量教育数据；顶层的"服务层"是人工智能的表层应用，接收数据处理结果，为不同教育场景中的师生提供所需的教育服务；中间层的"算法层"则是人工智能的核心，体现了计算机解决问题方案的方法和思想，表征为一系列预先编测的、确定性的指令或程序①。因此，除了培养算法层和数据层等专业人才技能人才外，也应当认识到未来人机融合、人机协助的"服务层"的工作人员需要具备人工智能素养和基本技能，编程能力、人机协作技能将成为智能时代每个公民必备的基本素养，因此，有必要将人工智能纳入中小学学校课程和职业技术教育与培训中以及高等教育的资历认证体系中。与此同时，要将人文学科的伦理道德意识和价值理念等内容渗透进人工智能教育体系，全民树立人工智能的伦理治理意识，提高对人工智能技术引发的伦理困境的预警与研判能力，并提前做好应对的策略。

第三，建立终身学习的常态化教育体系。人工智能时代，复杂多变的学习情境、千变万化的社会生活和难以预料的未来，都向我们提出了终身学习的客观要求，只有不断学习才能够不被时代所抛弃，"终身学习能力是一种适应新时代的能力，是一种促进人综合发展的能力，是一种持续的生存能力"。②此外，人工智能时代下学习的主观能动性也被充分调动起来，一方面为了防止自身在竞争激烈的劳动市场上被淘汰进行专业技能学习，另一方面通过多渠道获取多样化的兴趣内容，感受到学习的乐趣；加之人工智能所创造的如移动智能设备终端、可视化智能工具、虚拟现实模拟等都为终身学习提供便捷的学习条件，多方面因素亟须国家建立终身学习的教育体系，在人工智能时代的浪潮下，更好地促进技术负责任发展，造福人民。

（二）健全完善相关法律制度

负责任创新采取前瞻性的闭合式自我管理，实现行业自律，但是仍旧不排除有不法分子，逃过伦理审查，需要采取惩罚措施，这就需要加强事后监管和惩治的伦理、法律规制体系建设，为科学技术的健康有序发展保驾护航，实现科技向善。

法律建设层面首先要从公平、正义、良善等法哲学的核心理念出发，加强相关的基础理论建设，为具体的刑事责任、民事责任等法律的制度与案件判决进行指导。如在法律主体确定方面，专家学者见解各异，"客体说"认为人工智能仅仅是权利的客体，不具备主体资格；"代理说"则将机器人作为其所有人的代理，承担连带责任；"电子人格说"则主张为人工智能设立一个特殊的法律地位，制定相应的法律规则，以将责任进行合理分配，体现公正原则，对人工智能在法律意义上的概念界定、是否具有法律主体地位的确定

---

① 刘丙利，湖钦晓. 人工智能时代的教育寻求 [J]. 中国电化教育，2020（07）：91-96.

② 崔铭香，张德彭. 论人工智能时代的终身学习意蕴 [J]. 现代远距离教育，2019（05）：26-33.

直接影响其在各法律分支中所享有的权利和承担的义务。此外，从人工智能引发的著作权、隐私权等具体法律问题切入法治建设，制定具体的法律法规、规章条例，对社会出现的人工智能纠纷案件依法办理，维护社会稳定和谐。2021年1月1日正式施行的《民法典》中也进一步规范了对隐私权的保护，更加关注人工智能时代下利用科技产品对隐私信息的收集、传播与滥用。在伦理层面也应当加强对隐私权限的重视，避免泄露个人隐私，不窥探、传播他人隐私，营造安全、稳定的生活环境。在人工智能时代下充分保护人的权益，但只要人工智能技术方兴未艾，法律制度完善便道阻且长。

（三）健全完善相关伦理规范

在伦理层面应当建立规范科研工作者、人工智能行业企业的伦理监督体系，加强伦理规范与制约。

首先应该建立人工智能行业科技人员伦理教育考核制度，研发、设计等环节，提高科技人员道德素质，加强道德修养，从源头上防范科技滥用、科技恶用，培养德才兼备的科技人员，采取社会舆论、社会习俗以及个人内心信念等方式，对越轨的不良社会行为进行谴责和制止，守住科技伦理底线，减少伦理失范，发展向善的人工智能。其次，建立人工智能行业伦理审查制度，加快人工智能伦理安全预警监测体系建设。当下各大科技巨头微软、谷歌、腾讯、百度等都成立了内部伦理委员会，针对可能出现的伦理风险进行评估，并提出治理意见。这是人工智能技术研发主体内部自我管理的有效手段，通过自我检测、自我规范、自我修正，尽可能地从源头消解困境与危机。最后，应该建立独立于企业的国家层面的监督机构与制度规制，"人工智能伦理委员会"已然成立，有专家学者提出不少建设性意见，主张健全科技伦理监管制度，监管主体责任制度化，不断完善科技伦理风险的评估和监管，"完善科技伦理监管程序，通过公开透明的规则制定、审理与批准、监测等程序，使监管过程有理有据"，实现对人工智能技术的全方面的监管，促进技术健康发展，服务人民，造福社会。

第二章 人工智能法律应用研究

第一节　人工智能在法律领域的应用与规制现状

一、人工智能应用场景

现阶段，人工智能技术普遍应用于立法、执法与司法等领域。

（一）人工智能技术在立法中的应用

当前，人工智能技术在辅助立法方面发挥着重要作用。2014 年，"北大法宝"开始对人工智能辅助立法进行研究探索，充分运用法律大数据分析、自然语言分析、机器学习等 AI 技术，研发出以"1+7+7+1"为框架体系的"北大法宝智能立法支持平台"，打造出法律+科技的专业立法智能辅助平台。"智能立法支持平台"为立法主体提供立法项目管理、智能起草、草案意见征集、法规文件公开、法规文件报备、法规文件审查、法规文件清理、立法（后）评估、立法大数据分析，贯穿立法全流程，提高立法主体的立法效率与质量。同年，该系统在天津人大正式投入使用，开启了智能立法的研究与实践之路，并逐步推广到河北、海南、黑龙江等地。

（二）人工智能技术在执法中的应用

同样，人工智能技术在行政执法中得到广泛应用，已实现行政案件量刑自动化、处罚自动化、违规车辆检测智能化、行政审批流程自动化。根据人工智能在执法中的替代程度，人工智能执法分为"部分自动行政"与"完全自动行政"。① 完全自动行政是人工智能完全取代行政执法主体执行全部的执法程序，如广西、深圳等地对特定事项的行政许可实行无人干预自动审批，在分析与决定环节实行无人化，实现完全自动化。而部分自动行

① 黎慈. 人工智能嵌入行政执法的法理分析：现状、风险与应对［J］. 湖北社会科学，2020（07）：133-140.

政是人工智能取代行政执法主体实施部分的行政执法程序，是当前人工智能执法应用中的主流，如智能交通违章监摄管理系统。

（三）人工智能技术在司法中的应用

人工智能在司法中的应用主要体现在两方面：证据裁判领域和辅助量刑。

在证据裁判领域，人工智能辅助办案系统可以根据不同案件类型提供证据规格、证明标准，识别单一证据是否存在瑕疵，判断证据之间是否矛盾，分析证据链是否存在矛盾，以此减少法官在证据分析中花费的时间，提高办案效率。如全国首个刑事智能辅助办案系统：上海刑事案件智能辅助办案系统，能够对单一证据、证据链和全案证据进行校验、审查，通过"实体关系分析技术，形成案件人物关系、时间关系、地点行踪、作案工具的来源和去向，以及它们之间的逻辑关系的完整案发全景图"。

人工智能辅助量刑，是"将量刑规范文本中的规则和方法输入智能辅助办案系统，智能系统向法官提供量刑决策的建议"。[①] 如我国江苏姜堰、山东淄川等地的"电脑量刑系统"向法官提供量刑结果，美国的 COMPAS（Correctional offender management profiling for alternative sanctions）系统，通过对数十年的量刑案例的参考、总结，结合十几个参数设计一种新算法，从而确定被告在未来一定时间内重新犯罪的可能性，并以此确定量刑。[②]

可见，人工智能的应用是广泛的，作为一种新生事物，人工智能应当被法律规制，明确其法律地位，规范其在实践中的应用。

二、我国人工智能规制现状

（一）国家政策规定

人工智能作为促进经济增长的新动力，国家发布许多政策指导人工智能发展，同时，关注人工智能的安全问题与伦理问题。国务院在《新一代人工智能发展规划》中明确指出，人工智能发展具有的不确定性带来许多法律问题，要重视人工智能带来的风险安全挑战，提出到 2025 年"初步建立人工智能法律法规、伦理规范和政策体系，形成人工智能安全评估和管控能力"的战略目标。2019 年，国家新一代人工智能治理专业委员会发布

---

① 张勇. 人工智能辅助办案与量刑规范化的实现路径 [J]. 上海政法学院学报（法治论丛），2019，34（02）：108-117.

② 郑海山. 大数据时代建构人工智能辅助量刑系统的路径探讨 [J]. 湘江青年法学，2018，4（01）：68-87.

《新一代人工智能治理原则——发展负责任的人工智能》，提出人工智能的发展应当遵循和谐友好、共担责任、包容共享、公平公正、安全可控、尊重隐私、开放协作的八大原则，以实现人工智能的健康发展。

（二）人工智能具体应用领域的法律规定

针对人工智能汽车的飞速发展，国家与地方制定相关法规规范人工智能的发展。国家层面：2018年4月，工信部、公安部和交通运输部联合印发《智能网联汽车道路测试管理规范（试行）》；2020年，国家发展改革委等11部委联合印发《智能汽车创新发展战略》，明确建立智能汽车权利责任主体划分、技术标准、认可机制、安全网络体系建设；2021年，工信部正式实施《汽车驾驶自动化分级》，明确规定驾驶自动化的定义、驾驶自动化分级原则、驾驶自动化等级划分要素、驾驶自动化各等级定义、驾驶自动化等级划分流程及判定方法、驾驶自动化各等级技术要求等；2021年1月11日，工业和信息化部《智能网联汽车道路测试与示范应用管理规范（试行）》（征求意见稿）中对智能汽车道路测试进行详细规定。地方层面：2018年，北京出台《北京市关于加快推进自动驾驶车辆道路测试有关工作的指导意见（试行）》和《北京市自动驾驶车辆道路测试管理实施细则（试行）》，对智能汽车在北京进行道路测试做了规定，要求智能汽车测试必须购买500万元以上的保险，将测试中的测试驾驶员规定为车辆驾驶员，交通事故责任按照现行交通安全法律法规处理。此外，上海、重庆和杭州也出台了相关智能汽车道路测试规定，虽然测试要求各有侧重，但都是针对智能汽车道路测试相似的规定，在此不一一列举。而深圳市人大常委会监察司法工委在2021年3月份公布《深圳经济特区智能网联汽车管理条例（征求意见稿）》，其规定不再局限于智能汽车的道路测试，内容涵盖智能汽车入市、上牌、运营收费、车辆保险制度、发生交通事故时责任认定、相关网络安全和数据保护方面的制度。

可见，我国人工智能立法是基于人工智能现实情况展开的立法，当前还是低层级的立法，仅是部门立法与地方立法，同时缺乏专门的人工智能法律法规。但是，2018年《十三届全国人大常委会立法规划》中将人工智能确认为第三类立法项目，2019年十三届全国人大二次会议大会发言人张业遂在新闻发布会上说，"我国拟立法规范人工智能发展，全国人大常委会已将一些与人工智能密切相关的立法项目列入本届五年的立法规划，例如，数字安全法、个人信息保护法和修改科学技术进步法等"。人工智能发展已经引起我国立法机关关注，人工智能立法正在路上，而理论上，人工智能法律地位问题需要先行达成共识。

第二节 人工智能法律应用领域凸显的问题

法律主客体是法律关系中的基本要素，只有明确了人工智能的法律地位，才能进一步解决人工智能法律应用中的法律关系问题。不管国内国外，当前的人工智能立法都存在严重不足，而人工智能在法律领域的广泛应用已经向既存法律制度提出挑战，需要尽快确认人工智能的法律地位，以此规制人工智能应用中的法律关系。

一、人工智能合同的权利义务界限模糊

合同是确定当事人之间权利义务关系的依据，其有效性依赖于合同的成立与合同当事人的真实意思表示。由人工智能取代当事人订立的合同，造成合同当事人之间的权利义务关系界定难题。

（一）有效民事合同的条件

《民法典》第四百六十五条规定，依法成立的合同，受法律保护。首先，合同中民事权利义务的确定有赖于合同的成立过程，合同的成立是合同生效的前提。合同的成立是"当事人分别做出意思表示，并就合同的主要条款达成一致意见"，要求当事人之间达成合意，双方了解有关条件，对此达成一致意见并准备接受条款的约束。合同的成立是一个要约与承诺的过程，首先由一方当事人出于订立合同的目的向另一方当事人提出订立合同的意思表示，并且，要约在到达受要约人之前不发生法律效力，要约人有权撤回要约，到达受要约人的要约对要约人产生拘束力，但在受要约人做出承诺之前要约人可以撤销该要约。然后，受要约人对要约以成立合同的意思表示向要约人做出承诺，承诺到达要约人的时候合同成立，在承诺到达要约人之前受要约人有权撤销承诺。

根据《民法典》第一百四十三条规定，有效的民事法律行为的条件之一是出于当事人真实的意思表示，也就是合同权利义务的确定有赖于当事人真实的意思表示。理论认为，意思表示是当事人在进行某一民事法律行为时的内心效果意思，以一定的方式表达于外部，由目的意思、效果意思和表示行为构成，合同双方当事人的意思表示可以是以明示或默示的方式做出。而如果存在意思表示不一致、不自由则会影响合同的效力。如我国《民法典》规定，合同当事人受欺诈、胁迫或重大误解，该合同可撤销。可见，当事人的意识表示对合同效力有重大影响，决定了合同是否对当事人生效。

（二）人工智能合同权利义务界定难题

首先，由于人工智能取代当事人订立合同，对合同的成立产生质疑。合同的成立建立在当事人之间对有关条件的一致意见之上，人工智能在自主订立合同中更倾向于是一个独立主体存在，其行为意思不是当事人的意思。不同于美国《统一电子交易法》第2条6款电子代理人的规定，电子代理人指"全部或部分地独立用于实施行为或回应电子记录或履行，而无须个人检视或行为介入的计算机程序或一种电子或自动方法"。① 电子代理人完全依照当事人预先设定的程序执行任务，该程序包括了当事人预先设定的要约、承诺条件、订立和履行合同的方式等，是当事人意思的延伸，合同出于当事人意志并且对当事人有约束力。人工智能合约订立过程中是人工智能对相关合同条件形成认知并做出要约、承诺与合同的履行行为，如以后智能保姆基于家庭存货状况选择购买家庭用品的行为，没有当事人参与合同的订立、履行。因此，很难再依据当前合同的规定将人工智能合同中的权利义务主体确定为没有参与到合同中的人，合同因此，不能成立。

其次，由于人工智能取代当事人订立合同，对合同是否出于当事人的意志产生质疑。一般情况下，如果人工智能订立的合同为当事人双方带来了可期待的利益，当事人都会期待并促成人工智能订立的合同中权利义务的实现。但是，如果人工智能订立的合同为当事人一方或双方带来损失，其中损害责任的承担可能导致对人工智能合同的有效性产生质疑，人工智能的使用者可能主张人工智能的行为非基于使用者的真实意思表示。其提出的主要质疑理由可能包括：因为人工智能制造者与使用者并不一致，人工智能订立的合同内容不是出于使用人的意思；人工智能的制造者为使用者制造人工智能，将使用人的意思编写入人工智能系统中时，因为人工智能输入与输出结果不一致，导致使用人的意思与人工智能订立合同时的意思不一致；人工智能在使用过程中的自主学习改变了已经设定的当事人意思，或者当事人因情况的改变，其现有的意思与制造人工智能时的意思不一致。

可见，人工智能订立的合同对当前民事合同法律制度提出挑战，人工智能是否能够成为法律上的主体并确定合同中的法律地位，以此解决当事人使用人工智能订立合同的效力问题与合同中的权利义务主体问题。

① 郭少飞."电子人"法律主体论［J］.东方法学，2018（03）：38-49.

二、人工智能侵权责任归结困境

(一)民事侵权行为与归责原则

学说普遍认为,侵权行为是一种被社会反对的行为,源于拉丁语 tortus 和 twisted,是被扭曲和弯曲的行为,因为该行为偏离了正道而有污点。[①] 侵权行为包括行为人由于过错侵害他人民事权益或者法律明确规定应当承担责任的情形,从而引发侵权责任的承担。一般侵权行为的构成包括行为、损害、行为与损害存在因果关系、过错。过错要求行为人在行为时主观上应当受到责任,包括故意的过错和过失的过错。故意是行为人明知行为会侵害他人的权益并且希望或者放任这种结果,过失则是行为人应当预见自己行为可能的侵害结果,因疏忽大意没有预见或者已经预见但轻信可以避免造成损害结果的发生。因此,作为侵权责任承担前提的侵权行为,要求侵权行为人能够预见或者应当能够预见自己行为的结果,若侵权行为人没有预见且不能预见侵权结果的发生,那么主观上就没有过错,就不应当作为承担责任的人。正如我国《民法典》第一百八十条规定的不可抗力情形,因行为人没有过错不承担侵权责任。侵权的承担以行为人的过错为前提,将责任推给应当承担责任的人。

侵权行为的归责是"决定侵权行为所造成的损害结果的赔偿责任的归属",我国侵权法的归责原则包括过错责任原则和无过错责任原则。过错责任原则是一般的归责原则,"将行为人的过错作为承担责任的构成要件,行为人具有故意或者过失才可能承担侵权责任,并以过错的程度为依据划分责任的形式与责任范围"。比如,我国《民法典》第一千一百七十二条连带责任的规定中,侵权人的过错程度影响行为人内部责任划分大小。无过错责任则是法律规定承担责任的情形,不要求行为人主观上存在过错,只要求行为与损害结果之间存在因果关系。如我国《民法典》第一千一百八十八条的监护人责任、第一千一百九十一条的用人单位责任、第一千二百零二条的产品责任。

(二)人工智能侵权归责之难点

当前,人工智能行为造成损害的事件并没有特殊的法律规定,若依据现有法律应当适用一般的侵权行为的构成要件与归责原则,要求行为主体有过错行为并造成损害,人工智能不是法律主体,因此,人工智能的侵权责任必须追溯到相关的法律主体。但依据一般的侵权行为规定,人工智能的行为一方面阻断了法律主体行为与损害结果之间的因果链条与过错认定,另一方面难以适用过错的归责原则。如果将人工智能作为产品要求生产者承担

---

① 张民安,梅倦侵权法 [M]. 广州:中山大学出版社,2008. 10:1.

产品责任，因果关系的证明成为归责的另一难点。接下来以人工智能汽车为例展开分析：

根据《民法典》与道路交通安全法律的有关规定，人工智能在行驶中一般由驾驶员承担侵权责任。人工智能汽车代替驾驶员的驾驶，驾驶员从一个驾驶中的主动行为者转变为接受驾驶服务的被动者，因此，不能期待驾驶人能预见或应当预见人工智能汽车侵权行为的发生，驾驶员对事故的发生不存在过错。同时，因为智能汽车驾驶员不参与人工智能的自动驾驶行为，汽车的行驶中事故发生的因果关系与驾驶人无关，从而不能认定为驾驶员的侵权行为。从归责原则来看，因为驾驶员不存在过错，因此，不能要求驾驶员承担侵权责任，如果人工智能汽车在行驶中侵权的事故依据现有法律直接要求驾驶人承担责任是难以接受的。如学者指出，如果乘坐人在乘坐中由人工智能汽车自主行驶，乘坐人没有施加任何影响，但将智能汽车在行驶中的侵权责任直接归属当前法律规定的驾驶人，会"扰乱对真正的事实、法律关系的认知"。① 要求驾驶员为人工智能汽车负责，就像要求乘坐公共汽车的乘客为公共汽车司机的侵权行为负责一样难以接受。

如果将人工智能作为产品要求人工智能汽车的设计者、生产者、销售者承担无过错责任，依据现有法律规定，受害者对生产者、销售者追责存在一定的困难。追溯智能汽车生产者责任，首先得区分是智能部分的产品缺陷还是非智能部分的产品缺陷，这意味可能由不同生产者承担责任。如果是智能汽车非智能部分的缺陷造成损害，那么受害人很容易完成证明责任，要求汽车生产者承担侵权责任。如果证据证明智能汽车的非智能部分没有缺陷，消费者必须证明智能部分的缺陷，但是，"对于智能部分的产品缺陷，还没有相关法律规定责任承担，且智能产品本身的缺陷很难证明，法官、陪审团、律师和保险公司不能以任何可靠的准确因素预测，到底是什么将会导致人工智能创造者和制造者承担法律责任"。② 当自动驾驶汽车在进入市场后自主学习，人工智能的情况会更加复杂，法官、陪审团和保险公司等主体可能更难以确定责任事由。此外，当前《产品质量法》第四十一条明确规定了生产者免除责任的情况，如果有证据证明程序员是严格按照法律规定的国家与行业标准设计了智能汽车，售卖时也不存在引发事故的缺陷，或者是当时技术不能发现与控制的风险，智能汽车的设计者、生产者与销售者能否适用责任免责条款排除责任承担？种种质疑，最终导致人工智能的侵权行为责任落空。因此，人工智能的侵权是人承担还是人工智能作为主体承担，成为人工智能在民法领域的又一重大问题。

---

① 任延武，王文博. 明确人工智能民事主体地位或权利的可行性分析 [J]. 珠江论丛. 2019（02）.

② ［美］约翰弗兰克韦弗著. 刘海安译. 机器人是人吗？[M]，上海：上海人民出版社. 2018（8）：46.

三、人工智能创作物归属不明

知识产权是"权利人依法垄断特定知识财产并排除他人干涉的权利",既是财产权也是人身权,主要包括著作权、商标权和专利权。人工智能已经在人类智能创作领域表现出创作行为,带来了经济利益,特别是在文学创作领域创造巨大财富,但当前法律还是一片空白,没有涉及人工智能创作物的归属问题。

(一)知识产权的客体

知识产权是"基于人的智力劳动成果依法产生的权利",知识产权的客体是人的智力劳动成果。"知识产权是对工业、科学、文学和艺术领域的智力活动所具有的法律保护,其目的是保护创作者的道德与财产权利,鼓励原创以促进经济发展。"因此,不管国内国外,还是国际上都对知识产权进行保护,如 1883 年《保护工业产权巴黎公约》、1886 年《保护文学与艺术作品的伯尔尼公约》、1996 年《世界知识产权组织版权条约》、1709 年英国《安娜法令》、美国《著作权法》等等。但是,如同《保护工业产权巴黎公约》第 2 条和第 3 条将工业产权主体限定为一个国家的国民一样,所有知识产权保护的智力劳动成果仅指人类的创作与发明,拒绝对非人类的创作物保护。如著名的猴子自拍照版权之争,美国法院判决认为,因为猴子不是人,猴子不享有该照片的版权。

(二)人工智能创作物的归属难题

人工智能创作物具有与人智力成果的相似性,但法律的空白致使人工智能创造物的归属存疑,以人工智能文学创作归属难题为例。根据我国《著作权法》规定,我国法律保护自然人的创作作品。在理论上也认为,"只有自然人具备'内在构思'和'外在表达'的能力,只有自然人才是事实上的作者,其他任何生命体、非生命体和社会组织不具备人的思维和创造能力,不能从事创作活动",因此,人工智能不被认可为作者,也就当然不能作为著作人,不能享有著作权,而其生成物也当然不属于作品。但是,如果不考虑人工智能依据现有法律规定不能作为作者的因素,"人工智能生成物在外在表现形式上能反映一定的思想情感或认识,符合独创性要求",从"应然"角度看,人工智能的生成物符合作品构成要件,可以认定为著作权法上的作品。① 作品就有价值,正如小冰生成诗集的出版物,会被人所欣赏与购买,如果缺乏对人工智能创作物的归属认定,将会造成知识产权领域的混乱。

---

① 许春明,袁玉玲. 论人工智能的法律主体性——以人工智能生成物的著作权保护为视角 [J]. 科技与法律,2019 (02):1-6+18.

同样，我国发生的人工智能创作物的权利归属案证明了人工智能创作物的归属难题。在案中，被告百度公司未经原告许可在其经营的百家号平台上发布了一篇文章，该文章是原告利用法律统计数据分析软件创作。一审、二审法院认为，该案文章所涉图形是不同的数据选择、软件选择或图形类别选择所致，没有原告独创表达，不构成作品；分析报告是软件自动生成并非自然人创作不构成作品，但内容体现相关数据的选择、判断、分析，承认具有一定的独创性，承认原告享有署名权。可见，司法实践认同人工智能生成物本身的独创性，但是不认可人工智能的作者身份，也不认可相关法律主体享有相应的著作权，在判决中没有直面人工智能创作物的归属问题，仅基于现实的发展，给相关法律主体作为利益方的署名权，人工智能创作物的权利人仍是一个疑问，以致对后续权利义务归属确定造成难题。

有学者认为："人工智能自主的知识创造是机器在理性思维层面对人类智能的机械模仿，其实质是机器对人脑的逻辑推理等技能的模拟，在本质上并未超越其物的内在属性，遑论社会属性。"① 但人工智能创造物在客观上表现为与人的知识创造是相同的，也能创造经济价值，如果放任人工智能创作物的自由发展而不予法律规制的话，意味着任何有心之人都可以对其创作成果无条件地使用与谋利，严重打击人工智能设计者的研发积极性，阻碍人工智能发展，这也是日本试图对人工智能创作物进行规制的原因所在。为避免这种无序的状态，法律必须做出安排，对人工智能的创作物进行规制，而前提就是明确人工智能的法律地位问题。

四、人工智能犯罪涉及的刑事责任问题

"人工智能技术在为人类带来福祉的同时，也为人类带来了诸多刑事风险，如危害国家安全和公共安全、侵犯公民人身权利和财产权利、破坏经济秩序和社会秩序等。"② 人工智能的应用向刑事法律提出挑战。

（一）刑事责任认定原则

刑事责任是"刑事法律规定的，因实施犯罪行为而产生的，由司法机关强制犯罪者承受的刑事惩罚或单纯否定性法律评价的负担"。"无犯罪则无刑事责任"，认定刑事责任的前提是犯罪行为。犯罪行为是有刑事责任能力的人或单位，出于故意或过失实施的具有严

---

① 李建中. 人工智能：不确定的自主性知识创造 [J]. 自然辩证法研究，2019，35（01）：117-122.

② 刘宪权. 人工智能时代刑事责任的演变 [N]. 人民法院报 2021-1-14（006）.

重社会危害性并经刑法规定为犯罪的行为。因此，只有具有刑事责任能力的主体犯罪才产生刑事责任，并根据其犯罪情节的轻重确定刑事责任的轻重。

（二）人工智能造成的刑事责任认定问题

"从古至今，刑法中犯罪工具的种类、范围并非一成不变，而这种变化可能会对刑事责任的认定产生影响乃至对现行刑法体系造成冲击。"[1] 使用人工智能中产生的犯罪行为，对刑事责任的认定产生影响，以人工智能汽车违反交通管理运输法规造成重大事故为例。

交通肇事罪是违反交通运输管理法规，因而发生重大事故，致人重伤、死亡或者使公私财产造成重大损失的行为。如果人工智能汽车驾驶过程中违反交通规则，造成重大事故，直觉上应当构成交通肇事罪。但是，分析发现，该行为很难认定为交通肇事罪。在该犯罪行为中，虽然确实侵犯了交通运输安全的法益，但驾驶人主观上不存在过失，因此，难以认定驾驶人构成交通肇事罪。如果将该事故的过失认定为生产者、销售者的过失，则因生产者、销售者不属于法律规定中的从事交通运输的人员，不构成交通肇事罪。可见，人工智能汽车造成的交通事故责任难以认定。

五、人工智能涉及的行政执法监管问题

（一）行政行为及主体

行政行为是"享有行政权能的组织运用行政权对行政相对人所做的行为。"合法有效的行政行为具有法律效力，合法有效的行政行为要求行为主体、权限、内容、程序、形式合法，符合行政行为有效要件的行政行为才能产生公定力、确定力、拘束力和执行力。而行政主体是实施行政职能的组织，即享有行政职权的权力，并负担实施行政职权而产生的权利、义务和责任的主体。行政主体的权力来源于法律，以自己的名义行使的是国家行政权。如《行政处罚法》第十九条规定法律、法规授权的具有管理公共事务职能的组织可以在法定授权范围内实施行政处罚。而没有法律授权的组织的行为则不属于行政行为，不具有行政法律效力。

（二）人工智能行政行为界定问题

人工智能代替行政主体实施行政行为面临着两大问题：一是人工智能执行的行政行为

---

① 刘宪权. 智能机器人工具属性之法哲学思考 [J]. 中国刑事法杂志，2020（05）：20-34.

是不是国家的行政行为；二是人工智能执行中的角色定性问题。

首先，人工智能执行的行政行为是不是国家行为。将行政权运行的过程纳入人工智能系统，意味着原行政主体的行政权由人工智能行使，而人工智能是由人工智能专家设计与决定，国家的行政权的行使由技术专家所掌握，以此来看，人工智能执行的行政行为难以确定是否出于国家权力机关的意志。其次，人工智能执行中的角色定性问题。毫无疑问，人工智能在执行中是作为工具使用，提高行政执法效率，但是，由人工智能执法意味着行政主体并没有介入行政执法过程，人工智能充当了行政主体的角色，工具性的使用与主体性的表现，需要立法明确人工智能在行政执法中的角色定位，避免有行政行为却无行政主体的困境，在人工智能行政中出现执法错误却无行政主体负责的窘境。

综上所述，人工智能在法律领域中的问题具有广泛性与突出性，涉及了民事、行政与刑事领域。这些问题的产生在于人工智能具有的智能性，能够取代人类行为，表现出人类的主体特性，对此要求必须在法律上明确人工智能法律地位。当前法律是建立于主客体二分法之上，但人工智能同时具备客体属性与主体特性，使确立人工智能法律地位面临"两难困境"。

第三节　确立人工智能法律地位面临的"两难困境"

一、人工智能法制化进程中的理论对立

要探究是否应当以及如何确立人工智能的法律地位问题，首先需要回到哲学领域去思考人工智能的认识论问题。而人类社会自晚近以来，理性主义与反理性主义、人文主义与科学主义，及至现阶段凸显的种种技术伦理观念与反智化思潮，构成了人工智能法制化进程中此消彼长的理论对立，而众说纷纭中并没有形成统一的看法。

（一）理性主义与反理性主义

理性主义主张理性存在的人享有绝对地位，世界万物以人为中心，但后现代主义哲学认为，人类当前正处于危险境地，而这种境地正是近现代哲学的理性主义与人类中心主义造成，因此，主张反理性主义。

理性主义认为人的理性可以作为知识来源，并认为理性是高于感官和感知存在。如笛卡儿认为，对象世界是经过了认识的通道才被确证的，任何存在、知识只有经过理性的自我审视，才是真实的。强调人类所具有的认识和把握客观事物本质和规律的判断、推理等

逻辑思维的一种能力，而这种能力是非人类存在所没有的。康德则将理性分为理论理性与实践理性，实践理性是善的意志下对道德法则的行为自由，是伦理人格的条件，理论理性体现为对事物的客观认识。理性主义者将理性作为人主体性依据，并以此确立人崇高的地位。

在反理性主义看来，理性是人统治人的工具，理性没有任何意义。如美国哲学家罗蒂从实用主义的立场出发，认为任何真理都是为一定团体服务的，否认事物后面有本质。后现代法国哲学家德理达通过对中心的解构和对能指与所指区分的消除，认为理性除了"文本之外，别无他物"，这就是说文本与文字之外没有真理，一切都是游戏而已。反理性主义，消解人类的主体性，为非人类存在的主体化打开一扇窗。

（二）人文主义与科学主义

科学主义与人文主义是在打破中世纪的神学传统之后同时展开，只是二者在"发现世界"与"发现人"之间的不同追求，科学主义逐渐重视工具理性，而人文主义重视人性与人的解放。

从苏格拉底的"认识你自己"到普罗泰戈拉的"人是万物的尺度"，人文主义一直存在于人类思想中。人文主义是一种把人和人的价值置于首位的观念，强调对人的个性的关怀，注重维护人类的人性尊严，提倡宽容的世俗文化，反对暴力与歧视，主张自由平等和自我价值。它肯定人性和人的价值，要求享受人世的欢乐，要求人个性的解放和自由平等，推崇人的感性经验和理性思维。满足人类的思想、价值观、信仰等精神方面的需求。

但在科学主义看来，"只有自然科学的发展才能给人类带来最大的利益"，科学理性主义指导和支配下的人的主体活动必须遵从先定的界限或法则，失去了人主体的自由价值。同时，科学主义下的技术塑造了人们的生活与行为方式，虽然在一定程度上带来便捷，但也使人类本身的自由与自主丧失，如信息化时代的信息爆炸，人们很难静下心来感受知识的美，迷失在数据的海洋中。"霍克海默和阿多诺相信人对自然控制能力越强就意味着人对科技的依赖越大，最后人必然变成没有灵魂的工具。"在人工智能时代，对人工智能技术的盲目崇拜，将人工智能视为人一样甚至超越人的存在，同样可能造成人自身的迷失。

（三）技术伦理与反智化思潮

技术伦理关注现代技术带来的伦理问题，以技术促进人类幸福与实现可持续发展为目的，其中心仍是对人的关注。与此相反，反智能化是对人类拥有的智能的鄙视，对人的主体性践踏。

技术伦理是指通过对技术的行为进行伦理导向，使技术主体（包括技术设计者、技术生产者和销售者、技术消费者）在技术活动过程中，不仅考虑技术的可能性，而且还要考虑其活动的目的。实现的手段以及后果的正当性。技术伦理，包括技术研发中的伦理与技术使用中的伦理规则。如研发中的杀人机器人问题，使用中的人工智能与人类交互的伦理问题。技术伦理要求，"人作为技术的开发主体，要从设计上预先明确其价值正确、考虑其经济、伦理道德等各方面的影响；当人作为技术的推广主体，不片面追求自我盈利的需求，以消费者利益及社会的良性价值观导向；当人作为技术的应用者，合理地与技术保持距离，不使自身的劳动与精神依赖于技术无法自拔"。[①]

反智主义是与理智主义或理性主义相对的一种思想倾向，一般指文化中隐含的"反智"倾向。反智一方面是对"智性"本身的憎恨和怀疑，认为"智性"及由"智性"而来的知识学问对人生皆有害无益；另一方面是对代表"智性"的知识分子表现一种轻鄙以至敌视。

理性主义与反理性主义、人文主义与科学主义、技术伦理观念与反智化思潮，核心的在于对人自身的地位判断，是以人为中心还是不以人为中心，面对人工智能具有的与人相似的主体特性，人工智能法律地位难以确定，人工智能法制化进程缓慢。

二、将人工智能确立为法律主体面临的实践难题

如果哲学领域不能为人工智能的法律地位提供指引，那么从现有的法律主体理论中讨论人工智能法律主体地位可能性。根据现有的法律主体理论，民事法律主体包括自然人主体和法人主体，即自然人人格和拟制人格。自然人人格是基于康德伦理人格理论构建，核心在于要求人是目的自身，而法律主体制度中主体条件是人的意思能力。拟制人格是为实现自然人市场经济生活中的经济目的，对事先存在的组织的承认。深入分析发现，人工智能既不能从自然人人格中寻找成为法律主体的依据，也不满足拟制人格的条件。

（一）人工智能算法可控性与自然人主体意思自治悖论

自然人的民事行为能力是自然人的一种能力或者资格，有行为能力意味着自然人能够进行独立的民事活动，并享有权利、承担义务与责任。只有具备行为能力的人才能自己行使权利与承担义务。"民事行为能力以意思能力为基础，意思能力是自然人认识自己行为的动机与结果，并根据此认识决定其正常的意思之能力。"也就是要求具有行为能力的人是能够实现意思自治的人，有意思自治能力的人才是能自己行使权利与承担义务的人。而

① 赵璐，涂真，徐清源，刘松吟. 机器人的技术伦理及影响 [J]. 电子科技大学学报（社科版），2018，20（04）：73-79.

人对行为的认识和决定并不仅仅是逻辑的推理与判断，是多种条件作用的结果，包括知识、审美、友谊、环境、宗教等，比如，个人职业的选择受自身能力、梦想、家庭等因素的影响，不能单从逻辑上做出符合自由意志的选择。

人工智能具有自主性，可以"通过获取信息，构建自身对外界的理解，通过算法和既有信息来判断其正在处理的问题"，[①] 但是，人工智能的自主性不是自身的自主，是人类自身具备的学习与适应环境的能力，借助一种先进的技术在机器工具上的实现。技术上表现的智能行为只是该机器在执行人类事先通过逻辑运算设定的指令。正如动物饿了知道寻找食物，也知道如何捕捉到猎物，但在人类看来，这是自然赋予生物的本能，是自然控制下的必然行为，与人的意思自治存在根本不同，人的思想决定人的决定是出自身的，人工智能的智能表现作为数字控制下的自主行为与动物行为具有相似性。同时，人工智能自主性的实现在于获取的知识，但因为人工智能通过算法控制，如果人类不能将知识算法化就不能被人工智能所认识，就不能实现自主。比如，常识，当前的人工智能虽然可以在某一领域成为一个专家，但在常识上却比不过一个几岁小孩。

也有观点将人工智能中的算法黑箱当作人工智能的意识。"黑箱问题的根源并非人工智能用了人看不到的方式'思考'，而是人工智能采取了神经网络、深度学习等算法而导致数据极其复杂。"[②] 这种不能被清楚解释的外在行为与人类自身的意思自治表现相似，很容易将其理解为人工智能的自主行为，认为人工智能与具备理性的人一样具有意思能力，而随着技术发展与科学研究，实现人工智能的算法透明化是必然，人工智能将严格按照人类设定的程序行动。有学者区分了自主化与自动化，认为自动的机器人是执行完全固定好的程序，如果人类不进一步编程，机器人是不会改变行为模式，自主机器人则是可以在人类没有介入的情况下进行编程，改变事先的行为模式。如果人工智能算法能够被解释并且程序员事先对人工智能的进一步编程做出安排，那么，做出进一步编程的自主性人工智能与不会进一步编程的自动性机器人并没有更多差别。

此外，从算法中产生自我意识的人工智能，会产生自己的欲望与智谋，不会以保护人类的利益为行为的出发点和目标，"破坏人工智能与人类之间的利益与伦理关系，具有自我意识（这仅是逻辑上的假设）的人工智能将不可控"，[③] 不可控的人工智能可能给人类

---

① 朱程斌. 论人工智能电子人格 [J]. 天津大学学报（社会科学版），2019，21（04）：332-338.

② 韩旭至. 人工智能法律主体批判 [J]. 安徽大学学报（哲学社会科学版），2019，43（04）：75-85.

③ 房绍坤，林广会. 人工智能民事主体适格性之辨思 [J]. 苏州大学学报（哲学社会科学版），2018，39（05）：64-72+191.

带来生存的风险，人类会允许这种人工智能产生吗？具有自我意识的人工智能只能是在科幻小说、电影存在，不具有现实性。在自然人主体的世界里，只有人能够具有自我意识，有意思能力，人因有意思的行为而承担责任，对非基于真实意思的行为不负担责任。人工智能是依照设定的程序自主行事，这种自主行为与没有意思能力的人的行为一样，表现为做了一件与具有真实意思表示的行为一样的行为，不应该归责于人工智能，从而在意志能力上否认了人工智能作为法律主体的可能。

（二）人工智能工具性与自然人作为目的自身悖论

人能够普遍的作为法律主体的依据，在于康德伦理人格确立的人是目的自身。"你要如此行动，即无论是你的人格中的人性，还是其他任何一个人的人格中的人性，你在任何时候都同时当作目的，绝不仅仅当作手段来适用。"人行为主观上是把人自身作为目的，具有一种绝对的价值，绝对的价值与相对价值进行划分，区分了人与事物，从而明确了物是手段，人是目的的理念。人是目的不仅指个体作为目的，还包括人与人之间互为目的，要求"不论你做什么事，你都应将所有的人（包括你自己在内）视为目的与工具的统一，而决不能仅仅将自己看成目的，将他人看成工具"的"彼我等值"原则。人作为目的自身的绝对价值，也是人的尊严所在。自然人作为目前唯一以自身为目的的道德能力者，当然地成为法律上的主体，具有享有权利与承担义务的资格，一切的法律关系围绕人展开。

但是，人工智能的本质是为人类价值服务，不管是人工智能主体论者还是人工智能客体论者，都认可人工智能本质上的工具属性。先天的工具属性意味着，人工智能没有自身的内在价值，其因人而存在。人工智能以其他主体的存在为前提与自然人自身存在为目的的存在根本上的不同，依附人存在的人工智能从产生就被当作客观存在的物，是法律上的客体。如果法律不考虑人工智能的本质属性而任意规定为法律主体，那么人工智能的相关法律规定就会出现原则性的矛盾。

平等是我国《宪法》规定的公民基本权利与《民法典》规定的基本原则。如果法律上承认人工智能的法律主体地位，人工智能就不能被作为一个纯粹的工具来使用，在具有法律主体地位时还被当作工具来使用并规定其引起的法律问题缺乏正当性。[①] 如果认同人工智能的法律主体地位，人工智能的法律权利就应该被尊重与平等对待，能够对侵权行为独立承担责任。但是，以"权利本位"构建的现代法律关系中，注定人工智能难以作为一个法律主体享有平等的权利与义务。

---

① 陈景辉. 人工智能的法律挑战：应该从哪里开始？[J]. 比较法研究，2018（05）：136-148.

（三）人工智能拟制主体的目的不能

法律拟制人格技术，产生于人的需要，当人工智能具有不同于现有法律客体的属性，又不具有人类的伦理性，有学者就考虑赋予人工智能拟制人格，希望拟制人格制度能够解决人工智能的法律问题。这种拟制人格支持者可能是直接应用法人制度，如"电子法人制度"①，也可能是借着"新主体"的外壳，实则法人制度的变形，如"电子人"制度。② 但是，深入思考人工智能拟制人格的制度设计与目的，就能发现其人格并没有存在的必要。

人工智能拟制人格的支持者认为，可以"将自然人设置为人工智能的代理人在人工智能外观背后，由自然人负责设计、维护、表达人工智能的权利能力，具有现实可能性。在外部，人工智能可以拥有独立的权利能力参与社会化分工，以人工智能主体身份参与社会实践，可以简化人工智能背后复杂自然人意志对人工智能的干预，将人工智能从自然人限定的算法中解放出来"。③ 最终简化人工智能应用中的责任关系。但是，从其表述可以轻易发现，人工智能主体论的学者虽然在制度设计上尽力让人工智能实现法律主体的独立责任，但人工智能的拟制人格的实质是借用法人拟制主体的概念，然后将人工智能的权利与责任归属人工智能的实际控制者，人工智能法律主体实际上成为虚设。如学者指出，"人工智能作为拟制主体，是为了解决财产归属问题，其产生的财产由所有者代为享有，所有权人可以对其进行处分，侵权则是产品责任与保险"。④ 在此制度下，除了人工智能有一个拟制人格的外表，在法律上与现有的物并没有更多区别。如，民用核设施具有高度危险性，核设施的权利人享有该设施产生的全部利益，法律规定其对核设施发生的事故承担责任，为了规避核设施可能造成的风险，权利人可能会为物投保，可见，核设施作为物的保护制度与将人工智能作为拟制主体的保护制度并没有区别。"我们并不排斥在法律上创造出一个新的主体，但应拒绝没有现实意义的拟制。更核心的问题是，我们应如何控制并合理分配由人工智能技术所带来的不可预测性风险。简单地为人工智能披上一件'皇帝新衣'式的主体资格并不具有现实意义。"从经济利益角度为人工智能赋予拟制的法律主体地位，并不是解决人工智能法律问题的合理路径。

---

① 张志坚. 论人工智能的电子法人地位 [J]. 现代法学, 2019, 41 (05): 75-88.
② 徐慧丽. 人工智能法律人格探析 [J]. 西北大学学报（哲学社会科学版), 2020, 50 (01): 107-119.
③ 罗祥, 张国安. 民法视域下人工智能可法律主体性探讨——以法律拟制技术为路径的分析 [J]. 法治社会, 2020 (01): 91-98.
④ 石冠彬. 论智能机器人创作物的著作权保护——以智能机器人的主体资格为视角 [J]. 东方法学, 2018 (03): 140-148.

　　而人工智能拟制人格的目的不能，从欧盟与俄罗斯的立法草案中的规定可以窥见。在俄罗斯的法律草案中，规定机器人——代理人作为法律主体并享有有限的权利，但基本上将权利、义务与责任转移到机器人背后的自然人。机器人作为自然人的代理人，其权利义务属于自然人，作为机器人——代理人主体时同样由自然人负责，机器人出现不能解决的问题由自然人负责，机器人作为主体也缺乏维护自身权利的路径规定。权利的限制、责任的转移与救济途径的缺乏，将机器人作为主体的价值架空。同样，欧盟法律草案中，虽然提出将机器人作为"电子人"法律主体，但实际上并没有明确提出机器人的法律权利、义务与责任，《报告》中所述责任基本要求由制造商、所有者、用户、程序员等现存的法律主体承担责任。同时缺乏机器人个人拥有权利与利益的规定，在事实上阻断了机器人承担责任的基础。可见，俄罗斯与欧盟所谓的人工智能主体地位"并不是对机器人主体资格的专门描述，而是在针对机器人所造成损害进行立法建议时所使用的一个对机器人的称呼"。① 人工智能拟制人格从理论与现实上被证明无意义。

（四）人工智能拟制主体的条件不能

　　"罗马共和国末期，国家和地方政府与其成员相互独立的事实得到认可，国家和地方政府的独立人格地位得到承认；公元 3 世纪以后，神庙也可以享受财产权，可以自己的名义订立契约，取得债权，承担债务的事实得到认可；帝政后期，教堂、寺院和慈善团体也都可享有人格；在奴隶制经济高度发展以后，营利性团体的独立地位得到认可。"从法人确认的历史可以发现，法人拟制人格是早已存在的组织获得法律的承认，在被承认之前已是独立存在的主体，其意志是人的意志的拟制。不同的是，人工智能一经生产出来，即是现有法律主体的所有物存在，其归属明确。作为所有人，其可以对人工智能随意处置，享有人工智能带来的所有权益，这正是研究者研究的经济价值所在，并且作为人工智能受益者也应当为人工智能的风险承担责任。

　　但有学者对此表示反对，认为人工智能作为客体使人工智能研究者、开发商承担过多风险，从而阻碍人工智能的发展，这只是不必要的缺乏根据的猜测而已。实际上，"在现已出现的多起自动驾驶系统导致的事故中，生产者都顺利地对受害人进行了赔付，并继续进行相关产品的研发。为吸引消费者购买相关产品，生产者虽然抱怨赔付风险，但依然做出赔偿承诺。如谷歌、沃尔沃、戴勒姆均表明对其生产的自动驾驶汽车承担全部责任"。②

---

① 贺栩溪. 人工智能的法律主体资格研究 [J]. 电子政务，2019（02）：103-113.

② 韩旭至. 人工智能法律主体批判 [J]. 安徽大学学报（哲学社会科学版），2019，43（04）：75-85.

新科技必然有风险，如果研究者只享有其开发研究所带来的经济利益，而不为产品承担责任，是不公平的。现有法律制度设定了法人的有限责任制度，自然人仅以投资额为限对债权人承担责任，现有的人工智能产业研究单位多是法人主体，没有自然人作为研究者承担责任，除非设计者有意设计违背道德的、有害于人类利益的人工智能。法人的有限责任已经能够规避自然人在科技研发中不可预期的风险，再以人工智能拟制规避其自主性导致的不可预知风险，实属让社会为人工智能研发担责，而研发企业享有所有利益，不符合公平正义原则。另外，对于人工智能生产者说，如果其生产的人工智能是独立主体，理应对其获利享有部分或全部的财产权，生产者能获得的利益必然受损，人工智能研究的经济目的不能实现，才真正阻碍了人工智能发展。

三、将人工智能确立为法律客体面临的实践难题

人工智能作为法律主体进行制度化建设缺乏理论支持，但是，从人工智能作为法律客体进行规定，又因人工智能自身具有的不同于物的主体特性，自主性、交互性与学习能力，同样存在困难。

（一）人工智能自主性突破物可控性

"自主性是人工智能的本质属性，自主性智能技术对人类思维规律的模拟建立于特定的算法基础之上，理论上是以线性或因果的方式建立数学模型，复现人的思考路径与决策策略。"人工智能的自主性表现为"机器人将得到关于最终目标的命令，并为自己确定实现这些目标的方式，机器人的操作者——所有者或原始程序员并不能预测这些手段，相反，软件通过运行实验，或尝试解决其他实际或虚拟的问题进行自我指导，纠正错误，并接近它要实现的结果"。比如，福特公司使用的波士顿动力机器狗 Spot 和 Fluffy，该机器狗可以独立完成3D 数字扫描，俄罗斯市政中心女机器人职员可以发放无犯罪记录等证书，整个行为过程都是人工智能独立应对并完成，其行为过程与结果都不在自然人的控制之下。

而主客体二分法下确认的"人是主体，物是客体，人支配物，物为人所支配"的基本理念，要求人对物具有支配性，法律主体作为物的所有人、管理人能够预测物带来的风险。人工智能的自主性虽然不是自然人的意思自治，但突破人对物的控制性，具有独立的行为能力，人工智能的所有人、管理人不能控制人工智能的行为，同样不能预测人工智能行为的风险。即使是最细心的设计者、编程者以及制造者都没有办法控制或者预测人工智能系统在脱离他们之后将会经历些什么。人工智能的设计者都不能控制人工智能，人工智能的普通所有人更不可能控制人工智能的行为，从而造成人工智能的创造不是来自使用人的思想、人工智能的合同意思可能不是使用人的意思、人工智能的侵权不在使用人的控制

范围内等法律适用困境。因此，人工智能具有的自主性突破物的可控性，从当前法律制度原理确立人工智能的客体地位存在困难。

（二）人工智能交互性超越物的工具性

人工智能可以与环境交互获取信息实现自主，也可以根据人类的行为做出回应与人产生情感交互，人工智能可能不被视为单纯的工具性存在。人类总是多情，一直容易对物产生情感上的依恋，比如，我们将长久使用的某种物特殊化，认为其不同于其他的物，考虑到特定纪念物对人的特殊意义，我国明确了损毁有人格意义的特定纪念物承担精神损害赔偿责任。但人工智能存在不同于普通物的地方，首先，人与人工智能做出社会交流的行为，比如，通过聊天机器人能够治疗心理疾病，帮助人们缓解压力、抑郁和焦虑；其次，人工智能具有与人的相似性，相似的外表、情绪表达、言语交流，等等，"人固有的拟人化倾向——将人品质（如认知和情绪）赋予机器人，特别是'社交机器人'，尽管机器人没有生命，但随着机器人越来越逼真，我们可能潜意识地将它们等同于生物"；再次，"科幻小说常把智能与意识混为一谈，并认为如果要有与人类相当甚至更高的智能，计算机就必须发展出意识，因为对人类和其他哺乳动物来说，智能与意识会携手同行"；最后，"好莱坞经典叙事的产物——拟人化的人工智能，渴望与人类相同的基本权利：生命、自由和对幸福的追求。"在与人工智能互动中以及身处将人工智能化身为人的文化环境中，造成人工智能不是工具的存在，而像与人相似的主体存在，人们也更愿意将其作为伙伴、朋友、亲人的存在，希望其获得平等的对待。比如，在美国的一个调查显示，"机器人可以唤醒人类队友的喜爱和忠诚，士兵们也认为，这些机器人足以被命名、奖励战场晋升和'紫心'勋章，会将机器人介绍给家人，并为机器人的'死去'感到难过"。① 可见，人工智能的交互性让人难以将其作为工具，而是近人的存在，这种本质工具的存在介入人类之间的社会伦理关系，造成人与人之间的不良影响，其出现的法律问题也难以纳入物的范围进行规制。

（三）人工智能学习能力突破物的可确定性

人工智能的学习是"计算机获取知识和技能，并能够识别现有知识"。"机器学习算法的实现首先需要提供环境，即外界信息，其次需要给予各种学习算法让机器学习，然后将学到的知识存储进知识库，最后一阶段利用存储的知识来完成某种任务，其结果反馈给

---

① ［美］瑞恩. 卡洛. 陈吉栋等译，人工智能与法律的对话［M］. 上海：上海人民出版社，2018（8）：220.

学习算法，进行评价。"也就是人工智能的学习不仅是将人所有的知识赋予人工智能，也要求人工智能自己探索并获得知识，比如，Al phaGo 通过蒙特卡洛树搜索（MCTS）可以探索新的节点并进行胜利率评价，获取新的下棋策略。我们并不担心人工智能学会下棋这件事，但这件事反映出人工智能的学习能力超出人的学习能力，如 Al phaGo 仅用 40 天就能战胜之前的人工智能版本，而人类的围棋世界冠军已经败在之前的人工智能版本之下，这可能暗示人工智能未来可能具有超越人类的智慧，也担心人工智能的学习对人类造成不可控制的危险。如微软机器人"Tay"通过自主学习从预期的好女孩变成种族主义的、满口脏话的坏女孩，造成不良社会影响。

当前法律关系中的物具有可确定性，物的权利人能确定物的状态，并且能够根据物的状态预测其可能的作用与可能面临的风险。比如，非智能汽车，驾驶人明确该汽车是否处于能够安全行驶的状态，以及确定驾驶中面对突然出现的状况应该如何应对。但人工智能通过深度学习可能出现新的行为，可能具有更强的能力，如自主学习以后超越人类，也可能是新的风险，如超出人类预期的侵权行为。因此，人工智能自身是具有不可确定性的，而这种不确定是普通物所没有的特征，对是否能够以物规制人工智能产生怀疑。

综上所述，智能性的人工智能造成的法律问题，试图根据既有法律体系原理，确立人工智能的法律主体或法律客体都是困难的。而人类自身主体性的争议，也不能为人工智能法律地位的确立提供哲学上的指导。但是，法律必须对人工智能的风险做出规定，明确人工智能的法律地位，并对人工智能的法律问题设计合理的制度。

第四节　确立人工智能法律地位的制度建设之道

一、超越主体性：人工智能法制化的认识论基础

所谓"超越主体性"，是指以"主体性"为基础并对其进行超越和拓展的认识论哲学。"主体性"可以理解为人类有意识地去建构社会秩序的"意向性"或"能动性"。而与人这一主体相对应，其对象化客体亦具有类似的特征。因此，"人类从消极地适应外部世界到积极主动地驾驭自己以及自己所认识的对象化客体，都使得其'主体性'内涵获得了实质性的拓展"。正是在这一个意义上，海德格尔的超越主体性哲学认为，将人作为绝对中心的观点，只知道为我之物，忘了物还是自在之物，将人作为悬空的存在，遗忘人对自己的位置意识，丧失自己的独立性，因此，人类中心主义在高扬自己的主体性之时丧失了自己的本质和尊严。如果我们允许物世界化而世界以其物性现身的话，那么，我们就把

物作为物来思考。通过世界的世界化来把握物，也就是从存在的高度领受物，把物放到世界的世界化这个高度，以此真正把握物之存在，在超越主体性中到达人的主体性高度。因此，对人工智能的认识也应当从超越主体性来看，人工智能是客观存在的物，具有物的属性与外在特征：为人的并人为的，但客观上也存在主体性：自主性、交互性、学习能力等。从而，人工智能法律地位以及相应制度设计也应当从超越主体性角度认识，把握人工智能的主体性与客体性。

（一）人工智能是"人为的"

人类要时刻把自己当作自然和社会发展的主角看待，并以此选择自己的行动方式，保证其能够真正地支配和决定自己的命运。就人工智能的"超主体性"而言，一旦人工智能产生，则是物质世界中的客观存在，但不同于自然创造，人工智能作为人类智慧创造的科技成果，其存在、主体性都是"人为的"。

在客观存在上，人工智能是人类的专家设计、生产，如果没有人类在人工智能研发、生产中的劳动，人工智能不会存在。人应当为自己的行为负责，人类既然创造了人工智能，在法律关系中也应当由人承担其创造者的责任。从人工智能的主体性来看，虽然可以自主行为，表现人类作为主体的智能，但却是算法控制下的自主，也就是人工智能的主体性是"人为的"，不是人工智能自身产生的，人的设计决定了人工智能表现的主体程度与范围。人工智能"人为的"特性，决定了人工智能在明确法律地位上不能作为法律制度中的法律主体去承担主体的权利义务，但是，作为自身存在，特别是具有人为的主体性，应当在具体的法律制度中保证其存在的价值，这也是超越主体论哲学中人类自身价值的实现。

（二）人工智能是"为人的"

从某种意义上说，"超主体性"意味着人类不仅要把自己作人，更要把自己当作主人。人类研制和使用智能机器人，说到底"为人的"，这正是人工智能的鲜明特征。人工智能没有自身存在的目的，与以往的所有的科学技术一样，是为人类服务的。

"以人为中心的人工智能"是"中国发展高层论坛 2019 专题研讨会"一个讨论主题，明确人工智能的核心价值在于以人为中心。一方面，人工智能的研发是将人从事简单性、重复性、危险性的工作中解放，不仅能够为企业带来更高的利润，也让人能够有更多的时间去做自己想做的事。另一方面，人工智能为人类提供更加个性化、多元化、高品质的服务。比如，在医疗领域，人机协同的手术机器人、智能诊疗助手，帮助医生提供更加精准的诊疗服务。而"为人的"人工智能的法律制度设计，同样是"为人的"，因此，要把握人工智能的主体性与客体性，在涉及人工智能主体性上区别于当前的物，而客体性上则适用当前法律制度中的客体规定。

二、确立人工智能法律地位的制度建设的实践领域

"迟迟不行动可能比未雨绸缪更加糟糕。"[①] 为更好地贯彻人工智能"是人为的，也是为人的"理念，首先是从立法、执法、司法和法律监督等多个领域分析，确立人工智能法律地位原则性的制度建设。

（一）确立人工智能法律地位的立法路径

在《民法典》中正式确立人工智能独特的客体地位，并对人工智能特殊性进行规定。首先，根据《民法典》第一百一十五条的规定，从动产的解释中可以合理推出具有人类智力行为表现的机器或软件——人工智能，因此，可以将人工智能纳入物的法律框架体系中，在《民法典》中确认人工智能的法律客体属性。在法律框架中明确人工智能的客体地位，是人工智能"是人为的，也是为人的"的根本体现。其次，在物权变动规定中，对人工智能分类规定，低智能的人工智能适用一般物的物权变动规定，以交付为物权变动的条件；高智能的人工智能能够自主行为，具备人类的智力特征，其带来的风险与经济价值较大，因此，要求以登记发生物权变动效力。此外，交互型人工智能会与人产生情感关系，交互性强的人工智能对人不仅仅是客观存在的物，可能如动物一样不同于普通物的存在，因此，可以在物权的保护中明确其独特价值，给予特别保护，比如，不得随意伤害人工智能，对家庭机器人等负有权利人特殊情感的人工智能，造成损毁灭失可以要求惩罚性赔偿与精神损害赔偿。此类独属于人工智能的设计，是切合人工智能主体特性的设计，也是超越主体性哲学下的法律制度实现。

（二）人工智能法律实施中的执法地位

人工智能在执法适用中是行政执法主体的执法工具，在执法法律关系中应当作为客体对待，因此，需要根据行政法比例原则限制人工智能替代性执法范围，并且规范人工智能行政执法的程序。

行政法比例原则要求行政行为给行政相对人造成的损害或不利影响，不得超过其追求的行政目标中包含的公共利益。在人工智能替代性执法中也是如此，需要考虑人工智能取代行

---

① ［美］约翰·弗兰克·韦弗著；刘海安，徐铁英，向秦译. 机器人是人吗？［M］. 上海：上海人民出版社，2018：73.

政法主体可能带来的损害与社会利益，决定其是否可以由人工智能替代执法。以人工智能是否可以向行政相对人出具处罚决定为例，行政处罚是对行政相对人的制裁行为，对当事人的权利义务影响重大，如果人工智能只能按照程序做出一刀切式的行政惩罚，不同情况的行政相对人做出相同的处罚决定，处罚结果与行为违法性不成比例，那么人工智能就不应当替代行政主体做出处罚决定。行政正当程序原则要求行政行为符合最低限度的程序公正标准，在行政行为中遵循公开原则、避免偏私原则、行政参与、充分说理原则。当人工智能取代行政主体做出行政行为，行政处罚决定送达行政相对人方式也应做出改变，避免行政相对人在不知情的情况下被处罚。同时，因人工智能不能向当事人展示行政决定的做出过程，也不能向行政相对人充分说理，那么应在制度上加强对行政相对人的事后救济。

（三）人工智能法律适用中的司法地位

人工智能辅助司法不是取代法官审判，同样是作为法官判案工具，因此，应明确司法活动中法官的决定性地位，人工智能辅助法官公正、高效地做出判决。

在人工智能证据裁判应用中，利用大数据建立证据模型，明晰证据规格、证据审查标准、证明标准，预防法官在司法裁判的疏漏，影响司法的公正。同时，利用人工智能技术实现案件情节的场景化，突出案件裁判要点，帮助法官快速分析案情，提高诉讼效率。迟到的正义非正义，借助人工智能在证据中的辅助功能，帮助法官实现效率的同时实现司法正义。

在司法裁判量刑中，借鉴美国COMPAS系统，研发人工智能人格分析系统并引入司法裁判中。量刑与犯罪者的危险程度相关，如我国《刑法》对故意犯罪与过失犯罪的不同量刑规定，在量刑中对自首的犯罪者从轻减轻的规定，都体现了社会危害程度越重惩罚越重，社会危害程度越轻惩罚越轻的关系。因此，可将人工智能人格分析系统引入司法裁判，以此助力法官精准裁判。另一方面，建立人工智能量刑建议模型，促进司法量刑的平衡，避免司法裁判结果的畸轻畸重。在量刑模型建议中，首先要注重案例数据的收集，形成数据库并向法官精准提供案例；其次，人工智能量刑建议是根据案件情节、判例、犯罪者的危险性、法律规定向法官提供的合理范围内的量刑建议，而非确定的量刑建议。因为确定的量刑结果制约法官自由裁判权，法官的量刑与人工智能建议不一致可能消解法官的判决公信力，并且人工智能没有价值判断在量刑中有误差存在。因此，人工智能量刑的本质是在司法中辅助法官更公正的判决，案件的最终裁判结果应由法官做出。

三、确立人工智能法律地位的具体制度建设构想

既然要从超越主体性看待人工智能，人工智能"是人为的，也是为人的"，那么在具体法律关系中当然不能成为自然人的法律主体存在，也不能完全适用当前法律客体制度，

而在涉及人工智能的主体性时，需要调整法律制度去应对人工智能的现实法律问题。以下，则是针对人工智能存在的一些具体法律问题提出的具体制度建设构想。

（一）人工智能合同——当事人意思的表达

人工智能取代当事人订立的合同，实质上仍是合同使用当事人意思的表达形式，如张力与陈鹏老师所说，"人工智能的交易行为本质是合同一方当事人使用工具之初为人工智能输入自己理性可预估范围内的参数后，由计算机根据随机程序、随机参数所选择的结果而已，所签订合同完全在其可预知的理性范围之内"。① 因此，可以通过对当前《民法典》合同部分的扩大解释，将人工智能设定的合同相关条款的意思作为合同使用当事人的意思，并且人工智能合同中的内容也确实是根据当事人的意思，通过代码编写进人工智能之中，再通过人工智能与其他当事人订立合同。此方法与美国《统一电子交易法》第 2 条 6 款电子代理人的规定相似，只是美国电子代理人是完全没有自主能力，而人工智能在当事人的意思范围内有自主能力。

再进一步分析，人工智能合同从订立到完成过程中出现损失，责任应当由谁承担的问题。首先，需要明确该合同损失的原因在于使用人工智能订立合同造成，此损失才可能属于人工智能合同中的责任问题，比如，人工智能仅是执行使用人的指示不属于人工智能订立合同造成。其次，区分该合同的损失原因是否可归因于人工智能：如果不可归因于人工智能，比如，人工智能交付过程中由于不可抗力造成的损失不能归于人工智能；如果归因于人工智能，比如，使用人想要订立的合同是附条件的，但是人工智能在订立过程中没有记录使用人的条件导致损失则可归因于人工智能。最后，合同损失原因归因于人工智能的前提下，分析人工智能订立的合同中的意思是否与当事人的真实意思一致。如果人工智能合同中的意思与当事人的意思一致，没有争议，应当由人工智能合同的使用者承担；如果人工智能合同中的意思表达与当事人的不一致，先由人工智能合同的使用人承担责任，再根据意思不一致的原因出现于使用之前还是使用过程中，以及智能合同的使用人与设计者之间的合同约定，分析是否可追究设计者的责任。因此，人工智能合同中的责任，都可通过对当前法律的解释适用，确定当事人之间的责任。

（二）人工智能汽车中的侵权——产品责任

人工智能侵权包括人工智能使用过程中侵犯自然人的人身权、财产权，典型是前文所

---

① 张力，陈鹏. 机器人"人格"理论批判与人工智能物的法律规制［J］. 学术界，2018（12）：53-75.

提及的人工智能汽车的侵权，在此也以智能汽车的侵权为展开。在理论上，智能汽车侵权的归责路径有三：一是智能汽车作为法律主体，适用雇佣或劳务派遣制度中的归责原则。但是，人工智能既然不能作为主体，就不能适用此路径；二是智能汽车侵权责任由使用人承担，如果使用人没有对智能汽车不当干预，那么使用人不应为智能汽车的行为承担责任；三是智能汽车的生产者产品责任。有学者认为人工智能汽车生产者承担人工智能的侵权责任不合理，因为"智能汽车在运行过程中对环境存在自主预测性，并不能穷尽所有场景"。① 但是，智能汽车的生产商不能完全预测所有场景不构成生产商不承担责任的理由，如果人工智能不能保证安全与可控，就不能从实验室走出，进入社会与人们的生活。如美国白宫在《为人工智能的未来做好准备》中提出，如果从业者们无法确保系统的安全性和可控性，确保使用该系统不会产生无法接受的严重的负面风险和结果，那么该系统就不能也不应该得到应用。而前述各国人工智能汽车的规范中也是强调智能汽车生产商的安全责任。生产商有义务预测人工智能可能出现的侵权行为，以及保证人工智能出现的风险在可控的范围内，如果允许智能汽车的生产者因不能预料的责任而免责，那会在制度上促使生产商为了追求利益放弃对消费者生命与财产负责，在产品可能存在不能控制的风险就投入市场。因此，应当为人工智能生产者设定特别责任，从当前的产品责任免除情形中排除。

我国《民法典》中规定的产品责任为严格责任，使用者要求生产者承担责任的条件在于：产品存在缺陷、存在损害事实、缺陷与产品存在因果关系。消费者很难证明产品存在缺陷，特别是智能汽车的智能部分，如果要求专业专家学者证明，又提高当事人的诉讼成本，因此，可以借鉴欧盟人工智能立法草案中的建议，减轻使用人请求生产者承担产品责任时的因果关系证明责任，如果使用者按照要求使用人工智能但产生侵权行为，即可推定人工智能产品存在缺陷，可以要求生产者承担产品责任。生产者内部则根据对造成产品缺陷的作用大小，按比例承担责任。此外，为了降低人工智能生产者承担侵权责任的风险，应当要求生产者为人工智能产品投保或者设立基金，以减轻生产者的赔偿金额并且保障人工智能侵权中的受害人的损失得到弥补。

（三）人工智能创作物——孳息

人工智能生成物不同于以往的物的生成物，表现出与人的智力创造的相似性——独创

---

① 司晓，曹建峰. 论人工智能的民事责任：以自动驾驶汽车和智能机器人为切入点[J]. 法律科学（西北政法大学学报），2017，35（05）：166-173.

性。有学者就认为"应当将人工智能的创作物当作作品，然后作为孳息归为所有人"，[①]也有学者认为"人工智能创作物适用职务作品或雇佣作品的规定，由创制机器的'人'而不是机器人去享有和行使权利"。[②] 但人工智能本身不能作为法律主体，那么其创造物不适合作为作品，不能适用著作权法的规定。另一方面，对人工智能创作物的推崇，肯定其中人工智能的智力成分，将会导致知识海洋中人智力的贬值，不利于社会知识创新与发展，应当减少甚至制止人工智能非必要的创作行为。并且，我国《专利法》第二十五条、《著作权法》第五条对知识产权的保护对象有例外规定，并非所有的人类智力劳动成果都是作为知识产权的保护客体，因此，人工智能不作为知识产权的保护对象具有合理性。正如张力与陈鹏老师所建议的，"直接将人工智能创作物作为人工智能的孳息进行保护"[③]，适用《民法典》第一百一十六条法定孳息的规定，有约定按照约定，没有约定则按照交易习惯处理。

（四）人工智能刑事和行政责任承担的制度设计

在刑事责任承担的制度设计中，明确人工智能是犯罪的工具而非犯罪的主体，对涉及人工智能、符合《刑法》上刑事责任的风险规定为刑事责任。人工智能造成的风险，要么是技术本身引发，要么是科技管理不善引起，而需要纳入刑事法律体系下的人工智能风险应当是"因人的不当行为引发的社会风险"，并且，这些风险造成了现实的损害或者具有造成损害的紧迫性，能够将损害的责任归责到法律主体之上，能够通过处罚实现《刑法》的预防目的。[④] 可见，行为人没有不当行为，由人工智能自身技术原因导致的违反交通事故的责任不应属于刑事责任，应属民事侵权责任。而如果其中生产者、设计者或销售者对人工智能汽车发生的损害有犯罪故意或者过失，则人工智能的违法行为是生产者行为能力的延伸，通过人工智能工具实现犯罪目的，造成违法后果，此时，将人工智能的违法后果归责到生产者，并对此惩罚，实现《刑法》的惩罚与预防目的。

在行政执法监督的应用中，明确人工智能是行政主体实施行政行为的新型工具，其行

---

① 房绍坤，林广会. 人工智能民事主体适格性之辨思 [J]. 苏州大学学报（哲学社会科学版），2018，39（05）：64-72+191.

② 吴汉东. 人工智能时代的制度安排与法律规制 [J]. 社会科学文摘，2017（12）：76-78.

③ 张力，陈鹏. 机器人"人格"理论批判与人工智能物的法律规制 [J]. 学术界，2018（12）：53-75.

④ 王利宾. 弱人工智能的刑事责任问题研究 [J]. 湖南社会科学，2019（04）：57-63.

为是行政主体的行为，由行政权力主体为人工智能的行为负责。如 2021 年《行政处罚法》中的第四十一条，肯定了电子技术监控设备在行政处罚决定中的合理性，是行政主体实施行政处罚的一个工具。而生活实践中，行政相对人对电子警察的行政处罚决定不服，可以向拍摄地的交警违章处理科或者当地的交警大队申诉复议。人工智能只是行为工具，行为后果由行政权主体承担。

第三章 人工智能法律人格理论研究

第一节　人工智能与法律人格的一般问题

一、人工智能法律人格的内涵

法律上的"人格"有三种理解，一是指人格，二是指权利能力，三是指人格利益，但其原本的意义不属于这三种理解。大多数学者会将法律人格与法律主体混用，虽然从意思层面来说，二者所表达的含义几乎等同，都是指法律上认可的行使权利、负有义务的资格，但是从逻辑角度来考虑，具备法律人格的人归类为伦理人，具备生命机能的人归类为法律上的主体。法律人格是指一种成为法律关系主体的资格，所以，需要先确定是否具有法律人格后才能确定是否为法律主体。也有学者主张应从权利能力角度探讨是否赋予 AI 法律人格和法律主体资格，权利能力最初是为了解决法人的法律人格问题，采用法律技术将人格化为权利能力。法律人格和权利能力的含义并不一致，它是以道德属性为基础的，是宪法上确认的人类主体的法律人格。而权利能力是基于法律规制而获得，且依附于法律人格。法律人格、法律主体、权利能力他们三者的关系是：要想获得权利能力，首先需具备法律人格，有了法律人格才能探讨其是否为法律主体和是否能够行使法律权利。按照逻辑，应当先考虑 AI 的法律人格问题，才能相继解决其主体资格问题和权利能力问题。人类主体的法律人格一般随人出生而存在，随人的自然死亡而终止，法人的法律人格因依法出资建立而开始具备法律人格，因破产或符合出现解除原因被终止时而结束拥有法律人格。法律人格是指一个事物是否具有"人"的法律资格，是其享有权利和义务的依据。由于权利能力的出现，法律人格从公法上的范畴演变为包括公法和私法上的范畴，其具有两层含义，包括公法上的公民人格和私法上的自然人格，同公法上的法律人格相比私法上的自然人格更加宏观抽象。

二、人工智能法律人格的发展历程

通过梳理法律人格理论的相关文献获知，随着时代的发展，成为法律上的人所需具备的要件也在不断变化。从一开始的少数自然人具备法律关系上的人格，渐渐发展到所有的自然人都具备法律关系上的人格，成为法律主体，再至自然人以外的由自然人群体组成的法人组织也被赋予了法律人格，甚至某几个国家将有些社会存在也赋予了法律人格。

早期氏族社会，还没有法律人格的概念，但有一定的雏形显现，表现为以血缘为纽带，区别于不同的群体，可以理解为此时法律人格的获得是以血缘为条件的。在奴隶制社会，作为主人的工具，奴隶是没有法律人格的，也没有权利。罗马奴隶制国家法律规定法律上的"人"必须符合三个条件：一是具备自由；二是属于城邦的市民；三是拥有家族权，即只有家长才是法律上的人格。满足一者或两者都不能获得充分的人格，三者缺一不可。罗马奴隶制国家法律表明了"人"成为法律主体必须有一定的条件或资格，这在法律术语中表示为人格，规定了人是因身份而获得的法律人格。是否为罗马城邦的市民也就决定了一个人是否具有法律人格、是否能够行使罗马法的市民权利。如果具有市民的身份，那么其具有罗马法承认的人格，也就能够享有市民权。如果不具有市民的身份，那么就不能成为具有人格的人，相应地也不具有权利主体资格。但不具有市民的身份，并不完全无权利，根据人格减等制度，若从城邦人成为外邦人，那么就会丧失市民权利。如果丧失自由，那么就会成为奴隶。这个时期的法律人格是由人的身份和所处环境决定的，与个人的内在属性和意志以及价值决定无关。

与罗马奴隶制国家法律的等级人格制度不同的是，近代资产阶级胜利后，形成平等的人格制度，不仅不存在人格减等这样的制度，并且所有的自然人都享有平等的权利，包括奴隶也享有同等的权利。1896 年《德国民法典》中规定了自然人是平等的，这表明了不再以身份论权利大小。所有的人都享有平等的权利，性别、籍贯、社会地位等不再成为划分人格的要素，只要是人，那么他就有法律人格，享有法律规定的权利的资格。与氏族社会和奴隶制社会最大的不同是这两者都是以人基于某种身份而获得法律人格，而现代资产阶级社会是以人的出生为要件而获得法律人格。

随着社会生产水平的提升，社会关系越来越复杂，团体组织在商业发展与经济交易中扮演越来越重要的角色，团体组织需要人格化。《德国民法典》明确团体组织具有法律人格，赋予其责任承担能力和权利能力。基于环境保护的重视，有些国家给予了社会存在以法律人格。美国曾有出于环境保护而赋予伊利湖在法律上拥有独立权利的先例，新西兰也曾赋予公园与河流以法律人格，这些事例都是出于对环境的保护而授予的法律人格。但这只是一些特例，世界上大部分国家还是不承认自然人和法人以外的事物具有法律人格的。

三、人工智能法律人格的考量要素

在现代法律观念中，AI 被赋予法律人格的条件必须不能缺少"自主意识"和"表意能力"。作为法律主体的自然人和法人，自然人是生而具有法律人格，法人是法律赋予的拟制法律人格，法人不具有自我意识和自我意志，但它是自然人集体的意识和意志，法人具有独立的财产，是法律主体履行法律义务的物质基础。动物是有生命的主体，它们有独立的意识，可以"表达意愿"、拥有财产，但不具有法律主体资格。因为法律规范调整的是社会关系，即人们之间通过意志表达形成的社会关系。① 将"人性化"作为判断 AI 是否具有法律人格的要件，既体现了人类的人性理念，又可以解除人工智能对人类不利的疑虑。

大陆法系国家认为，独立的法律人格必须具备"社会存在"与"法律承认"这两个前提，即具备自由表达意思和被法律确认的条件，否则不能独立行使权利和承担法律责任。因此，判定一个实体是否具有法律人格，应着重考虑两方面：一是能够独立地表达意思；二是能够自主地行使自己的权利和承担法律责任。另外需要补充的是，构成法律人格的基础并非只有伦理要素，还有财产要素。在讨论人工智能是否应当被赋予法律人格时，需要确认其是否具有自我意识和自我意志的因素，其次，需要考虑是否能够承担责任的因素，赋予其法律人格必须具备一定的可行性。在探讨人工智能是否存在法律人格之前，应当就理论界的不同学说进行一个了解。

第二节　人工智能的法律人格理论审视

一、人工智能的法律人格理论之辩

（一）人工智能法律人格肯定说

本文将新主体说和拟制人格说划分在法律人格肯定说的范围，这两者的不同主要在于新主体说没有将智能机器划分为任何一个已有的法律主体类型内，创设了与以往主体不同的新主体类型。而拟制人格说，是将人工智能划分为已有的法律主体类型内。人工智能肯定说的学者认为应当顺应社会发展的需要，对人工智能授予法律人格，能够解决更多的法律问题。

1. 雇员说

美国学者凯琳认为，将人工智能赋予"雇员"的角色，可以解决智能机器人是否具有著

---

① 孙占利. 智能机器人法律人格问题论析［J］. 东方法学，2018，（03）：10-17.

作权的争议，将人工智能的作者身份传递给背后的智能技术开发者。"雇员说"在现实生活中也有运用，例如，美国规定了可将无人驾驶汽车视为司机，司机的角色就是雇员。①

2. 拟制人格说

拟制人格学说认为，智能机器既不是物也不是人，其具备强大的学习能力，使智能机器能够具备一定的自主性。基于风险管控和进一步维护人类主体的利益，应当在法律体系中寻求智能机器的角色。智能机器没有自我的财产基础，也无法获得独立的财产，人工智能在运行过程中获得的收益理当被认为是人工智能所有者的财产。由此可以推出人工智能所能承担的责任也是有限的，因此，不能直接比照自然人和法人对法律人格加以限缩，需要将其定位为独立的拟制法律人格。② 人工智能归根结底属于人类控制之下为人类服务的产品，其法律人格的地位应当低于人的地位。有学者提出可以参照罗马法的位格减等制度的反向逻辑即位格加等制度，将其法律人格按照位格加等制度提升到自然人的法律位格，这样，AI 通过位格加等的方式而享有拟制的法律人格。③ 罗马法将人格与人分离的法律拟制有很大的借鉴意义，类比通过人格与人的分离，用法律规定将一些社会存在纳入范围内，赋予其人格，以推进社会中更多的法律存在纳入"人"的范围。

3. 有限人格说

有限人格说主张智能机器具有不依附人类的行为能力而应赋予法律人格，然而其权利、义务和行为能力始终有限，则其被授予的法律人格应加以限制。④ 有限人格说虽承认人工智能具有承担义务的能力，但往往现实生活中的损害赔偿最终还是需要人来承担，所以，其所承担的法律责任有限。许中缘学者也持同样的观点，主张人工智能有独立思考及深度学习的能力，但限于 AI 始终是服务自然人的工具即 AI 具有工具性，其所具有的法律人格是有限的法律人格。具体体现为对所造成的损失不能够独立承担，还须自然人一起共同承担。⑤

（二）人工智能法律人格否定说

法律人格否定说主张人工智能不具有法律人格，代表学说有：动物说、工具说和特殊物说。

---

① 张惠彬. 人工智能时代体育新闻的版权之困与纾解之道——以腾讯机器记者为考察对象 [J]. 上海体育学院学报，2019，43（02）：33-39+62.

② 杨清望，张磊. 论人工智能的拟制法律人格 [J]. 湖南科技大学学报（社会科学版），2018，21（06）：91-97.

③ 张绍欣. 法律位格、法律主体与人工智能的法律地位 [J]. 现代法学，2019，41（04）：53-64.

④ 袁曾. 人工智能有限法律人格审视 [J]. 东方法学，2017，（05）：50-57.

⑤ 许中缘. 论智能机器人的工具性人格 [J]. 法学评论，2018，36（05）：153-164.

1. 动物说

动物说主张动物与人工智能都应被视为财产和工具。动物能够完成许多自然人才可以完成的行为，但其再怎么聪明，也不是人。同理，人工智能再智能再高级，其也不会具有法律人格。AI 和能够产生自我意识的动物一样都被视为权利客体，而非权利主体。

2. 工具说

工具说主张人工智能是一种用于生产和生活的技术，它使人们摆脱单调重复的工作。AI 没有独立的意思表示能力。即使智能化程度很高，也只是为人们服务的工具，没有改变其工具属性。电子奴隶说归根结底也是工具说，它提出人类是感性动物，会有特殊的情感，工作往往会伴随主观情绪，并且由于身体的构造，会生病、会有休息等实际需求。而人工智能由机器构造，可全天二十四小时不停断地工作，也不需要吃饭、睡觉休息，其主张人工智能的性质如同机器，其有行为能力但没有权利能力。所以，人工智能是权利客体。

3. 特殊物说

该说认为人工智能具有特殊的法律属性，主张在物格体系中寻求其定位，如此可兼顾主客体二分法理论和机器人法律规制的法律需求。首先，AI 属于权利客体，是物的范畴；其次，AI 以模拟人类大脑为基本特征，有一定的类人性，因此，应当将其划分为特殊物，这样可以同时兼顾人工智能的类人性和工具性。具体而言，将机器人纳入特殊物的范畴，按照用途进行分类，并依智能化程度划分为不同等级的物格，只有符合特殊物条件的人工智能才会受到法律的特别规制。在物格体系中寻求特殊定位并构建相应规则，有利于为人工智能的定位找到一个特殊的位置，建立适当的规则，也有助于达到加强监管的目的。

二、人工智能法律人格两种学说之审视

（一）人工智能法律人格"肯定说"

人工智能法律人格肯定说的学者大多提倡摒弃"非人即物"的刻板印象，主张将人工智能纳入法律人格体系中。主体说的学者们更多的是从责任困境探讨赋予法律人格的紧迫性，这是一种逆向逻辑，从责任倒推法律人格，这违背逻辑严谨性。例如，如果 A 命题为真，可推出 B 命题为真，那么据此可以推出 A 真 B 真，而不能由 B 命题为真断定 A 命题一定为真，只能推出 A 命题可能为真也可能为假。同理可得，从"人工智能具有法律人格"能够断定"人工智能可以成为责任承担者"，而从"可以成为责任承担者"倒推"人工智能具有法律人格"是不严谨的，从"可以成为责任承担者"只能倒推"AI 可能有法

律人格或者可能没有法律人格"，所以，以此得出正确的逻辑顺序是应当先确定 AI 是否具备赋予法律人格的条件，再考虑其有无承担责任的可能。而当前关于人工智能是否具有主体思维能力都无法判定，更不用说去探讨其能否承担责任的问题。再者说，在现有法律体系内能够有效解决当下的人工智能致害引起的法律纠纷，赋予其法律人格显得多此一举。欧洲公布的《人工智能与民事责任》也提出赋予 AI 法律人格并不是摆脱困境的唯一路径。① 从紧迫性来说，现在广泛应用的人工智能从事的还是些弱人工智能工作，实践中也没有岗位是已经被人工智能所完全替代的，所以学者们主张的责任困境也就没有那么迫切。

新主体说将人工智能的高度自动化决策与人的本质混淆，智能机器所表现出来的智能都是人类创造的，且人类的知识库远远大于人工智能的知识库。说到底，人工智能能够根据环境做出决策，是背后许多自然人不断地开发与实践，不能因其能够高度自动化决策，而否定背后人为因素的参与，进而主张将 AI 归为法律人格之列。学者主张类比公司，赋予 AI 法律人格，但 AI 法律人格的有限性在于其自主行为，在未来会随着技术推进而不断发展，而法人的有限性在法律框架内不会有所改变。② 有限人格说一方面主张人工智能的本质是工具，另一方面又主张 AI 能够做出独立意思表示而赋予其法律人格，这种论证明显无法自圆其说。既然本质是工具，那么人工智能就是客体，就没有必要再将它纳入法律人格之列。此外，关于电子代理人，现行法律解释足以解决交易的困境，不是非要赋予人工智能法律人格才能解决不可。例如，可将人工智能的代理交易行为全部解释为自然人的意思表示。

罗马法中人格减等制度只是改变先前身份的一种方式，它所改变的都是针对同一个事物由于身份的不同所带来的人格的不同，而人工智能和人是两个完全不同的事物，位格减等不能适用来解释不同事物的不同法律人格。此外，AI 不能感知法律惩罚的教育作用，刘宪权等学者提出的对机器的惩罚实际上是对人工智能控制者权益的侵害，所以，肯定人工智能的法律人格没有意义。另一方面，赋予人工智能法律人格可能会导致更多人通过责任转移给 AI 来推卸法律责任。虽然各国都在抢占人工智能的发展先机，但也不能盲目超前，我国在借鉴国外经验时要以我国现阶段人工智能的发展水平及未来长远的发展来考虑，制订适合我国国情的立法计划。

---

① 刘云. 论人工智能的法律人格制度需求与多层应对 [J]. 东方法学, 2021, (01): 61-73.

② 徐慧丽. 人工智能法律人格探析 [J]. 西北大学学报（哲学社会科学版），2020, 50 (01): 107-119.

（二）人工智能法律人格"否定说"的补充

人类主体在设计和制造人工智能时都秉持着"近人性"的理念，以人为参考模板，打造与人一样的人工智能。但归根结底都是为了成为人的"好帮手"，让人工智能做更多人可以做的工作，将人的能力不断复制给人工智能，人也不断地从劳动中解放出来，人工智能是人们为追求更好更高质量的生活而创造的服务于人们的机器。持否定说观点的学者更重视逻辑的严谨性，由大前提小前提推出结果，有理有据，说服力强。否定说的学者们发现，AI 不仅在社会学层面缺乏独立意识，还不能与规定的权利和义务相统一。① 另一方面，他们也没有被强人工智能的乌托邦所迷惑，而是通过经验的推理和解释技术，使人工智能与现行的法律并行不悖。比如，可以将写作机器人所创造的文章视为智力成果，纳入《中华人民共和国民法典》第一百一十五条所规定的范围内，并作为版权的保护对象。需要注意的是，这里只承认了人工智能产生的作品为智力成果，不意味着承认 AI 是作者的身份。再比如，对于人工智能造成的损害，可以坚持从解释角度出发，对动物饲养人、管理人责任的适用或类推。

第三节　人工智能不具有法律人格之证明

一、缺乏赋予人工智能法律人格的可行性

综合以上学说，关于人工智能法律人格的考量要素应该存在以下几个要件，才可以判定人工智能具有法律人格。包括自主性与独立性、主体思维能力和一定的责任承担能力，既需要有独立的财产，还包括自主意识和自主意志，下文是对人工智能不具备这些要件的论证。

（一）人工智能的自主性与自然人难以等同

自主性是指不受他人控制且能够自主决策并付之于行动，而 AI 是在人为因素控制下的机器，缺乏自身主动性的行为能力。美国学者劳伦斯提出在"人工智能"作为信托受托人的情况下，其运行的程序指令依然在算法掌控的框架内，没有显示出 AI 的决策能力与

---

① 徐悦伟. 人工智能法律人格的否定及其规制构想 [J]. 中国石油大学学报（社会科学版），2021，37（04）：84-91.

学习能力，换句话说，虽然人工智能具有自主学习并不断提升的能力，但究其根本是在人类预设算法框架内进行的，并不是人工智能想学什么就学什么，其自主学习的对象也是人类主体所控制决定的，人类主体决定人工智能学习哪个方向、哪个模块，它就在哪个方向、哪个模块进行学习。总之，它连自己的学习方向都不能决定，更何谈其自主性和独立性。AI属于人类创造的劳动工具，不可能也不会在某一时刻完全取代人的位置。也无法成为法律关系的主体。人工智能的发展追求是为了让人从烦琐重复的工作中解放出来，是人能力的延伸与拓展，借助科学技术使人的能力得到加强。确切的说，不是人工智能逐渐代替了人，而是人工智能逐渐代替了人去工作，而人类主体从烦琐工作中脱离出来更多的是成为监督者与控制者。现实生活中，没有一个AI是能够完全独立并代替人类完成一个完整的工作过程，最普遍的是人机协作的方式，最为独立的人工智能完成的工作也是在人类主体无形的监督下进行的。以战胜世界围棋高手的阿尔法狗（Al phaGo）为例，如果不是人类将它运输到围棋大赛上，它连比赛场地都不能到达。

人工智能是人类创造的计算机产品或一种智能技术，它没有自然人所具有的生理成分：器官、血肉、细胞等，也没有自然人所具有的能够表达自由意志的心理要素，更不能与他人产生社会关系，拥有自己的社会角色。鉴于此，人工智能当然不具有自然人格。以人工智能的"近人性"，来判定人工智能本质上也应有法律人格的说法是不妥的。人的本质是社会关系的总和，即人的本质在于他的社会性。最经典的案例就是离开社会生活的狼孩，他们有人的生理机构、有健全的大脑，但由于从小和动物一起生活，脱离了社会，渐渐地变得不像人。狼孩比人工智能更近人，但他脱离了人的社会就不是法律上的人了，而人工智能更没有社会性可言。所以，人工智能本质上是不具有法律人格的。

（二）人工智能的责任承担能力与法人难以等同

自然人因道德伦理性而成为法律上的"人"，法人通过法律拟制而有了法律人格。[①]法人之所以具备法律人格，源于历史的演进与发展。团体法律人格的研究自罗马时期就开始了，早在罗马时代就出现了对团体事实人格的认可现象，伴随经济的高度发展，团体的地位在法律上得到明确认可。法人制度由《德国民法典》确定，当时正处于商品经济高度发展的阶段，法人被赋予法律人格在一定程度上是社会发展的需求。法人拥有独立的财产和人格后，方便了经济市场的交易和诉讼，大大地调动了资本投资的积极性。

由于法律在特定情况下可以将奴隶成为物的范畴，因此，团体被赋予法律人格就有了

---

① 徐慧丽. 人工智能法律人格探析 ［J］. 西北大学学报（哲学社会科学版），2020，50（01）：107-119

法律技术基础，那么在法律关系中那些拥有独立地位和价值的主体就可以具备法律上的人格。人工智能和法人不一样，其不具有独立地位，也就没有赋予人工智能法律人格的实现条件。早期的团体人格在授予法人资格之前就自然形成了独立的地位，这种地位在现在也没有实质性的改变，团体组织被授予主体资格在于其本身具备的独立性，该独立地位具有历史性和稳定性。当前的 AI 一般属于某些个人或某些社会组织所掌控，它依附于这些个人和这些社会组织，没有独立地位也没有独立地位的体现，也就没有利用法律技术赋予其法律人格的可行性。

法人的行为是人的集合体的意志的体现，人工智能的行为只是根据环境做出的自动化决策，两者的行为本质完全不同。换句话来说，法人的意志就是人类主体自己的意志，人工智能不是人的集合，不具备人类主体的意志也不具备自我的意志。判定 AI 是否能够授予法律人格，一方面也是在考察其是否有独自承担责任的能力，即独立财产。AI 不能像人和法人一样拥有独立的财产作为承担责任的物质基础，也就没有独立的责任承担能力。自然人通过劳动获得财产的积累，法人通过股东出资和后续经营而获得财产的积累，人工智能没有获得财产的途径，就算能够获得财产，其积累的财产的直接归属也是其所有者。可能有人会有这样的疑问，法人的原始财产不也是自然人出资，那人工智能的财产也可以通过自然人出资。对于此，可以这样解答：法人的财产可以与自然人的财产相分离，而自然人的财产很难与对人工智能的出资相分离。在责任承担的分配上，法律可以对自然人处以罚金或者剥夺权利甚至判令自然人服刑来限制其人身自由，对于公司，法律可以判处罚金或者令其停止经营，也可以同时判处公司罚金和判令直接责任人服刑，而对于人工智能，对其判处罚金，其没有财产，判其停止运行，最后还是人的损失，公司可以判令停止经营是因公司的行为是自然人集体的统一意志，出资人当然需要承担该损失。AI 自主决策的行为不是人的意志，自然人承担该损失是不合理的。很多学者提出为人工智能创建基金制度作为人工智能的独立财产，其实这与自然人承担责任无异。试想一下，该基金也是由人类出资，而且如果人工智能侵权事件所造成的损失远远大于创建的基金，所超出的损失额度还是由人类来承担，这相当于完全依靠人类主体承担责任，其自身仍然没有独立的责任承担能力。而法人在其损失远远超出出资人所出资的范围外是不用继续赔偿损失的。

总之，AI 有其依附的个人或组织，没有独立地位，也没有独立的财产作为责任承担的物质基础，因此，不足以赋予 AI 法律人格。

二、缺乏赋予人工智能法律人格的可能性

无论未来智能技术发展到什么程度，AI 与人类主体都存在根本性的差异，没有被赋予法律人格的可能性。

（一）人工智能不具备主体思维能力

1930 年左右，"计算机之父"图灵主张，在不知道对方是机器还是人的前提下，参加测试的人不能通过交流判断对方是机器还是人，那么该机器具有主体思维能力。如果将思维能力定义为计算过程，那么人工智能据此当然具有思维能力，但思维能力是按照一定的思维模式进行一系列的加工并形成自己的思想的过程，那么人工智能当然不具备思维能力。AI 本身不具有思维能力，其算法程序是开发者思维的延伸，缺乏思维辩证能力。例如，在司法实践中，它能够很好地运用法律规则和条文，但是对于抽象的法律原则，却无法很好地运用，也不能够灵活地判断证据的真伪，在解决程序中遇到没有涉及过的疑难复杂和新型的案件会显得无能为力，无法独立判案。

总而言之，AI 只能在生产和生活的某些方面帮助人类进行活动，不能改变人在生产和生活中的主导地位，因为人工智能毕竟只是一台机器。机器的"思维"模式与人类的思考模式有本质性的差别，并且人工智能是思维模拟而非思维本身。人工智能主要靠两个"大脑"运行，一个负责算法，另一个负责筛选错误提出建议，而人类的思维模式比这个复杂的多得多。很多学者认为，人类思维是和人类语言有着紧密的联系。人类语言不能反映思维的全貌，而机器语言只是人类主体截取生活片段改造而来的，更不能反映思维的全貌。尽管随着科技的发展，人工智能的智能水平不断提高，但人工智能永远无法具备人所拥有的主体思维能力。

（二）人工智能不具备自我意识和自我意志

康德认为自我意识来源于人，并且凭借所有变化时的意识统一性是同一个人格，即在一切语言中用第一人称说话时都必须想到"我"。意识简单来说是对客观世界的认知，而意志是意识中一个想要达成的目标。人是有意识地存在，即人类活动是有意识的、有目的的，而人工智能做出的是无目的的行为，自身无法预见行为的结果，不能创造出在客观世界中不存在的事物。其次，意识是一种经过很长一段时间的历史阶段的产物，自然人的意识是在不断的实践过程中产生、发展的，是人类社会的一种特有现象。①

AI 虽然在工作时长、工作速度、数据库储备和生命力等方面都超过人类，但其意识是不可能超越人类的。人工智能可以模仿人类智慧、模拟人类头脑的活动，但其始终与人类存在本质区别，不可能也不会具备人的自主意识。约翰·希尔勒的中文房间实验模拟了

---

① 余天放. 论康德的自我意识理论对人格同一性问题的批判 [J]. 湘潭大学学报（哲学社会科学版），2018，42（02）：126-129.

AI 的处理过程，反映了人工智能是在不理解所处理信息的意义下完成任务，说明人工智能缺乏自我意识。也就是说人工智能的计算过程是机械的、无意识的、重复的过程，即便能够自主决策，但始终没有 AI 的独立意思，也就不能产生自我意识。意思能力在伦理层面上起着决定意义，具备意思能力才能拥有法律人格。AI 是否具有意志能力，取决于它是否可以突破它自身的算法或创造出新的算法，① 如果不可以突破，它就没有意志能力，如果可以突破，那么其就具有意志能力。AI 尽管其可以完成很多高难度任务，但其始终是束缚于人类主体预设好的算法，不具有意志能力。再者说，人不会给机械完全的自由意志，人所做的一切都是为了减少自身的劳动，所以，人也没有给机械自由意志的需求。

从现行的法律规范来看，作为一个法律主体，必须具备自我意识和自我意志，这就要求拥有"法律人格"的人具有自己的独立思想。而 AI 始终是在人预设的程序或者算法模型下运行的，它没有自己的独立意思，其也不能控制和辨认自己的行为和后果。换句话来说，人工智能的行为目的在一定程度上归结于人的目的，再者，人想要达到目标而做出的行为和 AI 生成的行为的性质完全不同。叔本华主张，意志应当与人类主体的身体具有一致性。

三、缺乏赋予人工智能法律人格的必要性

（一）违背人类中心主义的发展理念

人工智能的本质是为人类服务的工具，应当遵循以人为本的原则。2017 年，在美国召开的会议上签署了 23 条"阿西洛马人工智能原则"，其中第 10 条和第 11 条规定了 AI 计算机技术的设计和运作应当符合人类尊严并且计算机系统在运行的整个过程中与人类价值相一致，也就是说，AI 的运用和发展应当遵循以人为中心的理念。另外，第 16 条还规定了由人类控制是否授权 AI 决策来达致目标，体现了人工智能完全处于人的控制之下。所有的法律制度都是为人类而存在，而不是人类为法律而存在。即人类主体创设的法律是为人类服务，自然人创设的 AI 也应当是如此，其设计与开发的目的就是为了服务人类社会。人是创造者，凌驾于世界一切物之上，机器人应当始终是服从于人类的"物"，机器人不可能也不会与人类享有同等的法律人格和平等的主体地位，更不可能凌驾于人之上。人类主体也没有理由赋予一个在未来会威胁自身生存的人工智能以平等的法律人格，因为这等同于是将人的命运交给了 AI 来决定。无论人工智能是否具有自主意识，都无法给予它同

---

① 石冠彬. 人工智能民事主体资格论：不同路径的价值抉择 [J]. 西南民族大学学报（人文社科版），2019，40（12）：94-102.

等的地位。

赋予智能机器法律人格不利于维护法律的稳定性，如果 AI 法律人格开口打开，那么未来将会有更多要求赋予法律人格的事物。例如，动物，它在一定程度上比人工智能机器人更符合法律人格的要求，以及接下来的植物、水流等。AI 可以存续几百年甚至几千年，而自然人一般只能存续百年左右，超过百年的少之又少。试想一下，AI 被授予法律人格后，其创作的作品被纳入著作权保护，那么其作为作者享有的著作权会随着其存续而无限延长。① 法律是一部规范人与人之间关系的法律，倘若赋予 AI 法律人格，法律将要规范人与机器之间的关系，这会对整个法律体系造成冲击。人工智能毕竟不是人，并且大多数人都不希望一个创设目的为服务自己的工具能够和自己处于同等的地位。另一方面，我们需要反思自己的立场，我们探讨人工智能是否能够被赋予法律人格的问题的目的不是为了保障人工智能的权利，而是为了如何保障人类的权益，怎样才能防范人工智能损害人类利益的风险。而现在很多学者的研究立场明显走入了一个偏离人类利益的误区。在人工智能时代，应该继续以保护人的权益为目标，避免 AI 侵犯人类利益。

（二）违背风险管控的初衷

出于人工智能未来风险的管控，而将 AI 纳入法律人格之列中显得操之过急，因为赋予 AI 法律人格并不是解决困境的唯一途径，而且这样的行为在一定程度上反而会增大风险，对现行法律体系造成一定的冲击，AI 很有可能成为人类逃避责任的工具。例如，由于乘坐者的故意导致了智能汽车发生事故造成损失，责任主体为了推脱责任，而偷偷篡改数据，将责任转移给人工智能。在未来，人工智能士兵的出现会使国际战争发生巨大变化。因为人工智能士兵会因恶意代码致使指令被篡改，很有可能在战场上临阵倒戈或成为对方间谍。如果赋予人工智能法律人格，那么就要追究 AI 间谍罪的刑事责任对其惩罚，但对其犯罪的行为处以剥夺权利和让其服刑的惩罚是没有意义的。因为人工智能与人类最大的不同之处在于其被追究责任时无法感受痛苦和任何负面的感觉，AI 也就不会由于担心惩罚带来的痛苦或负面感觉而放弃以后在国际战场上成为对方的间谍，并且惩罚 AI 来威慑其他人类和人工智能也没有可行性。对于人工智能来说，犯罪却感受不到任何惩罚的痛苦，反而激发人工智能继续犯罪。对于人类来说，赋予 AI 法律人格将 AI 和人类对人工智能的责任相分离了，对人工智能处罚不仅不能起到威慑人工智能不再犯罪的作用，还会激发人类利用人工智能犯罪，因为责任分离后人不需要承担 AI 造成的损害。这会导致明

---

① 朱艺浩. 人工智能法律人格论批判及理性应对 [J]. 法学杂志，2020，41（03）：132-140.

面上统计犯罪数量数据时人类犯罪数量总数越来越少，人工智能的犯罪数量总数越来越多，但实际上人工智能的犯罪数量都是人类的犯罪数量，所以，人类的犯罪数量总数反而会比过去的犯罪数量总数更多，这一点都不符合风险管控的初衷。再者说，当国际战场上有了人工智能士兵，赋予人工智能法律人格有可能产生无法预测的严重后果，因此，应当持格外谨慎的态度。如果单纯因为人道主义，主张杜绝人工智能被滥用，那么完全可以借鉴动物保护法等法律法规来完善相关法律制度，明文规定人类必须善待人工智能，而不需要赋予其法律人格。采取风险措施和预防性对应不等于一定要制定规范人工智能行为的法律。

第四节　人工智能法律人格否定情境下的规则构建

一、明确人工智能责任承担规则

（一）明确人工智能不具有法律人格

对人工智能的法律属性界定后，国家应当尽早出台相关法律制度确立人工智能的法律地位，来促进其在当前的法律框架下更好地发展。人工智能发展迅猛，带来的法律问题不容小觑，必须加快完善立法进程。根据上文所述，赋予 AI 法律人格缺乏可行性、可能性和必要性，其没有主体思维能力和责任承担能力，也不具有自主意识和自由意志，不能将其纳入法律人格之列中。人工智能是按照人类主体预先设计的算法程序指令运行，它始终是为人类服务且为人类所控制的工具，所以不应当将其纳入法律人格之列中，应当以法律明文规定 AI 不具有法律人格，将其确立为法律上的客体，划分为物的范畴。对 AI 无法律人格的立法确定，也有助于其责任分配问题的开展。

（二）构建以产品责任为核心的责任分配体系

研究 AI 的法律人格问题，不仅对其是否具有法律人格进行界定，还须继探讨后的结论进一步明确法律责任承担的规则。目前，国际上就算是人工智能研究最超前的国家，也没有在立法上规定其作为侵权责任主体。人工智能没有独立的财产，不能够独立承担事故中的责任，因此，不能将责任分配给智能机器。那么作为权利客体的 AI，其所造成的事故中的责任由谁来承担呢？被侵权人的损失由谁来赔偿呢？所以需要确定责任主体为人工智能造成的损失买单。研究 AI 民事责任的相关问题，实则就是研究 AI 开发者、制造者和使用者的民事责任的相关问题。① 近年来，人工智能侵权事件屡见不鲜，倘若使人工智能成为责任主体，其不仅没有独立承担事故造成损失的财产基础，而且人工智能缺乏行为能力而无法判断其有无过失来归责。人工智能造成的损害风险如何分散和规避，怎样来认定责任，按照现行法来追究责任有一定的困难。例如，在自动汽车驾驶事故中，不仅无法确认自动驾驶汽车的驾驶员有无过失，而且也很难鉴定人工智能系统存在缺陷。自动驾驶汽车和普通汽车有所不同，普通汽车的驾驶员一般比较固定。而投入使用的自动驾驶汽车的驾驶员是流动且不固定的，在这样复杂的情况下，责任主体势必复杂化。另一方面，智能汽车本身的算法具有一定的秘密性和不确定性，这些因素导致的不可抗力是智能汽车无法预知的，所以也很难确认他们的过失。与其起草新法进行规制，不如完善现行法律制度，将人工智能造成的损失责任认定融入到现行法中。以产品责任对违反产品安全义务的设计者和生产者追究责任，这种思路可以较好地契合中国现有的法律规定。当人工智能产品因质量缺陷造成损失时，由 AI 的设计者和生产者承担无过错责任和连带责任。

2016 年，英国议会提出建议，认为产品责任的范围应当包括汽车强制险，当汽车完全处于人工智能操纵的状态时，由产品责任为其提供保障。人工智能是人造物，属于产品范畴，因此，构建的人工智能的法律责任体系是以产品责任分配原则为核心。但人工智能产品与普通产品不同，其产品的核心在于 AI 的软件而不是在于 AI 的硬件载体。当前社会分工明确，制造 AI 软件的主体与制造 AI 硬件的主体一般不是同一个主体。单一的 AI 软件是无法造成损害的，AI 软件和硬件结合运行时才有造成损害结果的可能。明晰人工智能的法律责任认定，有助于在发生损害时予以法律救济，也有助于人工智能的责任主体自觉履行安全义务，确保受害者能够及时获得赔偿。2017 年，美国发布了有关无人驾驶汽车事故责任承担的详细规定，具体为车辆是被改造为自动驾驶汽车的，如果没有证据证明改造前有缺陷，那么车辆的制造商不对缺陷负责。智能机器不能够对车辆的缺陷负责，所以人工智能系统的经手者包括供应商、零售商、设计师、用户和监管机构须严格遵守人工智能的安全标准，不可任意更改人工智能系统。如确实有必要，应当经过法律规定的部门的审核，并且履行安全责任，才可以有条件地开展更改工作。

德国交通法规定了驾驶员有严格的注意义务，在行使过程中不能懈怠，手不能离开方向盘。即驾驶员的责任是独立于车辆的自动系统。如果违反了注意义务，那么该驾驶员需要承担汽车造成的损害。我国可根据无人汽车的智能级别，对乘坐自动驾驶汽车的消费者规定不同的安全义务，简单分为以下两种：其一，自动驾驶汽车与普通汽车区别不大，执

① 杨立新. 人工类人格：智能机器人的民法地位——兼论智能机器人致人损害的民事责任 [J]. 求是学刊, 2018, 45（04）: 84-96.

行一些辅助性的指令，如下雨天自动开启雨刷、与前车距离较近时紧急刹车提醒、监测到视线昏暗自动亮灯等，仍须人类全程操作的这种情形下，消费者所要承担的注意义务与驾驶普通汽车的注意义务基本一致，适用过错责任，由过错方承担造成的损失；其二，自动驾驶汽车属于半自动化级别，需要人机合作来完成行驶，智能系统全程操控汽车，乘坐者要留神突发情况，例如，突然窜出来的行人，或者鲜为人知的小路尚未上传到智能汽车的导航系统里等情形，乘坐者应当做到手不离开方向盘。但基于此，在司法实践中，法官很难执行一致的责任分配标准，所以还需要通过客观数据来判定。具体而言，由于人工智能研究和开发是高度保密和多联性的，并且在研究的过程中会涉及多台计算机，因此，需要对人工智能生成的数据库妥善存储，该数据库就如飞机上的"黑匣子"一样，在发生事故后可以成为责任认定的依据。如果有关负责人无法提供或者提供的数据库不完整，则由其承担责任。由于人工智能事故的司法鉴定成本昂贵且困难，在关于人工智能引发的事故责任问题上，数据库的掌控者所负的举证责任标准应当高于人工智能的使用者。人工智能的使用者只须证明有损害发生以及该损害发生与人工智能行为的关联性。

俄罗斯格里申法案主张人工智能应当被定位为高度危险来源，因人工智能"黑盒"的不透明性和不确定性而无法完全控制，会成为高度危险来源，对人类生存构成重大威胁。以维护人工智能安全运行来确立责任认定导向，强化人工智能产品责任。我国也可参照该法案，并结合现行法的高度危险责任来设立人工智能产品的高度危险责任制度。首先需要明确达到什么样的标准可纳入人工智能的高度危险产品或高度危险作业之列中；其次，规定运行的人工智能产品属于高度危险品时，在发生人工智能事故后，一般由人工智能产品的设计者和制造商来承担责任，如果能够证明损害是由被侵权人故意或者是因为环境的不可抗力导致的，人工智能产品设计者和制造商就不用承担责任。被侵权人对事故的发生有过失的，可以减轻人工智能产品设计者和制造商的责任。另外需要补充的是，人类对智能机器的研究和制造都是为了人类的利益，因此，所有的 AI 产品都与人类的利益息息相关，需要避免 AI 产品对人类的利益造成不合理的影响。

二、实施相关制度和加强监管

（一）实施人工智能责任保险制度

随着科技的不断发展，全盘采用产品责任制，一定程度上会打击设计者和制造商的积极性。作为智能机器的设计者和制造商，不可能做到百分之百精准预见产品会造成怎样的损失，但却被要求对可能存在的风险承担百分之百的安全义务，况且对于人工智能这项技术，由于其复杂性和秘密性，绝无可能保证百分百安全。这将导致研发者和制造商很难保证其正常的经营活动，会因为收益和风险的严重不平衡而选择退出人工智能技术的市场，反而不利于智能机器的发展。我们应当兼顾智能机器的发展和法律风险，考虑到投资者的权益实施可行的法律制度予以补充，促进人工智能在可控范围内更好地发展。其次，人工智能算法黑箱的不透明性和不确定性会干扰人工智能侵权事件因果关系的认定，采用产品责任制度处理人工智能引发的责任问题尚有不足之处，而且人工智能在运行的过程中，会不断地收集信息并结合自身的数据库进行改进和优化，导致产品责任缺陷的认定存在困难。

法律和政策须兼顾人工智能产品的发展需求，在以产品责任为核心的基础上辅以责任保险制度。实施人工智能责任保险制度，有助于被侵权者能够及时高效地获得理赔，具体而言，由于人工智能侵权事故的复杂性以及举证困难，责任人不能及时确定，受害人易陷入维权困境，实施人工智能责任保险制度，可以在权责不清时，被侵权人能够提前得到救济；或者多方都在互相推卸责任时，被侵权人能够首先得到保险公司的赔偿，再由保险公司机构向相关责任人追偿，受害者可以避免因昂贵的举证过程以及漫长的诉讼结果来确定具体的负责人而迟迟得不到理赔。从开发者和制造商的角度看，实施保险制度能够有效分散企业的风险承担，而且还可以避免成为被告而须支付额外诉讼费，在大众心里提升自我形象。

目前，中国的百度 Robotaxi 和滴滴无人车都是在特定测试路段范围内运行，北京作为我国人工智能技术研究水平较为领先的城市，发布了有关智能汽车的指导意见，明确了自动驾驶汽车测试单位应当为自动驾驶汽车投保不低于 500 万元的数额。随着技术的飞速发展，在未来无人汽车将会覆盖全国路段，我国相关的人工智能保险制度也应当紧跟时代发展的脚步提上日程。现阶段，人工智能产品造成的损失中更多的都是由于产品自身的缺陷，因此，人工智能项目的设计者和开发者作为承担 AI 强制险的投保人。参照目前汽车保险的规则，用户、研发者和制造商可以作为共同作为人工智能商业险的投保人，用户承担 50% 的投保额，制造者和开发商共同承担 50% 的投保额，对风险进行对冲，在很大程度上保障多方主体的利益。基于此，不妨将保险制度作为规范 AI 产品进入市场的基本制度。参照交强险，规定人工智能强制责任险比人工智能其他保险赔率高，发生人工智能事故造成损害时，先采用该 AI 强制责任险进行赔偿，AI 强制责任险所赔偿的数额不能填补损失时，再用人工智能商业险进行赔偿。在实际操作中，发生人工智能事故时，应当先判断是哪一方存在过错，谁存在过错谁承担责任。如果该事故各方都存在过错，那么各方都应对该事故承担责任，原则上按照过错大小分摊责任。有证据证明是使用者和被侵权者都存在过错的，那么依过错大小来减少人工智能研发者和制造商的责任承担，如果人工智能使用者和被侵权者不存在过错，那人工智能的研发者和制造商承担 15% 以下的责任。为鼓励人工智能的发展，国家还可以采取一定的政策对人工智能的制造商给予财政补贴。但也不能一味地强调产品责任制打击人工智能投资者的积极性，而全盘否定产品责任制。纵观金融市场的多类理财产品，股票基金都是高风险高收益，但还是很多人投身金融市场，金融市场也没有由于高风险而停滞不前。我们同样可以将人工智能理解为投资产品的一种，高风险高收益。但人工智能产业始终是个新兴产业，与理财产品也存在着一定的差异，需要通过法律制度和政策去推动它的发展。

（二）实施人工智能储备金制度

在设计者和制作商以及使用者都没有过错的情况下，完全采用产品责任制会打击人工智能研发的积极性。例如，当无人驾驶汽车发展到一定的阶段，使用者可以完全处于一个乘客的位置。在发生事故时，使用者没有不当干扰，并且该事故中人工智能做出的行为是设计者和制造商也不能预测见的，这样的情况下，"一刀切"让设计者和制造商来承担责任确有不妥。实践中，德国法律规定设立保证金制度，以此来保障在发生人工智能事故时，被侵权者能够得到赔偿。也有学者指出，当人们在购买人工智能产品或服务的时候，可以在其本身价格之外再附加一个责任费，然后累积该费用来建立 AI 行业的责任基金。综上所述，我国可以借鉴域外经验实施人工智能储备金制度，在产品责任制度和保险制度覆盖范围外的损失由储备金赔偿。若智能机器在算法程序之内按照指令运行，但还是不可避免地发生了事故，那么可以启动人工智能储备金作为被侵权者获得赔偿的一种方式。

启动该制度也应当严格把控，把赔偿款分配给真正需要的受害者。可以通过法律规定申请者必须持书面证明去申请赔偿款，书面证明通过审核后，相关部门才会批准储备金。对于储备金的赔偿数额需要限制最高赔偿数额，不能没有上限，而且对于每次的人工智能事故只能申请一次储备金。另外，规定每个人工智能需要编号，一个编号的人工智能只能申请两次储备金，防止居心叵测之人恶意窃取资金，况且一个经常发生事故的人工智能机器理应回收处理而不是继续运行。

（三）加强人工智能监管

随着科技的迅猛发展，可能在未来的某一天人工智能技术突破"奇点"成为强人工智能，但无论人工智能的智能化达到多高的程度，都应当受到规范和约束。如此，才能更好地维护社会秩序，推动人工智能健康发展，保障人类维护自己的权益。另外，事先的规范和约束也能够避免更大的损失。加强人工智能监管也是国际形势所趋，越来越多的国家聚焦于如何规避人工智能发展伴随的风险，采取政策、法规等来加强人工智能监管，我国应当时刻关注国际人工智能发展的趋势，并对国内 AI 发展做出指导规划。

2017 年，我国制订了详细的人工智能发展规划，建议要做好对 AI 运行过程中潜在风险的评估，积极构建人工智能安全监管制度。我们要做好发展 AI 的有关立法研究，明确进一步发展人工智能是关键的战略目标。国外许多国家进行了人工智能监管立法的探讨，俄罗斯格里申法案建议逐步建立健全监管人工智能运用和发展的立法规范，规定建立 AI 自治组织、制定行业标准和行为准则，通过法律规范来加强监管。韩国正在扩大"监管沙盒"制度的应用范围，以规范沙盒的临时许可以及经过实证后确须修订法律的事项为重点。① 中国目前还没有出台有关人工智能监管的专门法律法规，对于该模块的法律缺失，我国立法机关必须在总结国外立法成功经验的基础上根据国情，出台人工智能监管的法律规则。在起草相关法案时应当遵循"以人为本"的原则，通过立法来进行全过程、全方位的监管，建立完善 AI 产品全流程的监管体系。在开发阶段，规定开展的人工智能项目必须经法律规定的相关部门审批通过，并且该项目的研究人员需要签订遵守人工智能安全规范的承诺书。在项目实验阶段，须向有关部门递交风险评估书。在人工智能进入市场运行阶段，如若发生侵权行为，所造成的损失由法律来规定。通过立法来规制人工智能的开发、实验、运行的三阶段，实现有效监管，推动 AI 朝着健康有序的趋势发展。

不仅要从立法层面规范人工智能，还应从伦理规范加强对人工智能的监管，法律从某种程度上来讲具有一定的滞后性。某些智能技术发展水平领先的国家对 AI 技术伦理层面的探索明显早于立法层面的研究，例如，欧洲的《机器人伦理学路线图》、韩国的《机器人伦理宪章》以及美国设立专项基金对"机器人伦理学"进行研究。我国高度重视人工智能的伦理发展，要求制定规范 AI 发展的伦理制度，来保障智能机器的健康有序发展。在 2021 年，科学技术部发布的《新一代人工智能伦理规范》中就人工智能管理、研发、供应、使用等特定活动中规定了 18 项具体的伦理要求。还可通过设立人工智能伦理协会，将人工智能科研人员纳入协会中管理。参照当前律师事务所的管理制度，只有获得一定的资格证才可以成为人工智能的科研人员。AI 科研人员要遵从人工智能协会的管理，遵守协会的章程，如若有违反规定的行为，会予以一定的处罚，例如，吊销 AI 科研人员的资格证。制定人工智能技术项目开发和运行的道德准则，要求 AI 科研人员必须遵守，以防止 AI 科研人员利用人工智能犯罪或利用人工智能逃避法律责任。

在相关立法还未出台的背景下，政府的监管至关重要，人工智能监管需要政府参与。政府监管得当，人工智能的发展才会在可控条件下朝着健康良好的方向发展；如果监管不力，人工智能技术的发展趋势很大程度上会偏离正确的轨道，朝着不可控的方向发展。所

① 李贺南，陈奕彤，宋微. 2020 年韩国人工智能国家战略 [J]. 全球科技经济瞭望，2020，35（04）：21-26.

以，应当强化政府的监管作用，这样才能有助于技术的健康发展。但仅仅靠政府监管不够，还需企业、个人等多方力量共同促进人工智能技术的健康有序发展。个人须充分领会到人工智能技术安全的重要意义，从而加强自我防护意识，避免给不法分子可乘之机。作为研发人工智能项目的企业，应当承担维护人工智能运行的安全，企业要有良好的职业操守和行业自律，做到知法守法，同时企业也要承担起人工智能安全监管的责任。政府可通过有效奖励的方式，联动单位授予荣誉或给予奖金，来调动个人参与监管工作的积极性。面对政府、企业、个人监管不作为时，可以通过设立监管过失责任对他们进行追责。政府、企业、个人作为具有监管义务的责任主体，在监管不作为时，人工智能引发了重大事故且造成该事故的原因有一部分是由于未履行监管义务，那么政府、企业、个人应当承担该损失的赔偿。监管过失包括了政府、企业、个人的过失和 AI 自身的缺陷问题。监管义务主要包括 AI 从研发到运行全过程中管理者的监督义务、相关政府管理部门的监督义务以及人工智能企业领导者的监管义务。

第四章 人工智能生成物的法律定性研究

第一节　人工智能与人工智能生成物

一、人工智能生成物的界定及特征

从技术应用的角度，学者们通常将人工智能在某一领域的具体应用成果或产品称为人工智能体。这种将人工智能按照具体领域的应用进行划分的方法，一方面在实践发展上，能够明确人工智能推动某一具体领域发展的核心动力在于人工智能技术本身；另一方面在法学理论上，每个具体领域又对人工智能都有不同的权利义务、判断标准等规则诉求。人工智能生成物的本质就是利用计算机软硬件设备生成人类所需要的内容，是人工智能技术在文学艺术领域具体应用的产物。对此，学界存在着不同的表述，如"人工智能生成物""人工智能作品""人工智能创作物"等。这种表述上的差异，正说明学界对人工智能生成内容的定性存在不同的争议。随着深度学习中神经网络技术的不断发展成熟，人工智能的角色不再是简单按照指令从事帮助人类创作的辅助工具，而是可以通过海量数据的训练后，针对原本没有训练过的问题，依靠训练后的神经网络模型进行独立自主的创作。

深度学习其实就是构建神经网络模型来模拟人脑，而这种模拟人类大脑的学习过程事实上是一种仿生模拟过程。深度学习的人工智能作为人工智能的最高级别，其核心在于能够对程序运行时的数据表示所用的特征量本身进行学习，依托于输入输出之间的关联方式包括引入基本信息、特定规则以及相应的知识体系等，通过不断的训练神经网络，最终由机器根据引入的基本信息、规则、知识等进行排列组合从而得出结论输出结果。从其工作原理和技术特点来看，人工智能生成物有以下特征：

一是创作的高效性和低成本。人工智能是基于计算机科学发展而来，伴随着计算机软硬件技术的进步，计算机的工作效率得到了极大提升。同时人工智能拥有连续高效的工作状态，从时间和人力上来看，人工智能具有创作成本极低的特点，这决定了无论是速度还是数量上，人工智能创作与人类相比具有绝对优势。

二是内容形式的不可区分性和随机性。人工智能生成物具有与作品相似的内容和表达，通过内容形式的比较，生成物与人类作品基本上难以区分，同样可以被读者阅读和欣赏。这也是人工智能生成物给著作权法带来挑战的根本原因之一。同时人工智能创作主要依托神经网络算法模型，该模型经过训练后，算法中各种特征变量的权值与最终的结果之间所形成的逻辑关系是无法描述的技术黑箱，从而导致其创作内容具有不可预测的随机性。从某种程度上来说，正是由于这种不可预测的随机性才导致生成物属于新的内容表达。

三是创作种类的多样性。人工智能生成物涉及多个领域，包括诗文、音乐等内容。这是人工智能本身具有强大的计算能力所决定的，只要调整相应的神经网络算法及模型，同时结合不同领域的数据、知识、规则等，即可将人工智能运用于不同文化创作领域，从而得到不同类型的生成物。

四是带有明显的技术性。人工智能技术使得生成物的形成过程自动而高效，不再是主观意愿直接到客观内容的智力活动过程，而是将思想内容等主观意愿通过技术的方式自动生成。在自动生成过程中，人工智能技术对生成物的形成占据主导地位，思想创意等内容无法直接作用于生成物，只能在前期准备工作中得到体现。

二、人工智能生成物的类型

人工智能可以分为弱人工智能、强人工智能、超级人工智能三大类，这是根据其所产生和运行的方式来做出界定的。弱人工智能的特点是"人类主导，人工智能只是辅助"。[①]弱人工智能是指在各个领域都很出色的人工智能。比如，说，有一个人工智能，可以打败国际象棋的冠军，但它只能下国际象棋，你要问它如何把数据存储到硬盘里，它却无言以对。就拿第一个打败了围棋职业选手、打败围棋世界冠军的人工智能机器人来说，AlphaGo 是个很弱的人工智能。这种国际方法是通过编程人员在程序中输入程序、基本算法规则，再由另一个人进行操作，得到的结果和内容是相对不变的，此阶段产生的人工智能通常是作为人类作者创作的一种基础工具来使用。

所谓"强人工智能"，也就是"全面人工智能"，它是一种能够胜任何工作的"人工智能"。相比于上文中论述的 AlphaGo，它虽然可以打败围棋世界冠军，但对于如何把数据存储到硬盘里等问题一无所知。一个全面的人工智能，它必须具备以下几种能力：在不确定的情况下，运用战略技术解决问题，做出决定；在没有人类智力参与的情况下，它

---

① 张晓萍，郑鹏. 论人工智能创作物独创性自然人来源的淡化 [J]. 大连理工大学学报，2021（06）：107.

可以根据自己的深度学习，自主创造新的知识。如果有人类的实际参与，那么在符合作品构成条件的前提下，它所产生的作品可以受到著作权法的保护这一点毋庸置疑。但对于没有人类的智力贡献而由人工智能自己创造的内容，是不是因为没有人格因素而受到法律的保护，或者是不是能被认为是作品存在很大争议。事实上，在独立的人工智能创造过程中，依然无法避免地存在着人类因素，这是由于软件是为了实现某种特定的目标而设计的，而不应该把它看作是一个有血有肉、自力更生的机械作家，而忽略了人类在其中的智慧。同时，利用人工智能技术的优点，通过算法、数据采集、深度学习等手段产生作品，在一定程度上也可以降低人们的脑力消耗，因为在这个高速发展的社会，人们不但要有物质上的需求，而且要有心理上的保障。也就是说，在人工智能的早期，人工智能是需要通过人类来完成创作的，但是随着人工智能技术的发展，人类面对人工智能逐渐会从一开始的只把它当作一种辅助型工具转变为人类行为最终变为一种辅助性的手段，人工智能会自己完成大部分创作，这就是"强人工智能"。

假定人工智能经过持续发展，可以超越最聪明、最有天赋的人，那么其结果就是人工智能会发展成为"超级人工智能"。超人工智能是最难界定的，因为我们现在还不知道，人类的最高层次的智慧究竟是什么，人脑的深层次奥秘也未被揭开。如果说强人工智能还有技术上的可能性的话，那么超人工智能就是一种我们现有的思维深度和层次能够幻想出的最优越的仿人脑的人工智能了。因此，在这里只简单介绍它的分类，说明一种人工智能有可能会发展到的领域，而无法具体对它以后的发展深度做出判断。

第二节　国内外对人工智能生成物的法律保护现状

一、我国对人工智能生成物的法律保护现状

2020 年是我国《著作权法》正式施行 30 周年，同年 11 月也迎来了史上第三次修订，并于 2021 年 6 月 1 日起实施。此次修订可谓是近十年来的首次修订，同时也是三次中修订最大幅度的一次，备受文艺界和法学界的关注。此次修订在一定程度上回应了当前社会在著作权保护领域内存在的痛点、难点，如明确了惩罚性赔偿责任，大幅提升了侵权赔偿额的上限，并对作品的定义和范围做出了调整，积极回应了创作领域的新动向，更能与时俱进，如视听作品这一表述囊括了当前在网络传播非常广泛的短视频，以及时事新闻也将受到《著作权法》的保护。但遗憾的是，就本文所探讨的人工智能生成物而言，此次修订立法者并未对此做出回应，而在其他法律的条文中，也丝毫捕捉不到人工智能生成物的

"身影"，人工智能生成物的法律保护问题在我国立法层面依旧处于空白阶段。

立法空白并不能阻挡现实中此类事件纠纷的发生，司法界不得不做出相应的回应。2019 年，被称为"人工智能生成物第一案"的案件宣判，此事首先由《法制日报》披露，随后被各大媒体转载报道，引发了舆论关注。之所以被称作是"人工智能生成物第一案"，在于此案的争议焦点是利用智能程序而生成出的数据报告受不受现行著作权法保护，换句话说，人工智能生成的内容构不构成作品，法院最终判定不构成，但同时指出，尽管不构成作品亦不能够自由使用，判令被告须支付一定的费用给原告，法院的裁判理由学界对此也是褒贬不一，颇具争议。无独有偶，2020 年同样发生了一起类似的案件，此案甚至被评为年度法院十大案件之一，原因在于这是全国首例判定人工智能生成物构成作品的案件。从以上两个案件的判决出现截然相反的结论中，我们就可以窥见出，我国司法界在无法可依的情况下解决人工智能生成物法律保护问题的窘境。

二、国外对人工智能生成物的法律保护现状及其启示

截止到目前，在世界范围内尚未有任何国家对人工智能生成物的著作权保护问题进行过全面而明确的规定，仅仅是在立法与司法层面个别国家有所涉及，这些国家中也主要是以英美法系为主，而大陆法系中的日本，由于自身产业结构原因所在，也较早地对此做出回应，但是这些国家做出的规定并不一致。1979 年，世界知识产权组织（WIPO）首次对这一新生事物的著作权问题进行了初步探讨，但并未讨论出任何结果，在 1984 年的政府专家委员会讨论过后，也仅仅发布了一个言简意赅的报告，只是建议在一般原则上对人工智能生成物适用当下著作权法体系的保护。值得注意的一点是，1991 年在对《伯尔尼公约》（*The Berne Convention*）进行修订的过程中，曾在草案中将人工智能生成物列入了作品类别之中，但是在正式修订版本公布时又将其删除掉了，这一操作颇耐人寻味，由此可以窥见，国际组织在人工智能生成物的基本定性以及法律保护问题上长期无法取得统一性意见，因而当下尚无任何一部权威性国际公约对此问题进行规定，WIPO 也仅能以不介入的态度将这一问题放由各个成员国自行规定解决。下面本文对几个主要国家和地区的法律保护现状进行介绍。

（一）国外对人工智能生成物的法律保护现状

1. 英国对人工智能生成物的法律保护模式

作为世界上最早对人工智能生成物问题进行立法的国家，英国将其表述为计算机生成作品（Computer-Generated Work），指的是无人类作者并由计算机生成出来的作品。1973 年，英国便成立了专门组织，对相关问题进行研究，同年英国大法官怀特·福德（Whit ford J）

在审理一起计算机生成作品权利归属争议的案件后起草了一份报告书，其中表示将计算机应认定为辅助工具，计算机生成作品只是依靠人完成的，计算机的使用者或数据提供者才能称为作者。而在 1988 年新修订的版权法中更是明确规定了对作品进行过必要安排的人，即对计算机必要程序进行操作的人，才能视为作者。但在司法实践中，许多法官对于操作计算机程序这一表述，理解为只有对生成物产生了最终的控制才可以，倘若仅仅是对内在程序的编辑，并不能对生成物的最终内容产生绝对性影响，那些由计算机程序随机生成的还是不能被认定为版权法意义上的作品。总之，英国是认同人工智能生成物可以作为作品进行保护的国家，生成物本身也是具有可版权性的，只是在认定上存在出入，并未形成一致性标准，因而对其法律保护无须另辟蹊径，直接在现有版权法体系框架下即可。

英国这一立法回应在当时虽并未对其身处的欧洲产生巨大影响，但是却广泛影响到了众多英联邦国家，他们均是以承认其具有可版权性来进行法律保护的。如在 20 世纪 90 年代中期，澳大利亚官方就曾发布了一份关于对计算机软件进行保护的报告书，其中便提到了对于基于计算机而生成的智力成果认定问题上，应当遵照英国的立法模式对其进行作品认定并给予版权保护，并将权利归属于在生成过程中起到主要贡献的自然人。除了澳大利亚之外，还有新西兰、南非、印度等国家均做出了类似明确规定。

2. 美国对人工智能生成物的法律保护模式

作为一个尖端科技长期走在世界最前列的超级大国，美国也曾经对此问题展开过长期争论。1978 年，由美国国会设立的新技术与版权委员会（CONTU）发布的一项报告，就对人工智能生成物的属性以及权利归属进行了初步界定，其认为通过计算机生成的内容只要是符合版权法中作品的要求，就可以认定为作品，计算机本身仅作为人类进行创作的辅助工具而存在，因而无须纠结生成物是由计算机生成而非人类创作，一旦认定为作品，那么著作权则应由计算机的使用者所有。但是这份报告并非是以法律的形式存在，在此后的很长一段时间内也并未转化为法律规定，这似乎也从侧面说明了报告中所做出的一系列表述在美国国内也十分具有争议，以至于无法确立为法律规则。1986 年，美国国会下设的技术评价局再次就此问题发布了报告，与此前 CONTU 发布的报告类似，这份报告同样将计算机认定为人类辅助工具而存在，但不同的是，计算机生成内容应是人类与计算机交互作用的结果，计算机在生成内容的过程中并非未发挥任何自主性。前后态度之所以出现了微妙的变化，很大程度是由于科技的发展，使得人工智能自主性越来越强，以至于不得不让人承认在计算机生成内容的过程中，并不是完全受人控制那么简单，承认了计算机在生成内容时发挥了一定的自主性，这意味着开始真正意识到计算机生成内容与人类作品的本质区别，即对计算机生成内容与利用计算机而产生的内容做出区分。

但在司法中，美国各地法院对于生成物的统一认定标准依然为空白，造成实践中出现类似案例在各地得出不同判决结果的后果。在近些年来的司法裁判中，部分法院试图通过"最大份额标准"（Lion's Share Standard）来进行判断。[①] 这一标准的内涵在于，假如用户仅仅只是通过打开开关或输入简单的几个关键词就得出生成物的话，那用户对于生成物的产生所做出的贡献并非最大份额，因此，就不能成为权利拥有者。但是这一标准更多地需要法官采用自由裁量权来判定，究竟多大程度上才可以被认定为是最大份额，似乎并没有一个统一的明确标准。但通过以上情况分析，我们可以知道美国国内对人工智能生成物能否构成作品是持肯定态度的，并且希望能在版权法体系框架下去解决这一问题，只是对于认定标准以及权利归属上尚无明确定论。

3. 欧盟对人工智能生成物的法律保护模式

欧盟对这一问题，在著作权方面也早已经过多轮讨论，并通过发布一系列指令的方式，来敦促各成员国调整国内著作权法，以保持欧盟著作权制度的整体协调性，但是在人工智能生成物保护这一问题上，同样难以做出明确回应。2017年，欧盟议会通过了决议，决定专门制定《机器人民事法律规则》（Civil Law Rules on Robot）以解决当前所面临的机器人领域所涉及的突出民事法律问题，其中尤其提到了对人工智能生成物进行保护的问题[②]，决议中指出，现有法律体系可以直接适用于人工智能生成物，但应在相应细节上做出特殊考量，但究竟该如何适用现有法律，应当在哪些细节上做出何种考量，在当时的会议上并未深入涉及。而欧洲法院在司法裁判中仍旧要求基于自然人身份判断作者和独创性，在人工智能生成过程中，人类需要有足够的创作空间和自由意愿才可被认定为作品，否则现阶段无法受到《著作权法》的保护，这也就意味着在现有框架下人工智能似乎永远无法被认定为具有独创性，自然也无法被认定为作品，其保护程度只能处于游离在目前法律体系之外的状态。

4. 日本对人工智能生成物的法律保护模式

由于日本受益于科技产业的发展所带来的经济腾飞，因而日本是众多大陆法系国家中较早对这一问题进行回应的国家。日本著作权审议会于1973年曾发布过一份报告，上面对于人工智能生成物的权利归属问题进行了回应，报告指出仅仅进行简单操作或管理而并未有任何实质性贡献的人不能作为作者，只有诸如编程者、素材制作者以及数据输入者等对生成物具有实质性贡献的才能被认定为作者。时隔20年后，其再次发布的报告书中指

---

① 袁锋. 人工智能著作权问题的文献综述 [J]. 中国版权，2017（6）：19-24.
② 曹建峰. 十大建议：看欧盟如何预测 AI 立法新趋势 [J]. 机器人产业，2017（2）：16-20.

出，人工智能对于人类创作而言，依然属于一种工具，并不能实现独立自主创作，虽然不排除在未来可以实现，但就当下而言，并不存在进一步讨论的必要。然而在 2016 年，日本最新颁布的一份报告书上显示，当前人工智能的自主创作已然要成为现实了，有必要对其进行相应的法律保护，以明确相应权利及权利归属，还提出可以通过对人工智能拟制人格来解决这一问题，但理应对其进行与人类作品相区分的保护，等同保护即意味着过度保护。同时，日本政府每年发布的知识财产推进计划中，都会针对人工智能生成物进行专章形式讨论，对国内现有的知识产权法律体系进行重新审视，并分析在现有框架下对其进行保护的可行性，其中还特别指出并不一定必须通过赋予著作权的方式，也可以采取类似商标注册登记的方式对人工智能生成物进行保护，从而防止被不特定人滥用。总之，日本国内至今对于人工智能生成物保护已提出了多种方案，诸如采取类似商标保护以及拟制人格等在欧美国家从未设想过的观点，日本也考虑到了。

（二）国外法律保护现状对我国的启示

通过对世界上具有代表性国家对人工智能生成物法律保护模式的了解，可以看出英美法系大都认同可版权性，也均否认了人工智能本身作为权利主体，仅仅对人工智能生成物构成作品的认定标准不统一，对人工智能权利归属存在一定争议，因而顺理成章地在版权法体系下对其进行保护和规制，但是以大陆法系为主的欧盟和日本则对人工智能生成物的可版权性持否定或怀疑态度，最主要的原因在于英美法系对待作品的态度可谓是浪漫的、宽容的，而大陆法系对待作品的态度不失为严谨的、功利的。因而对于英美法系国家的普遍态度和做法，我们不可直接照搬照抄，因为这都是建立在承认人工智能生成物构成作品的前提下而定的，但是 WIPO 的声明表态及以上主要代表国家或地区，均试图通过现有知识产权体系来解决这一问题的做法，为我国提供了可借鉴的经验。

第三节　人工智能生成物法律保护模式的选择

一、当前学界的不同观点及分析

鉴于当前人工智能生成物巨大的发展空间和商业价值，对其加以保护各国普遍持赞同态度，但由于各国国情的不同，提出的方案也各不相同。我国由于历史国情之缘故，人工智能发展起步较晚，现有法律体系更是无法将其纳入保护范畴中，学者们对此提出的保护模式各异，主要包含物权法保护模式、反不正当竞争法保护模式、特别立法保护模式、著作权法保护模式，其中著作权法保护模式又包含狭义著作权保护模式和邻接权保护模式两种，现对以上几大代表性法律保护观点进行介绍和分析，以求找到最大公约数，权衡出最佳解决方案。①

（一）著作权法之外的保护模式

1. 物权法保护模式

有学者主张将人工智能生成物认定为孳息，进而将这一新生事物纳入到物权法的调整范畴中，理由是人工智能作为人类设计开发出的一种高科技计算程序，在物权法上属于物，而其通过一系列操作所生成的内容，就好比从物中产生的孳息，生成物也就自然被当作是孳息一样受到物权法保护了。② 这一解决方案乍听上去有一定道理，并且可以节约立法成本，但问题还是很明显的，因为物权法和著作权法二者最明显的区别就在于，物权法是针对有形财产，而著作权法针对的是无形财产，而人工智能生成物理应归为无形财产，在没有在著作权法体系内寻找解决出路的情况下，就急于跑到物权法的"领地"内寻求保护，极易造成民法体系的混乱，着实不妥。况且，人工智能生成物很难被认定属于法定孳息或自然孳息，更像是加工孳息，但是后者目前并不在我国物权法的保护范畴内，因此，即便不触碰著作权法，现有的物权法也不能很好地接纳人工智能生成物，更可况我国物权法的调整范围还主要是有形财产。至于有的学者以此为突破口，进一步主张修改物权法，增加加工孳息制度，则好比是在解决问题的路上绕远，将一个复杂问题重新变成两个复杂问题，剪不断理还乱，也没有考虑到我国法律体系的完善性，因此，这一问题不应当交由物权法解决。

2. 反不正当竞争法保护模式

有学者主张，采用反不正当竞争法对其进行保护具有一定的优势，因为这可以绕开学界关于生成物如何定性这一问题，产生直接保护相关法益的效果。③ 但是劣势也是非常明显的，最主要就体现在，并非只在具有竞争关系的经济交易中才会出现生成物法律保护问题，在非竞争关系的经济交易以及非经济交易活动中也会出现法律保护问题，并且在避开解决定性问题的前

① 李红雨. 人工智能生成物法律保护模式研究［J］. 广西质量监督导报，2020（06）：242+235.

② 许纯纯. 论人工智能创作物的法律属性——以"自然孳息"定性的合理性为研究视角［J］. 科技传播，2019，11（16）：110-111.

③ 饶先成. 困境与出路：人工智能编创物的保护路径选择与构建［J］. 出版发行研究，2020（11）：80-87.

提下，很难保证权益内容以及权利分界的明确性和科学性，最终会导致立法质量堪忧，甚至"偷鸡不成蚀把米"，因而此种模式不足以解决人工智能生成物法律保护问题。

3. 特别立法保护模式

随着人工智能技术日趋臻善，其在社会生活中的分量也必然会越来越大，因此，有必要着手研讨、制定出一部专门规范人工智能技术及其相关问题的法律，而其中包含本文所探讨的生成物保护问题也是不言而喻的。[1] 任何事物都必然包含两面性，采取特别立法的方式，能够在关乎人工智能技术的法律问题上更具全面性和针对性，但是法学家不是科学家，更不是预言家，在立法过程中，很难把握到人工智能技术未来发展的脉搏，换句话讲，技术未来发展的不确定性必然会带来法律出台后的不稳定性，更何况现阶段，技术的发展还远没有达到需要专门立法的程度，但是其生成物的法律保护问题已经亟须解决了。

(二) 著作权法之内的保护模式

根据前文对著作权法外的三种保护模式的分析以及国外相关法律保护现状可知，只有在著作权法中才可以寻找到答案。首先，就人工智能生成物的特征而言，其具有的载体形式和依附性等特点都与著作权法中的作品类似，虽然其生成过程与作品的创作过程难相同较，但生成物的内容大都也同人类作品一样可以带来情感体验，故将其吸纳到著作权法中来进行规范是再合适不过了；其次，将其纳入到著作权法中，也与著作权法设立的目的相契合。著作权法设立的最主要目的就是激励创作，必然会起到繁荣我国文化市场的作用，并且也会带动人工智能技术的发展，以及在文学艺术等领域上的应用。随着现代著作权法体系的完善和发展，广义的著作权可分为狭义上的著作权和邻接权，很显然人工智能生成物不可能全都适用这两种模式。

1. 狭义著作权保护模式

采用这一保护模式的最基本前提，就是生成物应当被认定构成作品，在此前提下遂产生了"法人作品说"[2] "职务作品说"[3] "孤儿作品说"[4] 等。暂且抛开人工智能生成物定

① 陈光. 论我国人工智能试验性立法 [J]. 安徽师范大学学报（人文社会科学版），2020, 48 (04): 77-85.
② 于雯雯. 人工智能生成内容在著作权法上的权益归属 [J]. 人工智能，2020 (4): 93-100.
③ 李伟民. 职务作品制度重构与人工智能作品著作权归属路径选择 [J]. 法学评论，2020 (3): 108-124.
④ 刘强，刘忠优. 人工智能创作物孤儿作品保护模式研究 [J]. 安阳师范学院学报，2018 (4): 37-44.

性问题不谈，其中"法人作品说"在权利归属上是有一定合理性的，将所有者类比为法人，将人工智能类比为员工，而人工智能生成物就好比是人类主持情况下由人工智能完成的作品，因此，权利归属于法人所有，这符合激励投资者和劳动者，从而繁荣文化市场的目的，这对于本文产生了一定启发。"职务作品说"在本质上同"法人作品说"一样，毕竟在著作权法中，二者很大程度上存在一定交叠。而"孤儿作品说"则把权利归属为使用者，虽可减少纷争，但是并非长久之计。作者认为不存在著作权法意义上的作者，也不具备作品的完整属性，因此，不应在狭义著作权保护模式中寻求答案，鉴于主张采取狭义著作权保护模式的学者较多。

2. 邻接权保护模式

有学者反对采取邻接权保护模式，理由是今后会造成很多人工智能生成物假冒人类作品的行为发生，因为人们必然会选择对自己更有利的法律保护，而与邻接权相比，法律对著作权的保护水平更高，因此，会促使很多人直接对外宣称是自己创作的作品，这样会严重扰乱文化市场。作者并不否认会有这种情况的发生，但此问题更多的是监管方面以及技术问题，其实完全可以根据现有技术来对此进行规避，如在其生成之时就打上永久不可褪去的可分辨烙印，同人类作品区别开来，因此，这完全不是阻碍采取邻接权保护模式的理由。

相较于前述保护模式，邻接权保护模式对是否构成独创性并无特定要求，同时人工智能生成物具有低成本、高产出的特点，创作难度也远低于人类作品，因而采取邻接权保护既可以继续激发人类的创作，避免受到来自人工智能技术的冲击，又可以避免打击投资者对人工智能技术的热情。因此，可以采纳邻接权保护模式，创设人工智能生成物邻接权来解决此问题。

二、采取狭义著作权保护模式不具备合理性

（一）人工智能不属于著作权主体

人工智能正在以超出常人想象的速度发展，使得其越来越具有自主性，并在一定程度上突破了人们的道德认知和现有的法律框架。近年来，各种关于人工智能的资讯层出不穷，频频见诸报端。2017 年，一则爆炸消息被国内各大媒体纷纷转载报道，人工智能机器人索菲娅（Sophia）被沙特阿拉伯政府授予本国公民身份，索菲娅也因此，成为人类历史上首个拥有国籍的机器人公民。"索菲娅事件"所带给人们的震撼，丝毫不亚于当年阿姆

斯特朗在月球上留下人类的脚印，此可谓"这是索菲娅的一小步，但却是人工智能的一大步"。① 但授予归授予，沙特官方至今也并未修改国内相关法律，以此来为人工智能的主体地位提供法律层面支持，时隔三年，我们也并未在世界其他国家和地区，看到类似授予人工智能公民身份的报道，也并未听闻沙特迎来第二个机器人公民。向人工智能机器人授予本国公民身份只是表象，借人工智能的热度以此制造新闻，进而提升本国在国际上的形象才是真实意图。放眼国内，我国虽无此例，但具有才华横溢、永远十八岁"文艺少女人设"的"微软小冰"也足够惹人注目，2019 年，"微软小冰"成为中央美术学院的一名硕士毕业生后，2020 年，"微软小冰"又再次被上海音乐学院授予"荣誉毕业生"称号，这一系列羡煞旁人的操作，无不是在将人工智能作为活生生的人来对待。这些事件所产生的叠加效应，确实成功激起了人们对人工智能主体地位的讨论。作者试图从哲学视野、民法框架和现行著作权法三个层次，由宏观到微观详细阐述人工智能不能够作为法律主体而看待。

1. 哲学视野下的人工智能无法被认定为权利主体

第一，康德哲学中关于"人的主体性"命题给我们提供了独特的视角。康德主张，人是一种具有主体性与目的性的社会生命体，世界上只有两种存在者，一是不具有理性的物，二是理性的存在者，也就是人类自身。他进而指出世界所存在的一切，都可归结为绝对价值与相对价值的加权总和，而不具有理性的物所体现的是相对价值，只能作为手段而存在，人类是理性的存在，在世界上具有绝对价值，人理当视为主体，存在即为目的，人就是目的本身。② 因而，从康德的视角，人工智能不能作为权利主体似乎是顺理成章之事，不论是自然界原本存在于世之物，还是由人类双手创造之物，即便在人类创造出后而独立存在，脱离了人，不管是物质的还是精神的，都无法变成主体，若将物升为主体地位，不论对于人还是对于物本身而言，都将是毫无意义的，可以简单地理解为，物自打出世之日便打上了客体的烙印，若一再宣称人工智能应当具有主体地位，在康德看来，这完全是不切实际的，何况对人类群体也是不尊重的，更是不负责任的，这首先对人类自身会造成自我贬值，同时放任甚至鼓励物对人的异化与剥离，由此可以得出人工智能不能成为权利主体的结论。

---

① 引申自前美国宇航员阿姆斯特朗的名言："我的一小步，人类的一大步"。1969 年7 月 21 号，阿姆斯特朗乘坐阿波罗 11 号登陆月球，成为了人类史上第一个踏足地外星球的存在。

② 李扬，李晓宇. 康德哲学视点下人工智能生成物的著作权问题探讨 [J]. 法学杂志，2018（9）：43-54.

第二，黑格尔的人格理论同样可以得出人工智能无法成为权利主体的结论。黑格尔认为，人格是以人所特有的独立自主的意志为基础的，人以占有支配等方式作用于物，进而使得人格意志外化显现。就财产权而言，其存在的合理性便在于能够通过财产体现意志，而意志对于人格的形成以及人的主体性地位而言又是十分重要的，因而能够反映人的意志的财产权自然也是必要的。作品是作者人格的体现，因而整个著作权制度都是在围绕着人格而展开设计的。之所以会如此，重要的便在于作者内在思想外化于作品之中，而人工智能作为一种算法应用程序，能做到的也仅仅是对人脑思维的部分模拟，其所产生的人工智能生成物有何人工智能思想可言，人工智能根本无法被理解和评价为具有人格，也自然无法被评价为权利人。

2. 民法框架下的人工智能无法与现有民事主体画等号

法律主体制度是任何一个部门法建构时须考虑的基本制度之一，针对人工智能生成物法律保护这一问题，理应将人工智能放在著作权法视域下进行主体分析，而著作权法本质上属于民法领域内的特殊法，因此，应首先从民法的大框架中去探究人工智能的民事主体地位问题。我国新颁布生效的《民法典》第二条具体规定了民事主体的类型，其中包括自然人、法人和非法人组织三大主体。自然人是在自然生理规律下出生的，随着"人皆为人"代替了"人可非人"，有生命的人与自然人之间边界近乎消失，因而自然人的概念在法律上更多只是为了与之后出现的拟制主体进行分辨；而法人则特指由法律赋予其法律人格的一种组织，在社会实践中具有"人"的色彩，既是人的集合体，也是财产的集合体，非法人组织则是法人制度下对其的一种修正，总体也可以概括为自然人主体和拟制主体两类，以上两类在本质上都具有民法意义上的人格，这是享有权利以及承担义务的根源所在，那么人工智能能否与以上两大主体画等号呢？答案是否定的。

第一，人工智能无法与自然人画等号。随着人工智能技术的不断发展，自然人与人工智能在控制力上必然表现出此消彼长的反比例关系[1]，也就是说人工智能不受任何规范约束的情况下深入发展，从涉及对人类身体功能的模仿到对大脑思维功能的模仿，终会导致人类对其控制力的下降，人工智能越来越具有自主控制力，但不论发展到何种程度，永远都无法摆脱人造程序的核心属性，人类自身与其的关系就好似真皮与人造革那样清晰明了。[2]

---

① 李琛. 论人工智能的法学分析方法——以著作权为例 [J]. 知识产权，2019 (7)：14-22.

② 刘宪权. 对人工智能法学研究"伪批判"的回应 [J]. 社会科学文摘，2020 (4)：77-79.

　　人工智能所表现出的"硅基程序体"与自然人本质上的"碳基生命体"之间的差距是显而易见的①，它们无法成为一个"理性的人"，只有有血有肉的人才会具有思想灵魂，才会具有情感意志，才会具有理性反思，正是以上独特的品质才奠定了人类具有人格的哲学基础。然而，人工智能仅仅只是程序，是对人类智慧的一种复刻和演绎，不论具有多强的深度学习能力和处理能力，体现多大程度的自主性，都无法否认其均是对人类认知行为的模拟，同时，因为人工智能缺乏人类所具有的内在情感，因而既不具备自我理解能力，也不具备感知他人能力，至于自由意志和思想道德更是无从谈起，即便是人一厢情愿地赐予了人工智能同等法律地位，它也是不可能会产生与人订立契约，从而进行一系列民事活动的意图的，更何况人工智能诞生之初，就打上了人类辅助工具的烙印，这样的初始地位会因为其存在价值的稳固而长久不变。

　　退一步讲，倘若人工智能技术真发展到了可以赋予其完全独立于人类思想的地步，人类即便有能力做到使人工智能具有完全独立的自由意志，基于人类群体自身利益的考虑，这也将会同克隆人技术一样，成为人工智能技术发展的禁区，人类基于理性的思量必然会做出这样的禁令，即不会允许自由意志的人造人存活于世，因为一旦人工智能具有了思考我是谁？我从哪里来？我要到哪里去？甚至于如何与人类相抗衡等问题的能力，人工智能终将变成与人类争夺社会资源的洪水猛兽，人类恐将因此，受到实质性威胁。因此，不管人类科学技术发展到何种程度，人工智能的存在限度都将以不可与人类平起平坐甚至逾越于人类之上为必要条件，科学家须做到的是人类社会因人工智能的存在而更美好，这才是其终极目的，而不是因人工智能技术的发展而让人工智能变得更美好。一旦对人的主体地位构成威胁，人工智能也自然就失去了其存在的正当性。总之，人工智能不管就当下还是将来而言，它们都不会变为与自然人同等的权利主体。

　　第二，人工智能无法与拟制主体画等号。赞成赋予人工智能主体地位的人可能会说法人制度的诞生难道不也是人为造出来的吗？既然人工智能无法被评价为与自然人一样，那是否可以试图用拟制法人的思路去赋予其主体地位呢？事情显然没有这么简单。

　　以公司为例，虽然在法律层次上赋予了其独立人格，但是事实上公司法人从未真正脱离出人类的干预控制，其具有的意思能力从本质上就是源自于人的意思能力。② 也就是说，不论公司的意思机关是以怎样的形式存在，其背后都是人而非公司本身在做决定，当

---

① 蓝江. 从碳基伦理到硅基伦理——人工智能时代的伦理学浅论 [J]. 道德与文明，2020（5）：36-44.

② 蹇佳伶. 再论人工智能生成物的著作权法属性 [J]. 社会科学论坛，2020（3）：109-115.

决议做出之后，最终也是由法定代表人或总经理来向民事活动相对方执行的，公司仅仅作为一个抽象的存在，并非是真正独立自主参与民事活动中，它的意志往往是公司内各利益相关者的意志，因而赋予公司以法律人格并不会危及人之为人的主体地位，反而有助于整个社会的高效运转，这正是法人存在的原因。但是人工智能目前所具有的自主性往往是真实的，这与拟制法人所体现出的虚拟自主性存在本质不同，也正因为如此，很多学者主张应赋予其法律主体地位。所以，一旦在法律上对其事实上独立自主性进行强化，人工智能将会朝向越来越不受人控制的方向发展，越具自主性的人工智能可能表现得越抗拒人类的监管，从而出现人工智能与人类博弈的局面。就此而论，我们非但不应参照法人来赋予其主体地位，相反，我们更应该从严管理人工智能技术，以免其变为悬在人类头上的"达摩克利斯之剑"。

但不可否认的一点是，通过法人制度的设立，我们可以看出法律人格与法律主体是一个开放性的概念，其很有可能会随着时代的变迁而演变扩容，但是这并不代表可以肆意扩张，将原本是权利客体的事物，不加考虑地赋予其法律人格地位。总之，将拟制法人这一"非人实体"具有主体资格作为论据，以此说明人工智能也可以拥有同等的待遇是不可行的，这一论据不单单只是忽视了法人制度产生原因与人工智能存在价值的不同，更是没有意识到无限地刺激人工智能权利意识觉醒所带来的风险。

3. 人工智能无法成为著作权主体

依照现有民法理论体系，当前人工智能无法像人一样投身到民事活动中，况且人工智能也不具有可支配财产，更无法履行相应的义务，承担相应的责任，倘若仅因为其能够产出一定的生成物就想方设法赋予其主体地位，整个民法体系也将会产生牵一发而动全身的效果，因而在整个民法大框架下人工智能无法被确立为权利主体，那么作为民法特殊法的著作权法，是否具有一定的特殊性以此来包容其成为权利主体呢，答案是否定的。

现行《著作权法》第九条将著作权的权利主体范围规定为作者和其他依照著作权法而享有权利的自然人、法人以及非法人组织，值得关注的是，新修订的《著作权法》中，将具有政治含义的"公民"改为了更具自然生命科学意义的"自然人"一词，这不单单是与《民法典》在体系概念上的协调一致，更是突出体现著作权权利主体——"人"的本质。同时《著作权法》第二十一条规定了将法人或非法人组织视为作者的情况，"视为"一词的使用，意味着作者除在特定情况下可以由拟制法人担任，本意上只能由自然人担任，这更多的是一种立法技术对于现实规定的变通之举。

另外，智力成果一词的表述，更是将人工智能作为权利主体之路封死，因为只有具有理性思维和感知力的大脑才能产出智力成果，而法人和非法人组织在特定情况下成为著作权权利主体，也还是由一个个自然人代表组织的意志来真正实施创作的，组织在其中扮演着主持角色，其往往为自然人提供了思路方案和一定的物质支持，但并没有提供智力上的支持，更不可能直接去进行具体创作，因而本质上并未跳出智力成果的范畴，自然人与法人或非法人组织形成的雇佣关系使得最终的智力成果归属于组织所有，这与人工智能生成物存在本质不同，作者将在下文分析其不具备作品核心属性时对此问题进行重点阐述。总之，我国现有法律体系中，尚无任何法律直接将人工智能规定为权利主体，并且也无法将其评价为自然人、法人或非法人组织，不论就法律而言，还是就理论而言，人工智能均不属于著作权法框架下的权利主体。

（二）人工智能生成物不具备作品核心属性

人工智能生成物在现有的著作权法体系下究竟该如何被定性，直接关系到了我们应该采取何种方式对其进行法律保护，故而对其进行是否属于作品范畴的分析是至关重要的一步。2020 年 11 月 11 日，全国人大常委会审议通过了新修订的《著作权法》，新法将于 2021 年 6 月 1 日起正式实施，其中第三条对作品的定义进行了规范和明确，就该定义而言，虽然人工智能生成物具备作品的某些属性，如属于文学、艺术和科学领域内，具有一定的表现形式，具有可复制性，但其不具备作品的核心属性，我们既不能因为常人无法轻松地将人类作品与人工智能生成物做出区分，就武断地认为其应当属于作品，也不能单纯地因为人工智能非人就直接得出其产生的生成物不属于作品的结论，切不可将前述问题与本问题混为一谈。要想回答清楚这个问题，还是应该回归到著作权法中对于作品的认定标准中寻找答案。①

1. 人工智能生成物难以被评价为智力成果

人工智能生成物的生成过程最突出的特点便是人的非直接干预性，在一定程度上只能称为间接干预，这种间接干预主要体现在算法技术设计阶段、模板数据库输入阶段和生成物输出后阶段。

首先，所谓算法技术设计就是人类设计者通过对计算机算法进行预先设计，从而给人工智能的运作创造出一个框架来，算法从广义上理解就好比解决一个问题的方法或步骤，同一个问题可能会有多种算法，而人工智能程序是人工智能可以识别和执行的指令，只有人类设计出算法即解决问题的方法或步骤，然后通过程序设计转换成人工智能可以识别的语言，人工智能才可以运行起来，简单来说，算法是人工智能的灵魂。比如，战胜柯洁的

① 李红雨. 人工智能生成物法律保护模式研究 [J]. 广西质量监督导报，2020（06）：242+235.

阿尔法狗在设计之初便是同人类进行围棋大战，而出版了诗集的"微软小冰"在设计之初便是同人类进行"对话交流"和"文学创作"，那么阿尔法狗就不能进行"文学创作"而"微软小冰"也无法下围棋，这就是算法技术设计阶段所体现的人工干预，但是该阶段的人工干预却无法直接决定人工智能生成物的具体表达。

其次，人类通过对模版和数据库的输入，能在一定程度上达到确定生成物文学体裁和艺术风格等方面的目的，比如，在欧洲，有一个叫 WHIM（What If Machine）的机器人，这台机器能够创造性地写出不同的语言风格以及剧情的生成物，其文风和描写能力一点也不逊色于人类，这都是通过人类对输入端的操作来达到相应目的的。但是这也无法直接决定其具体的表达，倘若能够提前决定具体表达，那在具有独创性的前提下，将会以计算机衍生作品从而受著作权保护，并非属于本文讨论的人工智能生成物范畴了。

再次，在生成物输出之后，人们会根据自己的判断与喜好来对其进行取舍，从而达到人类预想的效果，如日本一设计者利用人工智能自动生成众多"小说"后，从中挑出最佳的一部并参加了日本"新星新一奖"的评比活动。但在取舍过程中，人的干预也仅停留在思想层面，并未对具体的表达进行干预，而假如对生成物进行了一定幅度的修改或者补充，则会因为干预过多，而产生新的人类创作的作品，因而也不再属于人工智能生成物了。

由此可知，人工智能程序的运行结果具有很大的随机性，并不受人类直接干预和控制，但不代表具有自主意识，不代表其可以"有感创作"，生成过程从始至终并未体现出散发着人性光辉的思想情感，仅是冷冰冰的机械运转的随机的结果，这与投射着作者人格的智力创作活动来讲，未免太过相形见绌。在乔治·奥威尔的小说《一九八四》中，穷人阅读的书都是由机器写成的，不过作者书中亦明智提到，纵然机器所涉及的领域愈加广阔，但在知识领域，短时间内始终是无法和人类相抗衡的。因此，从产生方式的角度分析，现阶段的人工智能生成物无法同人类的智力成果画等号。

2. 人工智能生成物难以被认定为有独创性

人工智能生成物能否纳入著作权法保护体系，最关键需要考量的便是是否具有独创性，只有在满足独创性的基础上才有可能构成著作权法意义上的作品。关于何为独创性，独创性在实践中的认定标准是什么，不单单在不同国家之间存在差别，即便是在国内，学者之间也有争议。① 在法国，法律规定能够映射作者的个性是其被评价为独创性的重要标志，若无法得出该智力成果存在个性的结论，则无法被认为是作品；而在英国，曾有一种

---

① 卢炳宏. 论人工智能创作物独创性判断标准之选择 [J]. 内蒙古社会科学, 2020 (4)：102-108.

标准叫作"额头流汗原则"（Sweat of the Brow），作者往往只需要投入一定程度的劳动或者思维判断，无须体现一定程度上的创造力，其成果即可以被认定为作品，但随着美国菲斯特案（Feist）的审判结论产生了更具说服力的影响，"额头流汗原则"已基本退去了往日之光，从历史舞台上退出。① 菲斯特案中法官针对独创性标准的意见主要是，只要能够体现一定的创造力，哪怕是微小的，甚至是不太明显的，都可以被确认具有独创性，从而构成作品。由此可见，菲斯特案所确立的标准明显是要高于早期的"额头流汗原则"的，但是相较于法国立法确定的标准，确是比较低的。

根据我国学术界的通说和司法实践观点，独创性即同时具备有独性和有创性的意思，所谓有独性即独立完成，并非来源于他人智力成果的结果；有创性即具有最低限度的创造性，只有同时具备以上两项特质，才可称之为具有独创性。其中有独性相比较而言是容易分辨的，前述分析可知，人类不具有直接干预性，设计者只须在前期研发阶段投入智力劳动，而在运行时使用者只须输入关键词即可，因此，人工智能生成物满足有独性是肯定的，争论的关键往往是在有创性上。关于是否具有创造性，其判断标准主要存在主客观两种不同的视角。肯定者主张应依客观标准，只要从外观形式上，能够让人感觉出具有创造性即可，无须探究作品到底是如何被创做出来的，主要理由是难以感知主观状态，只可依据外化的表达来判断。而反对者则主张应依主观标准，创作作为一种独特的劳动，往往是人类智慧和魅力思维外化的过程，不去考虑创作过程，无法辨识出是否体现出了创造力。

客观标准自然具有一定合理性，但是抛开主观标准来对是否具有创造性进行判断，在很多情况下会得出不够严谨的结论，任何一件作品的独创性判断都应做到主观与客观的统一。只有清楚地知晓了作者的创作过程和动力，从主客观相统一的角度出发，才能更严谨地判断独创性。当前，人工智能将长期处于弱智能阶段，即便是已经具备了一些研发强人工智能的技术，其依然难以具有人类最基本的理解能力，无法产生创作的动力，萌生创造性的想法并付诸行动，更无法达到独创性要求的创作高度，我们所看到的所产出的各种内容都只是机械运行的产物，不可武断地判定生成物已经达到了同人类作品一样的创作高度。

总之，人工智能生成物虽然可以被视为是在文学、艺术或科学领域内，具有一定的表现形式，并具有可复制性，但是因为其产生方式完全无法与人类创作行为画等号，无法被评价为智力成果，虽然可以被认定为具有独立性，但无法体现创造性，因此，也同样无法具有独创属性，综合以上因素最终难以被认定为作品。

---

① 袁锋. 论新技术环境下作品独创性的判断——以"选择空间法"为视角 [J]. 华中科技大学学报（社会科学版），2020，34（05）：94-102.

三、采取邻接权保护模式具备合理性

(一) 邻接权制度的产生原因

一般认为，邻接权是基于人们意识到了作品传播的重要性而产生的，如果说创作是给予了作品第一次生命，那么传播则相当于是赋予了作品第二次生命，根据 WIPO 的观点，传播对文学创作起到了至关重要的辅助作用，因为录音录像使其得以长存，广播使不管多遥远的距离都变得近在咫尺，大大增加了社会公众接触到作品的机会，而表演者的精彩表演往往更是决定了作品的受欢迎程度。但问题在于，自打留声机和摄影机等设备被发明出来以后，人们就可以轻松地将表演录制下来，并能随时随地拿来反复欣赏和无限传播，于是能够欣赏表演的人越来越多，表演者名气也越来越大，但表演者通过现场表演获得的收益受到了消极影响，变得越来越少，显然人们在接受技术进步带来欣赏作品便利的同时，就不再愿意亲自跑到现场去观赏表演了，对于公众而言，既节省了时间成本和资金成本，又欣赏到了更多的表演，但对于表演者而言则不得不考虑如何挽回自己失去的利益。同样，对于专门从事录制行业的人来讲，其往往要在购买设备和雇用人员上花费大量资金，但许多人却可以对其录制成果进行随意复制和传播，这是非常不公平的，也严重打击了相关行业人员的积极性，因此，在当时应对传播者的利益给予法律保障已成为不争的事实。

问题的关键在于应该如何进行法律保护，这些传播者所付出的劳动成果并不能够达到作品的独创性标准，也自然谈不上产生新的作品而受到著作权法的保护，于是便另辟蹊径，在独创性标准之外创设邻接权以解决这一问题。邻接权正是为了保护传播者在传播作品的过程中所应得到的利益而产生的，总而言之，是传播技术的发展而孕育出了邻接权。而就当下而言，人工智能技术的突飞猛进，又何尝不是催生增设人工智能生成物邻接权的原因呢。

(二) 采取邻接权保护模式的法哲学依据

1. 劳动价值理论

人的劳动是有价值的，出自人之手的成果因劳动价值而具有价值，只要是通过个人的努力，而使得自然界原本存在物的状态得以脱离和改变，那么这个存在物就糅合进了人的劳动，因而使其能够成为个人财产。至于自然界原本就不存在的精神产品，往往更能纯粹地体现人的劳动价值，因而理应赋予权利以进行保护，因而劳动价值理论被理所当然地引入到了著作权法领域内。因为作者创作作品本身也是一种劳动，邻接权人的传播活动本身也是一种劳动，他们都体现出了劳动所具有的价值，因而对于享有的排他性质的权利具有正当性。就人工智能生成物而言，我们在现有的认知下无法将人工智能评价为劳动的主体,诸如耕牛、牧羊犬等动物也都参与到了人类的劳动活动中,它们一向被视为人类的好朋友,也一直并未被认为是劳动的主体,因为它们本质上并不具有劳动的主观能动性,"劳动"一词的创设,正是因人类活动才有其真实含义,也正是因为不断从事劳动,人类才能从古猿到智人,最终进化为现代人,因此,劳动价值仅仅是就人类而言的,人工智能生成内容的过程无法被顺理成章地评价为劳动。

但也不能据此就简单粗暴地说,人工智能生成物不具有任何价值。虽然人工智能自身无法被视为劳动主体,但是在此理论之下完全可以同动物一样,被评价为辅助人类劳动的工具,因而通过人工智能辅助而产生的生成物同样是具有价值的,人工智能程序的设计倾注了人大量的精力和物力,我们对人工智能生成物进行权利保障,目的依然在于保护人类的劳动。但与人类创作劳动区别在于,人类创作的行为是直接作用于作品的,而人类研发设计人工智能的行为是间接作用于生成物的,研发设计阶段投入的劳动无法完全评价为生成阶段所付出的劳动,最终生成后的筛选工作相较于创作行为而言,也是不具有等价性的,劳动价值的不对等必然会导致在法律评价上的不对等,因此,采用邻接权保护模式是完全符合劳动价值理论的。

2. 利益平衡理论

从法社会学的角度,著作权法本质上是一种利益分配法律,它是以智力成果为出发点,依照不同的产生方式和传播方式,对传播者之间,作者之间、作者与传播者之间、以及他们与社会公众之间的利益关系进行分配衡量。著作权制度所体现的基本功能之一便是经济效益功能,功能的实现自然须依赖文化市场的高度繁荣,因而著作权制度的设计往往牵扯到个人利益与社会利益的平衡,只有把握好恰当的平衡点,才能对二者进行兼顾。对著作权设定一定的保护期限就是基于这方面的考量,这样既可以使得权利人在一定期限内享受合法权益,从而保障自身的利益,同时又不至于形成知识垄断,继而危害社会文化的发展,保护大多数人的文化权益。究竟给予人工智能生成物多大程度的保护就涉及了利益平衡的问题。

之所以要赋予人工智能生成物以邻接权保障,利益平衡是重要的考虑因素之一。不管是否对其进行法律保护,人工智能生成物的出现都将对现有版权利益平衡关系产生强烈冲击,分裂了过去由人类作品独占的版权市场所产生的利益。[①] 人工智能生成物就其独创性和产生途径而言,都无法被评价为与人类作品同等价值的高度,倘若将人工智能生成物均纳入作品的范畴,并赋予其著作权保护,势必会对人类作品的地位产生冲击,原本须具有高度独创

---

① 张德芬,张迩瀚. 利益平衡视角下人工智能生成内容的法律安排 [J]. 河南工业大学学报 (社会科学版),2019 (3):28-32.

性，透射人性智慧的智力成果才被称为作品，但高效率低成本的人工智能生成物的出现，会导致作品数量激增，进而造成消费者选择人类作品的概率变小，对原本享有著作权的作者利益产生不利影响，并且只追求高效率的生成物不足以满足人们对于高质量作品的要求，社会公众的利益也将因此，而受损。但若不对其进行法律保护的话，任由其投入公有领域之内，无疑同样会损害到人工智能生成物相关方的利益，特别是在数字时代，网络高度发达，传播复制的成本近乎于零，这样会严重打击人工智能相关产业，当人工智能生成物随意使用传播，会使得使用人工智能生成物的成本极低，而使用人类作品越发显得成本高昂，文化市场渐渐会发生"劣币驱逐良币"的现象，真正的人类作品将会被雪藏起来，而市场将被质量参差不齐的人工智能生成物所占据，不单人类作品的作者是利益受损方，社会公众也将因此，而蒙受精神损失，原有的版权利益平衡将被打破，且难以恢复。

3. 激励理论

针对著作权制度存在的理由，主要有两大理论，分别是自然权利理论和激励理论。前者认为由自身创造出来的物自然享有权利，因而著作权并非创设，而只是以法律的形式确定下来；而后者则认为让无形财产的创造者获取利益回报，目的为了激发他们的创作热情，以此为人们提供更多的新作品，从而繁荣整个文化市场。如果著作权的存在理由真如同自然权利论那样，又如何解释对其加以期限限制呢？对其进行无期限的保护岂不是更好吗？原因还是在于若对其进行永续期保护必然会造成权利者对待创新的惰性，而通过设立著作权制度进行激励，恰恰可以令权利者更加积极地创新。对于处在著作权制度中的邻接权同理，人工智能生成物的产生虽然并不需要像创作作品那样让人投入大量的精力去推敲，但是人工智能程序本身的产生凝结了投资者、研发者的许多心血，若不通过增设邻接权的方式对其生成物加以保护和激励的话，必然会打击其积极性。知识财产同有形物相比较，最突出的一点在于有形物在特定时间往往只能由特定人占有使用，但知识财产可以做到多地多人同时享有，不存在稀缺性，正是激励理念使得著作权法赋予了知识财产以稀缺性，从而对其进行保护激励，形成一个良好循环，研发者和所有者会对其前期开发与后期维护投入更多的精力，从而使人工智能生成物会越来越多，质量越来越高，这既可以提供给人们欣赏，汲取营养，又可以供给后续的人工智能程序进行深度学习，从而对新的人工智能生成物产生更加可靠的算法支持，文化市场将变得越来越繁荣。

（三）采取邻接权保护模式的现实合理性

1. 有利于整个著作权体系的协调

著作权制度发展至今，现已经形成了较为稳定的结构体系，即狭义著作权与邻接权二者的有机结合，狭义著作权保障了作品创作者的利益，邻接权保障了作品的传播劳动成果，以及游离于作品之外但具有一定价值的成果的相关利益方的权益。通过采用邻接权保护模式，既可以避免将人工智能生成物强行纳入狭义著作权制度，从而造成对现有体系框架的破坏，又可以不使其落入著作权体系之外变为公有领域，避免造成损害投资者利益的后果。

2. 与邻接权价值理念契合

与狭义著作权更倾向于保护人类的创作不同，邻接权更倾向于保护人们的投资利益，这一价值理念，更能对解决人工智能生成物的法律保护难题做到对症下药，更能有效配合时下人工智能产业的商业发展模式。邻接权制度之所以能够产生，主要是为了适应现代传播技术发展的需要，进而保护对作品传播进行投资的利益方，从而激励投资者能够对相关产业进行扩大再生产，这不仅对于作品的传播有积极的影响，更能促进因技术发展而带来整个社会的进步。就当下的人工智能生成物而言，通过设立邻接权来保障人工智能程序的相关利益方，能够增强这些人投入新兴技术产业的热情与信心，鼓励他们加大研发力度，进而配合国家发展战略，使我国高新技术和尖端核心技术有更大的突破。

3. 与灵活开放的邻接权制度体系融洽

人工智能生成物最突出的特点就在于其低成本、高效海量的生成速度，与人类创作作品形成了鲜明对比，因而邻接权制度所具有的保护期限短于著作权，权利内容少于著作权的特点，对于保护人工智能生成物来说，恰恰变成了以此区别对待人类作品，进而更好地保护人类作品的优点，在既能平衡投资者与大众之间利益的同时，也不至于对人类作者产生严重的威胁。同时，邻接权的权利主体包括了自然人、法人以及非法人组织等所有对作品的传播或加工的投入方，同著作权更强调对自然人的保护形成对比，其更广泛、更包容的权利主体也更契合人工智能程序往往是由多方组织共同投资参与的现实，因而可以做到与灵活开放的邻接权制度体系更为融洽。

第四节　人工智能生成物著作权法保护的特有制度构建

一、人工智能生成物的署名规则构建

尽管将人工智能生成物与普通作品置于同等法律地位，但两者毕竟存在一定的差异性。从信息来源上将二者进行有效区分，是理论与实践应当努力达成的共识，对相关主体利益与社会公共利益的保护均具有重要的现实意义。而区分人工智能生成物与一般作品的关键所在，正是人工智能生成物署名规则制度的构建。

（一）增设特定主体对人工智能生成物的署名标识义务

在我国现行著作权法体系中，应当为特定主体配置强制性人工智能生成物的署名标识义务，即在人工智能生成物之上强制标识"由人工智能生成"的字样，并添加人工智能的"署名"，以此区别于普通作品。人工智能生成物的署名权实质是作者署名权利的行使，署名权人可以自由决定是否在作品上署名作者身份、如何署名，包括署真名、笔名或是不署名，有权禁止未参与创作之人在作品之上署名。而添加人工智能生成物的署名标识是一项义务，具有强制性，义务人必须准确地注明人工智能的专属名称、代号或其他可识别来源的标识。如若违反该项义务，应当承担一定的法律后果。若他人恶意删改人工智能生成物署名标识的，也要承担相应的法律后果。

附加人工智能生成物的署名标识义务，既是对社会公众知情权的保护，也是对普通创作者竞争利益的保障，还是对社会公共安全管理秩序与版权市场公平竞争环境的维护。

首先，积极履行人工智能生成物的署名标识义务，是对社会公众知情权的保障，是对消费者自主选择权的维护。在版权市场丰富的知识产品供给中，基于作品的精神交流属性和科学文化的学习与传播需求，作为作品受众的消费者有知晓知识产品真实信息来源的需求。人工智能生成物的署名标识，还具备商品或服务的识别性功能，具体体现为社会公众对产品或服务品质的信赖利益。基于这种信赖利益，消费者可以节省信息搜寻与谈判成本，来直接定位产品或服务的质量进而决定是否购买使用。人工智能生成物作为一种人机交互"共创"的知识产品，不同于自然人创作的普通作品，其中凝结了自然人的创造力与人工智能的模拟创造力的投入。如果相关利益主体只行使署名权的积极权能，只署名自然人或法人作者身份而没有添加人工智能生成的标识，将会误导受众关于知识产品的真实信息来源，从而做出违背自己意愿的错误消费选择，致使消费者的信赖利益受到侵害。有学者认为此种行为可以构成"身份欺诈"。如若著作权人做出不署名作者身份的决定，也没有履行人工智能生成物的署名标识义务，则会加剧上述情况的不利影响。著作权法应当强制著作权人履行人工智能生成物的署名标识义务，明示内容的真实来源，以此保障社会公众的知情权及其对公共知识产品的信赖利益。

其次，积极履行人工智能生成物的署名标识义务，有助于保障社会评价竞争机制，维护版权市场的公平竞争秩序。知识生产作为社会生产总量的一部分，知识财富的分配遵循着一套相对公平的评价机制。知识财富的分配往往根据作品的数量、质量、社会价值等因素来评价作者的社会贡献，根据贡献多少从而为其配置相应稀缺的社会资源（颁发荣誉、职称晋升、薪资提升）。目前，只有少数的互联网平台公司掌握着表达性人工智能的技术，如果没有为其增设人工智能生成物的署名标识义务，他们一旦利用人工智能高效的内容生产优势不合理地获取稀缺的社会资源，就会对其他从事相关领域的普通创作者或文化企业形成竞争力排挤。"如果特定主体未履行人工智能生成物的署名标识义务，就会危及公平诚信的市场竞争秩序，进而导致社会评价竞争机制的失灵。"① 2019 年我国公布的《数据安全管理办法（征求意见稿）》第二十四条规定："网络运营者利用大数据、人工智能等技术自动合成新闻、评论等信息，应以明显方式标明'合成'字样。"该规定旨在通过向社会公开披露人工智能生成新闻的来源，抑制隐瞒信息真实来源的人工智能虚假新闻产生的公共安全风险与社会信任危机。② 由此可见，为特定主体增设人工智能生成物的署名标识义务，有效区分人工智能生成物与普通作品是对版权市场竞争利益的维护。

最后，为特定主体增设人工智能生成物的署名标识义务，在实践中具有可行性。增设人工智能生成物的署名标识义务符合人工智能生成物相关利益主体的营销需求，且不会产生太多额外的负重成本。虽然将添加人工智能生成物的署名标识定性为一项强制性义务，但是署名标识具有商誉的累积功能，可以为利益主体带来经济性的竞争利益。把人工智能专属名称、代号署在表达内容之上，既有利于消费者识别内容的真实来源，也有利于增加人工智能生成物的市场辨识度，扩大人工智能软件产品的宣传效应，来吸引潜在的使用者获取收益。与目前社会实践相关利益主体普遍愿意披露知识产品系人工智能自动生成的客观事实相吻合。

（二）署名标识义务的技术与法律双重规制

1. 可识别来源"数字水印"技术的支撑

为了规制特定主体遵守履行人工智能生成物的署名标识义务，确保社会公众准确识别人工智能生成物，必须在技术层面上进行恰当的安排。随着数字技术在作品创作中的应用，作品以二进制形式存储于数据库在网络空间中传输，便形成了数字作品。对于数字作品而言，数字版权保护的常规技术手段主要包括数字水印、数字指纹、数字签名、数字加密等技术。其中，数字水印技术可以被应用于规制人工智能生成物署名标识义务的遵守履行，同时它还具有确认权利归属、追踪不法侵权者等数字版权保护的功能。

在表达性人工智能的程序中内嵌数字水印算法，使其生成内容的原始副本都带有肉眼

---

① 向波. 人工智能应用与著作权保护相关基础问题探讨 [J]. 南昌大学学报（人文社会科学版），2019，50（02）：5-14.

② 姚志伟，沈燚. 人工智能创造物不真实署名的风险与规制 [J]. 西安交通大学学报（社会科学版），2020，40（01）：133-140.

清晰可见的"人工智能生成"署名标识的数字水印，以实现来源的识别功能。数字水印是指用信号处理的方法，在数字化的多媒体中嵌入与版权作品相关信息的标记。数字水印技术是一种可以在开放的网络环境下，保护版权和认证来源及完整性的技术。在数字作品中可以同时嵌入关于作者、权利人、人工智能软件设计者、所有者、使用者、人工智能生成物完成的时间戳等标识符，以明晰作品自身属性，在客观上也起到了著作权保护的作用。

在人工智能生成物中嵌入可识别来源的数字水印，应采取"感官可见"与"不可见"两种技术方式。可见水印用直观的方式向公众表明作品内容的真实来源，不可见水印则是将与版权作品相关的，以及利用人工智能创作具体的操作细节做隐藏数据处理。不可见仅是相对于人的视觉、听觉而言，承载信息的元数据可以被专业设备所鉴别或提取。不可见水印能够保留重要的作品属性信息，可以作为判断作品属性及其权利归属的一项重要证据。

以数码相机生成的照片 EXIF（Exchangeable Image File Format，翻译为"可交换图像文件格式"）信息为例，其最早是由日本电子工业发展协会在 1996 年创制的一项标准，要求将 EXIF 信息附加于各种常规式的图片格式之中，用以记录数码照片的属性信息和数码相机拍摄过程中采集的操作参数信息。EXIF 信息相当于一张数字照片的"身份证"信息，通过各种专业的 EXIF 信息查看软件，可以快速了解照片拍摄的基本信息，这也是判断照片权利归属的一个重要依据。

人工智能生成物的数字水印嵌入信息，至少应包含权利归属信息，人们使用人工智能创作的具体操作参数信息。例如，输入的具体数据或关键词、具体执行创作指令的参数信息、算法模板的选择信息等等，以便于识别人工智能生成物中自然人的智力投入部分。将这些信息以数字信号的形式嵌入人工智能生成物的格式元数据中，在发生版权侵权纠纷时，可以有效识别版权保护的表达范围，有助于法院对涉案作品是否构成版权侵权的判断。

在人工智能生成物中嵌入可识别来源的数字水印，至少应具备以下几个特性：第一，内容保真性。虽然水印与作品内容集成在同一格式文本，但不能影响作品的原有观感和使用价值，这是嵌入可识别来源数字水印的最基本要求。标识水印可做淡化或内容分离处理，前提是以显著方式提示读者注意。第二，水印鲁棒性（Robustness）。即要求水印标识不易被恶意攻击、去除和破坏，嵌入的重要版权作品信息具有结构稳健性与信息完整性。第三，标识防篡改性。与抗攻击、破坏能力的鲁棒性不同，防篡改性是防止他人伪造虚假署名标识来冒名自己为人工智能生成物的作者。水印算法要确保署名标识一旦被篡改，作品的内容和待检测的元数据之间产生不匹配性，以鉴别人工智能生成物内容来源的真实性。第四，嵌入关键信息的充分性。嵌入信息不仅包括可见水印部分，还应包括不可见水印部分，实现双重保险。不可见水印应当同时植入人们利用人工智能创作相关的核心数据信息，以便识别人工智能生成物能否获得版权保护以及可保护表达的范围。对于植入信息的具体范围与体量等标准，应由相关主管机关与行业协会共同研讨制定，强化监督人工智能的研发者和使用者来积极执行统一的强制性技术标准。

2. 明确违反义务的后果与特别保护的法律对策

对于添加人工智能生成物署名标识的义务主体，应确定为人工智能的研发者与使用者。首先，应将该义务施加给人工智能的研发者，毕竟他们才是最精通技术的人，将署名标识的数字水印算法技术交给他们处理再合适不过。将数字水印算法（主要为不可见类别）内置于人工智能软件系统之中，使其出厂时默认加载人工智能生成物署名标识的数字水印。其次，在后续人工智能生成物的利用上，添加作者身份的署名与可见性数字水印的简单任务，交由人工智能使用者完成即可。与此同时，人工智能使用者也负有监督研发者是否履行人工智能生成物的署名标识义务的责任。

当发生人工智能生成物的著作权侵权纠纷时，若相关权利人不履行人工智能生成物署名标识义务的，应自行承担举证不能的诉讼风险。若相关权利人以谋取不正当利益或损害他人利益为目的，故意不履行署名标识义务进行民事活动的，应视为构成"民事欺诈行为"，即故意隐瞒作品来源的真实情况，诱使相对人做出违背真实意思的错误表示行为。依据我国《民法典》第一百四十八条与第五百条的规定[①]：受欺诈方有权请求人民法院或者仲裁机构予以撤销。造成对方损失的，应当承担赔偿责任。同时依据我国《消费者权益保护法》第五十五条规定[②]：消费者可以要求经营者增加赔偿其受到的损失，增加赔偿的金额为购买商品的三倍；增加赔偿的金额不足五百元的，为五百元。若相关权利人因不履行人工智能生成物的署名标识义务，致使出现扰乱版权市场竞争秩序、严重损害公共利益的情形时，应由主管著作权的部门对其予以警告、责令整改，必要时采取罚款、没收违法所得等措施。

需要强调的是，相关权利人是否履行人工智能生成物的署名标识义务，并非人工智能生成物取得著作权保护的前提，也不影响权利人主张侵害署名权的救济。有学者认为："相关主体履行人工智能生成物的署名标识义务是人工智能生成物获得著作权保护的必要条件。"[③] 这种观点与"著作权自作品创作完成时自动享有"的著作权传统理论相悖，更

---

① 参见《中华人民共和国民法典》第 149 条和第 500 条规定。
② 参见《中华人民共和国消费者权益保护法》第 55 条规定。
③ 郑远民，贺栩溪. 结果视角下人工智能生成物的保护路径检讨［J］. 科技与法律，2020（03）：14-21.

是与《伯尔尼公约》的立法精神不符。

如果相关主体履行了人工智能生成物的署名标识义务，但在作品传播利用过程中，被他人恶意删改署名标识的，应当对恶意删改者的不正当行为予以惩治。由于添加人工智能生成物的署名标识不属于行使署名权的范畴，所以，权利人不能对恶意删改者主张侵害署名权。由此，应将人工智能生成物的署名标识信息（包括可见与不可见的数字水印），纳入著作权人"权利管理信息"范围中予以特别保护。根据《世界知识产权组织版权公约》（WCT）第 12 条第 2 款的规定，著作权权利管理信息，是指识别作品、作品的作者、对作品拥有任何权利的所有人信息，或者有关作品使用的条款和条件的信息，和代表此种信息的任何数字或代码，各项信息均附着于作品的每件复制品上或者作品向公众传播时出现。① 显然，人工智能生成物的署名标识是识别作品来源的信息，是识别作品所有权人的信息，是识别人工智能软件作品著作权人的信息，属于版权法上给以特殊保护的著作权"权利管理信息"。值得注意的是，若他人恶意破坏或者篡改内含人工智能生成物相关信息的数字水印，其行为并不构成对著作权法上"技术措施"的侵害。简言之，在作品上添加数字水印不属于著作权法意义上的技术措施。我国《著作权法》第四十九条明确规定："技术措施是用于防止、限制未经权利人许可浏览、欣赏作品、表演、录音录像制品或者通过信息网络向公众提供作品、表演、录音录像制品的有效技术、装置或者部件。"而数字水印则是用于识别有关作品属性的信息、权利归属信息以及其他作品使用条件的信息，它不具备防止或限制他人未经许可接触、浏览或传播利用作品的功能，不属于具有阻止他人对作品实施特定行为功能的"技术措施"。② 综上，将人工智能生成物的署名标识纳入权利管理信息的范围内，给以版权法特别保护更为准确。由此，对于他人未经许可擅自删除或者改变人工智能生成物署名标识的行为，应适用现行《著作权法》第五十三条第七款的规定对其进行规制，③ 以此维护人工智能生成物的署名标识所承载的私人利益与社会公共利益。

（三）人工智能生成物署名形式的规范设计

目前，由于我国立法缺失对人工智能生成物署名形式的规范要求，致使版权市场出现了多种不同人工智能生成物的署名形式。如今人工智能早已被广泛应用于新闻写作领域，

---

① 参见《中华人民共和国信息网络传播权保护条例》第 26 条规定。

② 王迁. 版权法对技术措施的保护与规制研究 [M]. 北京：中国人民大学出版社，2018.

③ 参见《中华人民共和国著作权法》第 53 条规定。

人工智能新闻媒体公司利用人工智能高效的内容生产功能，至少每年可以完成数十万篇的新闻稿件。这些知识产品不仅是流量经济社会的重要财富来源，而且新闻内容的真实性和流通的时效性都关系着公共信息的安全维护与用户快速利用信息的需求满足。如果实践广泛存在人工智能生成物的不规范署名或不真实署名的情况，将会对社会公共信任机制产生不良的影响。基于该考量，应创设专门的、明确的人工智能生成物的署名规则。

1. 人工智能生成物的署名形式要求

人工智能生成物的创作者，可以以作者身份在生成物之上署名。若由法人组织主持，创作者代表法人意志创作，并由法人为之负责，将以法人作者身份在生成物之上署名。基于人类利用人工智能进行创作的客观事实，人工智能生成物之上应当保留人工智能的"署名"。

一方面，人工智能生成物之上仅保留自然人或法人作者身份的署名，而没有人工智能的"署名"，将会误导公众信息的真实来源。在青年文学杂志社出版的号称全球首部人类作者与人工智能联合"创作"的诗集《花是绿水的沉默》一书中，封页只显示"青年文学杂志社"著，单独保留法人作者署名的方式，而没有显示人工智能的"署名"，此种署名形式等于掩盖了相关主体利用人工智能创作的事实，不利于公共利益的维护。

另一方面，人工智能生成物之上仅保留人工智能的"署名"，同样会产生误导公众信息来源的效果。在网易有道公司出品的中文版译著《极简区块链》一书中，封页仅显示"译者"为"网易有道 AI 翻译"，并无自然人译者的署名。此种单独以人工智能"署名"的形式，意味着对外宣示该译著是由人工智能独立完成，而实际上该译著是先由 AI 完成基础翻译，再由人工审校完成。公众接触到的相对符合阅读表达逻辑的翻译文本内容，并非由 AI 独立完成。人工后期校对、修订的过程中凝结了自然人译者大量的创造性劳动投入，若单独保留人工智能的"署名"，等于忽略了人工智能生成物中自然人投入的实质性贡献，与客观事实不符。

人工智能生成物的署名应采取作者的署名与人工智能的"署名"相结合的形式。较为合理的是采用腾讯机器人"Dreamwriter"撰写新闻的署名方式，在作品显著位置标示"本文由腾讯机器人 Dreamwriter 自动生成"，即"作者/著作权人"+"人工智能（名称）生成"组合的署名形式。其中，"腾讯"的署名可以明示法人作者的身份以确定权利归属，人工智能的"署名"可以明确人工智能生成物的特殊性与追溯内容的真实来源。为避免公众产生信息来源的混淆，AI 的"署名"不建议直接使用其专属名称，AI 的"署名"之前还应添加其权属公司的名称。例如，微软"小冰"、百度"小度"等。如果 AI 没有专属名称，直接标注"权属公司 AI"即可，例如，人工智能生成物是由"网易有道 AI"生成。此外，由于人工智能生成物的规范署名关系着公共利益的维护，权利人应在人工智能生成物上署具真名，不应署上笔名或是不署名，除非可以对外向公众明示自己为作者或权利人，以保障公共利益不受威胁与自身权利不受侵害。

根据目前实践发展现状，人工智能生成物无须限定极为严格的固定署名格式，只要可以明确表明人工智能生成物的信息真实来源即可。相对灵活的署名规则要求，可以为实践主体探寻更为合理的署名形式留下一定的试错空间，为日后人工智能生成物的版权规范化管理奠定基础。

2. 添加实质性贡献的声明

在人工智能生成物中，建议版权所有者在作品的引言、注释、后记或其他辅文中的显著位置，或是采用单独署名页的方式，增加自然人关于作品贡献声明的内容表述。其意义在于有助于明晰独创性表达的具体来源，让公众与司法机关知悉人工智能生成物的哪些内容来源于人工智能或自然人创作者，以此降低司法取证的成本，避免过度夸大人工智能对其生成物产生的作用或是防范人类剽窃人工智能"创作"成果的行为发生。[1] 实质性贡献的声明中应包括：自然人创作者关于数据采集的思路和方式，关键词参数的特定化选取情况，内容的实质性修改、润色、美化等智力投入的贡献。辅助性贡献的声明中应包括：单纯提供人工智能软件工具、购买数据库、提供资金等创作辅助活动的贡献。此外，如果贡献声明属于纯粹的客观事实描述，完全可以独立于文章主旨内容而独立存在，则不属于独创性的表达部分，著作权法对此内容不予提供保护；若是他人恶意删改此部分内容，不应构成对保护作品完整权的侵害。但若贡献声明内容密切结合文章的实质性表达部分，两者不能相互独立，构成不可分割的作品整体内容组成部分，则他人恶意删改贡献声明内容的行为构成对保护作品完整权的侵害。

二、人工智能生成物著作权归属制度的构建

著作权归属问题，是著作权保护理论的核心议题之一。人工智能生成物不同于普通作品，其产生过程涉及众多利益主体，各方主体投入贡献的方式与程度也错综复杂，致使学界对人工智能生成物的权利归属问题各持一词，莫衷一是。主要归纳为归属人工智能的研发设计者、归属所有者（投资者）、归属使用者几个学说。在实践中，人工智能设计者、所有者以及使用者的身份可能出现三两重叠，也有可能完全分离。在默认三者身份分离的情境下，谁最有资格成为人工智能生成物权利归属的主体？鉴于利益主体的多元性与贡献

---

① 王熠，陈丽霞. 独创性视角下人工智能出版图书的署名规则思考 [J]. 浙江大学学报（人文社会科学版），2019，49（02）：198.

程度的复杂性，明确归属任何一方都可能导致利益分配严重失衡。较为合理的方案是明晰人工智能生成物版权归属判断的一般原则，提炼出权利归属认定的核心要素，进而构建兼具合理性与可行性的版权归属制度，以维护多元主体的利益平衡。

（一）人工智能生成物著作权归属的理论基础

随着人工智能生成物的出现，进而引发了创作原则与投资原则两种不同价值导向的归属原则争议。归属原则的确定，是人工智能生成物著作权归属制度构建的理论基础与价值准则。归属原则是否合理决定着与著作权相关的利益分配是否公平与高效，影响着著作权法律制度功能能否顺利实现。因此，有必要正本清源，明晰人工智能生成物的版权归属原则。在基本原则的指引下，归纳提炼出判定权利归属的核心要素，从而探寻最适宜的归属路径。

1. 著作权归属原则：创作原则

无论是作者权体系还是版权体系国家，都坚持著作权首先归属于作品创作者的基本原则。作者权体系奉行的"人格权理论"强调作品应当反映作者的人格、个性，是作者思想、精神的外化表现形式。版权体系奉行的"激励理论"认为，赋予作者一定期限的专有权，可以有效激励其创作与传播更多作品，有助于增加社会的整体福利。世界第一部公认保护作者利益的版权法《安娜法令》诞生至今已有300多年，伴随科技的创新发展，著作权相关制度早已做出巨大调整，但是在"创作者应为作者"的基本归属原则认识上始终没有改变。

创作行为并非著作权取得的唯一途径，即使投资者没有实际参与作品创作，仍然可以基于资本投入取得著作权。随着现代版权产业化的不断推进，作品创作与传播分工愈加细化与复杂，作品的利用与传播方式也变得更加多元化。作品由单一的个体创作逐渐演化成集体组织的创作模式，个体创作者已经很难适应数字版权产业的规模化进程，往往需要依附于具有充足物质技术条件的投资者组织之下进行创作，由投资者组织创作者集体协作、分工配合，并承担作品的市场投资风险与相关成本。投资者基于资本的投入逐渐控制了作品的创作、传播与消费环节，提高了知识信息的利用效率，满足了公众对知识产品的需求。基于投资者在版权产业中所发挥的重要作用，各国著作权法开始采取必要手段来重点维护投资者的利益。作者权体系与版权体系在投资者权利配置上开始分道扬镳，分歧主要体现于存在雇佣关系或委托创作关系的投资作品之上，投资者能否成为该作品的作者而原始取得著作权。

作者权体系国家奉行浪漫主义的作者观，认为只有自然人创作者才能成为作品的唯一作者，他应享有的著作精神权利不能受到他人的任何阻碍。作为投资者的法人组织，只能以法定转让的方式成为著作权的继受主体，且一般只能享有著作财产权（集体作品与计算机软件作品除外）。版权体系国家奉行功利主义的作品实用观，更加重视维护投资者的财产利益，认为作为投资者的法人组织可以被拟制成为作者，享有雇佣作品的全部权利。我国立法体例虽然倾向于作者权体系，但是在这一问题上与版权体系保持一致，认为自然人与法人组织都可以成为作者而原始取得著作权。

至此，便形成了两项关系递进的著作权归属原则，即著作权的创作取得原则（下文简称"创作原则"）和投资取得原则（下文简称"投资原则"）。其中，创作原则是版权归属的一般性原则，一般情形下创作者的利益相对于投资者，应是第一顺位的归属考虑对象。投资原则属于版权归属的例外，只能在法定情形下确认投资者的利益优先于创作者。

在人工智能生成物的版权归属判定上，仍应坚持创作原则。一般情况下，人工智能生成物就是自然人利用人工智能进行创作产生的智力成果，自然人基于先前创作行为而原始取得人工智能生成物的著作权。在"工具论"与"先前创作行为"的解释路径下，使用人工智能进行创作的过程中，若存在自然人主体的创造性智力活动，并且对人工智能生成物的产生具有实质性贡献，即符合著作权法上创作行为的构成要件。然而，在实践中，无论是人工智能系统的研发还是智能机器人的制造，都需要投资者专门提供大量的人力、财力等条件支持。投资者不仅承担着与作品创作相关的成本，也要承担作品传播过程中的成本。一定意义上，投资者的资金支持是人工智能版权产业链有效运作的保障，是促进人工智能产业发展的主力军。因此，在确定人工智能生成物的版权归属时还必须充分考虑投资者的利益回报。但若只是适用投资原则，显然没有充分认识到人工智能技术发展的现状特征，忽略了弱人工智能与人类主体的深入交互性，过分夸大了人工智能的作用，忽略了自然人主体对人工智能生成物产生的贡献。相比于智力投入对作品产生的实质性作用，纯粹的资本投入仅具有间接贡献，将人工智能生成物归属于投资者不符合创作原则的一般性要求。

当然，也不能忽视特殊情形下投资者利益保护的优先性可能。当利用人工智能进行创作的过程中，若自然人主体的智力投入既不充分也不必要时，那么对人工智能生成物的产生就没有实质性贡献，此时便不能基于创作原则而原始取得人工智能生成物的著作权。除此之外，当创作者与投资者之间存在雇佣关系时，在符合法人作品、职务作品的构成条件下，应充分考虑保护投资者的利益，由投资者原始取得或继受取得人工智能生成物的著作权。

综上，人工智能生成物的权利归属应当坚持创作原则，并结合具体场景做个案分析，以维护创作者与投资者之间的利益平衡。

2. 归属判定核心要素的归纳提炼

人工智能生成物的版权归属制度构建，应当能够实现个案公正和整体效率。"一刀切"的归属模式可能违背个案公平，但最具有可预见性与操作性；采取灵活、开放式的归属模式更容易实现个案正义，但具有较多不确定因素且效率较低。"法律必须在众多影响因子中选出最具决定性的因素，在法律的预见性和灵活性之间维持平衡。"以实现创作者与投资者的利益保护和协调为基准，应从以下四点核心因素进行人工智能生成物版权归属地判断：

（1）实质性贡献。作者是创作作品的自然人，创作是直接产生作品的智力活动，所以，作者投入的智力活动应对作品的产生具有实质性贡献。对于人工智能生成物而言，自然人的先前智力投入对人工智能生成物的产生具有实质性贡献。在"Burrow-Giles"案中，法院认为作者是作品的直接来源者，是完成科学、文学作品的人。该案进一步澄清了作者与作品之间"若是没有"（but for）的直接因果关系，即作者是作品创作的发起者与促成者。英国1988年《版权法》第9条第3款规定："计算机生成作品，应将为作品产生做出必要安排者视为作者。"所谓"必要安排"一词的规范内涵，指向的也是实质性贡献。从语义上，"实质性"与"必要"术语的表述，强调的是作者的智力活动对作品的产生极为重要、不可或缺，是对智力活动"质"的个性化要求。"贡献"与"安排"强调作者应当具有充分的智力投入，是对智力活动"量"的充分性要求。因此，创作者必须做出充分且必要的智力投入，且智力投入应对作品的产生具有直接的因果关系，才能符合创作行为的实质性贡献要求。实质性贡献是创作原则的具体化要求，是决定人工智能生成物版权归属的首要因素。

（2）创作意志的体现。在作品创作与传播的过程中，往往可以体现出创作主体的意志性。属于主观因素的"意志"判断具有一定的抽象性，实务中可以具化为对作品创作所实施的控制力判断。判断人工智能生成物中体现了谁的创作意志，可以从主导人工智能的创作过程与创作结果两方面进行考察。控制力的表现还包括对生成物表达形式的固定，虽然对表达形式的固定不是决定权利归属的必备因素，但却可以成为判断权利归属的有利条件。

（3）从有利于实现著作权法的立法目的与产业发展的政策目标进行分析。版权归属制度的设计理念是由著作权法的基本价值导向所决定，最终应服从于著作权法的立法目标。我国著作权法旨在激励创作与传播作品，最终实现科学文化事业的繁荣发展。因此，"最好将版权分配给那些不仅能够创作更多作品，而且还能够受到版权的财产激励来传播这些作品的人"。除此之外，相关制度设计还应积极贯彻著作权法产业发展的政策目标，保障创新产业的发展。世界各国已将人工智能产业发展上升到国家战略的高度，版权归属制度设计也应当满足这种新的产业政策发展的需要。

（4）从利益平衡与公平原则的视角判断。在判断人工智能生成物的权利归属时，必须考虑利益分配是否公平与公正的问题。只有当人工智能生成物所涉及的多元主体利益得到妥善安置，才能最大化实现著作权法的社会效益。如果利益分配不公，则可能导致相关主体对技术研发与投资的意愿降低，使得人工智能生成物的供给减少，最终造成产业的停滞不前。此外，人工智能生成物的版权归属制度设计应当着重考虑为相对弱势主体的利益提供基本保障，以防出现版权垄断产生数字鸿沟而不公平的扩大特定主体之间的实力差距。

（二）以"人工智能使用者"为核心的版权归属制度

鉴于人工智能生成物利益主体的多元性及其贡献程度的复杂性，立法与司法既要避免一刀切，也要提供相对合理明晰的利益分配方案。在众多主体当中，应当选择一般情况下最具作者资质的权利主体，为其提供明确的规则指引。通过对人工智能生成物权利归属判断核心因素的提炼分析，应构建以"人工智能使用者"为核心的版权归属制度。

1. 以归属人工智能使用者为一般原则

首先，通常情形下人工智能的使用者对人工智能生成物的产生具有实质性贡献。现阶段人工智能并无自我意识，需要使用者向人工智能输入具体创作指令，这是开启人工智能"创作"的前提。在利用人工智能进行创作的过程中，数据筛选标准与内容输出标准的设定，是产生可版权人工智能生成物的必要条件。因人而异的设定标准可以体现人工智能使用者的个性化选择与判断，从而产生具有显著差异性的表达内容。更为重要的是，人工智能的使用者从人工智能自动生成的众多生成物中，甄别出最有传播价值的生成物，在修改、润色的基础上进一步优化人工智能生成物的品质。人工智能所有者作为人工智能系统的资本投入者，为人工智能技术创新与产业发展付出了重要贡献，但这种贡献主要体现在资金的投入与技术的支持，属于非创作性投入的贡献，对生成物的产生仅具有间接的作用。相比于投资者的资本投入，人工智能使用者的智力投入集中在生成物的表达之上，对人工智能生成物的产生具有直接的作用，在权利归属上较之投资者应具有优先性。

其次，人工智能生成物主要体现的是人工智能使用者的创作意志。虽然人工智能软件系统体现了设计者的创作意志，但是人工智能生成物并不必然体现设计者的创作意志。尤其是当智能软件转让或者授权他人使用之时，设计者便很难预测使用者将如何利用人工智能并生成何种类型的人工智能生成物，也无权要求买受人或被许可人向其报告人工智能生成物的具体内容。"设计者只是为人工智能实现创作功能提供了可能性，但不具有实际控制人工智能生成物传播的现实性。"鉴于 AI 深度学习进化的功能及其与新数据的不断交互作用，设计者预设的算法规则、模板、模型参数早已发生变化，此时人工智能生成物已经超出了设计者预设的内容范围，因此，不能将人工智能生成物直接视为代表设计者创作意志的智力成果。由使用者利用人工智能创做出符合自己需求的人工智能生成物，此时生成物体现的是使用者的创作意志，具化为使用者对人工智能的创作过程及其创作结果的双重控制。在使用者利用人工智能进行创作的过程中，使用者是创作活动的发起人与策划人，人工智能受使用者的意志支配，使用者具备指挥监督创作过程的能力。在人工智能生成物的客观表现形式上，使用者将自己的人格要素注入到数据筛选标准与内容输出标准之中，对生成物的特定表现形式具有决定性的控制力。虽然使用者无法介入到算法自动生成过程，算法生成的初始内容也无法被使用者完全预料，但使用者依然可以通过调整算法模型的参数和输入数据的标准来进一步控制算法的输出。当算法生成内容不符合使用者的审美要求时，其可以要求人工智能反复学习重新"创作"。从权利行使的现实角度来看，使用者从时间与空间上往往最接近于人工智能生成物的产生，对生成物的公开发表和市场交易具有事实上的控制力，同时也是完成法律所要求将作品固定在一定媒介之上的人。使用者对初始生成物进行拼写校对、取舍与修正后，当其符合普通读者的阅读逻辑与审美标准后，便将生成物固定下来予以传播。使用者具有人工智能生成物的审稿人与定稿人身份，决定了人工智能生成物的"完成时态"。基于保护首次固定者的利益与实际控制作品的现实状态，应将人工智能生成物的权利归属于使用者，以促进作品的交易与传播。

再次，将人工智能生成物的权利归属于使用者，更加契合著作权的立法目的与产业发展的政策目标。版权市场中从不缺乏大量作品的供给，真正稀缺的是那些饱含人类深邃思想和创造力丰富的优秀作品。由于目前算法模拟创作技术仍然处于较弱的水平，人工智能生成物的产品力参差不齐。为获得算法程序的合法使用权，使用者付出了一定的资本投入，当然希望从算法生成物的传播价值中获取投资回报。使用者处于将人工智能生成物推向市场的最佳位置，他们会时刻关注市场的需求以及消费者的偏好，将精力投入到内容的审核与质量完善的工作上，进一步提升人工智能生成物的品质，获得收益的同时可以满足公众对知识产品的市场需求。对于那些为激发灵感而使用人工智能的创作者而言，他们可能以开发者未曾预见的方式使用人工智能，通过输入更加详细、适合的参数以及适合的作品数据供机器二次学习，来进一步提升算法模型的性能。或者在人工智能生成的初始表达基础上进行二次创作，来进一步提升人工智能生成物的品质。因此，将人工智能生成物的权利归属于使用者更有利于将人工智能系统的使用价值发挥极致和实现其市场利益的最大化。

最后，将人工智能生成物的权利归属于使用者更加符合利益平衡与公平原则的要求。

在人工智能生成物涉及的众多利益主体中，程序设计者作为人工智能系统的创造者，可以获取人工智能系统转让或者授权使用的版权收益。而所有者可以基于雇佣关系来投资设计者进行系统研发，或投资使用者利用人工智能进行创作，通过著作权特殊归属规则来获得人工智能软件与人工智能生成物的版权收益。如果设计者与投资者对人工智能生成物具有利益诉求，其身份可以转化为使用者来享有人工智能生成物的版权利益。若再赋予设计者或投资者对他人利用人工智能进行创作产生的人工智能生成物的权利，就会存在过度激励之嫌，版权利益的分配格局将会严重失衡。如果使用者不能获得人工智能生成物的版权，其投资创作的目的就会落空，从而降低积极使用人工智能进行创作活动的意愿，进而消减人工智能系统的使用价值，对于所有者的投资收益也是极为不利。据此，将人工智能生成物的权利归属于使用者，不仅能够更好地平衡各方的利益诉求，而且有利于打造公正、共享、和谐、共赢的利益分配格局。

2. 以归属人工智能投资者为特别补充

人工智能产业的快速发展离不开投资者大量资金的支持，给以其充分的投资回报是发展人工智能产业重要的物质基础。我国《著作权法》基于投资原则衍生的特殊归属制度包括法人作品、职务作品等相关制度，应当灵活运用这些特殊归属规则，在特定情形下去优先保护人工智能投资者的利益。

首先，如果人工智能生成物的创作者（使用者）并非基于自己独立的创作意志，而是在法人意志的统领下利用人工智能进行创作时，由此产生的人工智能生成物中蕴含的是法人的创作意志。以法人的名义对人工智能生成物进行发表传播，由法人承担相应的风险责任，此时可版权的人工智能生成物即可构成法人作品。依据法人作品的归属规则，将法人视为人工智能生成物的作者而原始取得完整的著作权。

其次，如果人工智能生成物的创作者（使用者）与其投资者单位之间存在事实层面的劳动雇佣关系，并且使用者利用人工智能进行创作是为了完成投资者单位交付的工作任务，由此产生的人工智能生成物即构成一般职务作品。人工智能生成物的著作权应归属使用者，投资者单位有权在业务范围内享有人工智能生成物的优先使用权。如果使用者主要是利用投资者单位的物质技术条件，使用人工智能进行创作，并由投资者单位承担相应的风险责任，由此产生的人工智能生成物即构成特殊职务作品，人工智能使用者仅享有作品的署名权和奖励报酬请求权，投资者单位享有除署名权以外的其他著作权。

再次，当人工智能使用者的智力投入对人工智能生成物的产生不具有实质性贡献时，使用者便不能基于创作原则原始取得生成物的著作权。这主要表现为人工智能系统的研发设计者没有给使用者留下充分的智力活动选择空间，使用者只能从事一些可替代性的简单劳动，完全被设计者预设的系统操作空间所限定。此刻人工智能系统的实质控制权仍然掌握在设计者手中，包括数据库的素材选择、数据的格式类型、算法模型参数、创作指令和语料等综合条件都是研发者预先设定好的，致使使用者只能在极为有限的空间内做出相同或近似的选择与安排。虽然是使用者实际操作人工智能并直接产生人工智能生成物，但生成物的类型、性质、风格等基本表现形式均处于研发者的可控范围之内。

3. 以合同约定优先为归属例外

根据科斯定理，当交易成本为零时，初始的法定权利配置是不重要的，可以根据当事人的意思自治来实现资源配置的最优化与效率最大化。作为理性的市场利益主体，由他们自由协商来配置权利，既契合自身需求，也最具市场效率。以有效合同约定确认人工智能生成物的权利归属，不仅可以降低交易成本，而且有利于节约司法资源，减轻人工智能生成物归属判断复杂性所带来的司法负担。

虽然以合同约定的方式确认版权归属符合效率原则，但是不能以效率为绝对价值而违背公平原则，一般情境下公平价值相比于效率应具优先性。在实践中，人工智能的投资者大多是强大互联网平台的所有者，他们通常会在用户服务协议中规定，用户使用其人工智能产生内容的权利归属于平台所有，除非用户可以满足平台所要求的附加条件。用户服务协议基本上是平台所有者单方面预先拟定的格式条款，用户基本没有与平台所有者协商的余地。多数用户为了免费获得软件的使用权，一般不会去仔细阅读用户服务协议的内容，即使协议里面可能存在对其不利或显失公平的霸王条款。如果以这种约定的方式，便不能根据约定优先确定人工智能生成物的权利归属，因为合同的效力存在一定瑕疵。为了保障数量庞大且相对处于弱势的用户群体利益，我们可以参考委托作品的归属规则，为用户配置一项缺省归属规则。即当合同约定无效时或合同约定有争议时，应将版权默认归属于为人工智能生成物付出实质性贡献的用户使用者。这样做的好处在于将缔约压力分配给处于强势地位的平台所有者，来敦促其正确对待合同约定的效力，防止出现格式条款显失公平的情形。以此为处于弱势地位的用户提供合理的保障，有效平衡双方之间的利益关系。若不考虑用户使用者在实践中的弱势谈判能力，无视投资者单方面制定显失公平的权利归属条款，有违《著作权法》"以创作者为中心"的权利归属理念。

合同约定优先的归属模式，还面临着作品精神权利能否约定转移的法律问题。在委托作品中，立法者对此并没有做出明确规定。在法人作品中，法人可以成为作者自然也可享有作品的精神权利。但委托作品与法人作品制度设计的逻辑不同，与职务作品制度设计的逻辑相类似。法人作品是基于法律拟制，将法人作品视为法人意志的体现。而委托作品与职务作品是基于法定转让，仍然以创作者的意志作为归属的核心。即使在特殊职务作品中，创作者也可以保留署名权对外宣示自己创作的事实。本文认为，作者的精神权利尤其是署名权不宜通过合同约定的方式进行转让，否则会变相鼓励"枪手代笔"的不正当行为。此行为不仅侵害了社会公众的知情权，而且对市场竞争秩序的公平性产生不利的影响。

综上，应构建以合同约定优先，以人工智能使用者为核心、投资者为补充的权利归属制度。此种制度安排不仅可以最大化兼容人工智能创作的各种情形，而且尊重当事人之间的意思自治，是在个案公平与整体效率之间做出的均衡选择。

三、人工智能生成物合理使用制度的构建

在数字化智能版权时代，输入海量作品数据或组建专门数据库作为机器学习的素材，是实现人工智能模拟创作功能的基础条件之一，也是自然人利用人工智能进行创作活动的前提条件。若是他人未经版权人授权批量化、数字化使用其海量版权作品训练机器学习，此种行为应否被认定为合理使用是人工智能生成物著作权保护理论研究无法回避的重要问题。使用作品数据行为的合法性既关系到人工智能生成物著作权保护的正当性，同时也关系着人工智能机器学习技术的应用与产业的发展。因此，有必要对上述问题进行专门深入的探讨，其本身也是人工智能生成物著作权保护的特有制度构建不可或缺的一环。

（一）人工智能生成物合理使用制度构建的理论基础

1. 现行法难以将人工智能表达性使用认定为合理使用

机器学习是人工智能的代名词之一，使用者为训练机器学习实现算法模拟创作功能，未经授权数字化使用海量版权作品属于著作权法意义上的"复制"。我国现行《著作权法》第九条第五款，明确新增以"数字化"方式的复制行为，属于著作权人专有复制权的控制范围。[①] 司法实践中，数字化复制仅是推定的侵害复制权行为，还要结合后续的使用情况来具体判断，仍有纳入合理使用的余地。有学者将机器学习区分为"表达性机器学习"与"非表达性机器学习"。对应的作品使用方式为"人工智能表达性使用"与"人工智能非表达性使用"。人工智能非表达性使用是指仅使用他人版权作品的事实信息部分或着重分析数据文本的物理或生物性特征，不具有使用作品独创性表达之目的。[②] 非表达性使用实质上不属于著作权人专有权的控制范围，即使具有商业性使用目的全文复制，将部

---

① 参见 2020 年《中华人民共和国著作权法》第 9 条第 5 款规定。

② 卢炳宏. 表达型人工智能版权合理使用制度研究 [J]. 现代出版，2019（04）：60-63.

分或全部表达性内容传达给公众，也可构成合理使用而免遭侵权困扰。因此，将人工智能非表达性使用纳入合理使用范围不存在任何法律制度上的障碍。人工智能表达性使用是指为实现算法模拟创作之目的，将海量作品归入机器学习的素材库，用以分析和挖掘作品独创性表达内容的隐性价值，最终目标是输出不同于原作新的表达内容。人工智能表达性使用是人工智能生成物产生的源泉，能否依据现行《著作权法》认定为合理使用，才是亟须解决的问题。

我国现行《著作权法》第二十四条关于合理使用制度做出了新的调整，引入了《伯尔尼公约》的"三步检测法"作为一般性判断规则。同时列举了 12 项具体合理使用情形，并设置了"法律、行政法规规定的其他情形"作为第 13 项兜底性条款。从立法体例特点来看，我国采取的是一种"法定封闭式列举+抽象性一般规定"的模式。虽然将"三步检测法"引入合理使用制度中，但并未改变旧《著作权法》对合理使用认定的封闭性特征。其一，兜底性条款要求仅限于法律、行政法规规定的其他情形，仍然遵循严格的法定主义，不允许司法机关在 12 种具体情形之外自由创设新类型的合理使用；其二，看似开放的三步检测法，却被限定"在下列情况内使用作品"，难以发挥其灵活性的规则特性。只能针对 12 种具体情形做出辅助性判断，并不能随意扩充新的合理使用类型。据此，我们只能根据法定列举的 12 种具体情形，去分析判断人工智能表达性使用能否构成合理使用。由于现行《著作权法》并未将其纳入法定具体情形之内，所以，原则上未经授权许可使用作品数据训练机器学习的行为，具有侵权使用的风险。根据使用的性质与形式，与上述行为较为接近的是第 1 项"个人学习、研究的合理使用"；第 2 项"为介绍、评论某一作品或者说明某一问题而适当引用的合理使用"；第 6 项"为学校课堂教学或科学研究，翻译、改编或少量复制的合理使用"。

对于第 1 项，机器学习能否被认定为个人学习？个人利用人工智能表达性使用以实现算法模拟创作能否算是个人研究使用？学理与司法实践通常认为，个人学习、研究仅限于本人或私人家庭内部范围的非商业性学习使用。而目前从实践来看，掌控表达性人工智能技术的往往是大型的公司法人团体，显然不属于个人或家庭内部的使用主体。人工智能表达性使用往往带有强烈的商业性气息，实难将此认定为个人学习、研究的合理使用情形，但不排除极其特殊情形下适用个人使用的情形。此外，非商业性的个人学习、研究的合理使用，难以完全覆盖人工智能表达性使用作品的最基本形式，无法为其发起合理使用的有效侵权抗辩。对于第 2 项，其中"适当引用"与人工智能表达性使用方式不相匹配。多数情况下，人工智能生成物的具体内容中并不会出现训练作品的表达内容。另外，"在作品创作过程中，人工智能的使用者是否总能妥善区分对作品的介绍性、评论性、说明性使用与传播性使用,以及能否总是适当引用,不无疑问"。① 对于第 6 项,训练机器学习的过程可能会涉及对原作表达内容的改编或演绎,但非营利性的课堂教学与科研的使用目的,以及内部少量复制的限定使用方式,仍然无法囊括最基本商业性海量复制作品形式的人工智能表达性使用。从实践来看,对在先作品的使用,人工智能生成物的权利人一般也没有具体列明所使用作品的名称,作者姓名或者名称,或许是因担心披露使用作品情况而遭致侵权诉讼的风险。综上,依据现行《著作权法》,难以完全将未经授权使用在先版权作品数据训练机器学习的行为认定为合理使用,难以回应人工智能表达性使用的合法性问题。

2. 将人工智能表达性使用纳入合理使用的必要性

海量作品数据是训练机器学习提高算法模拟创作性能的补给养料,若将人工智能表达性使用排除出合理使用范围之外,将会产生诸多不良后果。"厘清人工智能编辑纳入合理使用制度的利益与需求,才能为人工智能合理使用制度的构建提供合理的建议。"②

第一,将人工智能表达性使用纳入合理使用范围,有助于抑制因市场失灵产生高额的许可交易成本,提高在先作品的利用效率,增加人工智能生成物的市场供给,促进科学文化的多样性发展。如果人工智能表达性使用无法认定为合理使用,则意味着训练机器学习需要事先获得海量作品使用的授权许可,这将会产生极高的交易成本。机器学习获取数据的方式往往是自动化、无差别化、海量化的获取,其中包含了无版权保护与有版权保护作品两种。将有版权作品从中一一识别和提取的过程,无疑要耗费巨大的人力、物力资源。而且面对孤儿作品的使用,大量不确定的作者信息也会额外产生信息搜寻的成本。这一系列负重成本可能会引发市场失灵,而市场失灵作为合理使用的经济基础,以提升市场效率也应允许合理使用的发生。"合理使用制度在人工智能表达性使用作品情形下的缺失,将使大多数人工智能创作成为版权侵权行为。"③ 如果认定侵权使用,版权法提供的侵权补救措施与版权人的损失,也难以进行公平的匹配。

第二,将人工智能表达性使用纳入合理使用范围,是顺应国际发展潮流之势,以抢占人工智能尖端技术的制高地。人工智能技术与产业发展已明确上升到国家战略高度,世界各国也纷纷出台相应的政策规划作为制度支撑。可以说,未来世界格局之大变,人工智能技术具有举足轻重的影响力。在版权法领域,主要体现各国通过各种途径为机器学习提供

---

① 李宗辉. 论人工智能应用中的版权合理使用制度 [J]. 科技与法律, 2020 (04): 44-48.

② 杨绪东. 人工智能编辑之合理使用探究 [J]. 科技与法律, 2020 (01): 8-14.

③ 华劼. 合理使用制度运用于人工智能创作的两难及出路 [J]. 电子知识产权, 2019 (04): 29-39.

作品数据分析与挖掘的版权例外。美国基于"转换性使用"理论的宽松判例解释，提供司法适用合理使用免责的制度空间，以满足商业性机器学习使用作品的需求。日本基于著作权立法例，专门设立"计算机信息分析"的版权例外条款，同时将使用目的限定为"以提供新的知识信息"。此举与美国"目的转换性"使用理论颇为相似，不受商业性使用目的的限制。英国2014年《版权法》同样以专门性条款规定，允许科研人员进行文本数据分析与挖掘，但不同的是，仅限于非商业性科学研究为使用目的。欧盟2019年通过的《单一数字市场版权指令》，同时允许"文本与数据分析挖掘例外"的科研目的使用和商业性个人使用，并保留了权利人明示退出非科研目的的默示许可机制。相比于日本与美国，英国与欧盟的立场显得更加保守和谨慎，更加注重维护创作者的版权利益与技术发展之间的平衡。从以上国际发展趋势来看，上述国家或组织体遵循不同的立法传统，以不同适用路径为机器学习使用作品提供了合法性制度支持，我国似有必要遵循智能时代发展潮流，为人工智能表达性使用作品创设合理使用的版权例外，防止先进创新技术转移到这些版权例外的领域而失去国际竞争力。

第三，将人工智能表达性使用纳入合理使用范围，可以降低算法决策失误和算法偏见引发的社会不公正危害。"获取限制较低但带有偏见的数据集来训练算法，这是出现算法偏见的一个重要原因。"为避免侵权困扰，选择使用无法律保护的作品文本数据，机器学习过程中可能会整理出这些不完整数据内含的隐性偏见，致使学习成果的后续利用出现决策上的严重失误而误导公众。例如，一些训练面部识别的算法，做出将黑种人判断为大猩猩的错误决策；一些预测犯罪率的算法，得出黑种人犯罪的概率普遍高于白种人。引入有偏见的文本数据，还会产生大量的 AI 虚假新闻来误导公众，从而引发社会信用危机。排除算法设计缺陷外，版权作品作为相对客观、规范的文本数据，正是检验智能算法决策准确的重要基础资源。

3. 将人工智能表达性使用纳入合理使用的正当性

在我国司法实践中，法院有时会在法定情形之外认可新类型的合理使用。其裁判依据主要参考美国《版权法》第107条的"四要件"规则①以及由其发展而来并由判例法确认的"转换性使用"理论。关于人工智能表达性使用版权作品纳入合理使用的正当性，主要以上述理论规则展开分析论证。

首先，人工智能表达性使用版权作品具有一定的目的转换性。虽然"四要件"规则要

---

① 1976年《美国版权法》第107条规定了合理使用构成要素包括：1. 使用目的性质包括这种使用是否具有商业特征或为了非营利性目的；2. 作品的性质；3. 与享有版权的作品整体相比所使用部分的数量与实质性；4. 使用行为对作品的价值和潜在市场的影响。

求使用目的性质不应具有商业性特征或营利性目的，但如果具备商业性使用目的同时还包含"生产新的知识内容"的使用目的，即可不受该要件的限制。在我国司法实践中，也同样没有拘泥于此要件的限制，更加注重对后续使用行为所产生的社会效果为标准做出价值衡量。我们应着重分析后续使用所产生的社会效果，是否可以达到知识增值的著作权法目标。虽然人工智能表达性使用与人们使用作品的方式不同，但都具有为实现创作而使用的目的，都可以达到丰富公有领域知识产品存量的使用效果。为了生产可以满足公众精神文化需求的知识产品具有高度的目的转换性，符合以公共利益为基准的合理使用制度促进知识产品增值的价值理念。

其次，人工智能表达性使用版权作品具有一定的内容转换性。对于人工智能表达性使用而言，机器学习训练的数据样本普遍来源于不特定的众多作者的作品，从中分析与挖掘数据的隐性结构化信息，识别创作的风格与"众创"规律模式，提取文本的通用句型、常用语法表述、高频语句、字词，来构建自然语言与情感框架的算法模型。其中风格、规律模式、通用表述手法属于不受著作权保护的思想范畴。而且对作品也只是"临时性输入"，最终算法创作模型生成新的表达内容并没有从在先作品数据中转移任何创造性表达元素向公众展示。依据目前实践经验来看，人工智能生成物基本不会对原作形成市场替代而极大地损害原作的市场价值。但免费使用可能会对在先作品权利人的潜在市场利益造成轻微的减损，例如，专门用以机器学习最新衍生出的数据许可市场利益。

这种轻微的私益减损，在更加注重公共利益的合理使用制度面前，可以适当地"放宽"以激励更多创作，符合内容转换性使用的构成要求。即便如此，也必须严格掌握必要限定条件，例如，应注明使用版权作品的信息来源，以及排除充分事实证据显示形成市场替代的特别使用情形，如此才能契合合理使用制度维护创作者与使用者的利益平衡精神。最后，人工智能表达性使用版权作品具有一定的功能转换性。判断促进技术进步的合理使用，其重要考虑因素有："作品使用的功能目的是否属于转换性地使用，社会公众是否受益于该技术的发展，该技术对版权作品的使用是否构成对原作的替代性使用。"为了训练人工智能人脸识别算法，提升其识别性能而使用海量版权照片数据，其使用的部分主要是照片的人脸生理面部特征，但难免不会涉及使用照片的独创性表达部分。而且，相关主体通常会将照片素材库进行公开或提供给其他科研机构进行使用。不同于原作的缩略图内容展现形式，也不会对原作形成市场替代。人脸识别技术是普惠于社会的有利技术，社会公众早已普遍受益于该技术福利。与传递作品的内在表意功能不同，以技术实施与进步为必要的使用具有高度的功能转换性，符合合理使用制度促进科技创新产业发展的价值理念。

（二）人工智能生成物合理使用制度的本土设计

鉴于将人工智能表达性使用纳入合理使用的必要性与合理性，而我国现行《著作权法》又不能为其提供确定性的合法使用制度保障，据此可参考欧美、日本等发达国家的相关解决路径，并结合我国立法传统与司法体制特点，构建适应本土化实际发展之需的版权限制与例外制度，清晰划定人工智能表达性合理使用的边界。

1. 人工智能生成物合理使用的本土设计依据

虽然我国引入"三步检测法"作为一般性合理使用判断准则，但仍未脱离法定主义约束的窠臼，封闭式列举的立法体制特性难以满足人工智能技术发展的实践要求。总体上可供参考的域外解决路径主要有以下三条路径：

首先，可以借鉴类似美国判例法的路径，灵活、宽泛地解释适用"三步检测法"。同时改变现有的法定列举封闭性模式，将兜底条款"法律、行政法规规定的其他情形"修改为"其他情形"。其一，《伯尔尼公约》的三步检测法原则上要求仅在成员国之间签订双边或多边协定以增设新型版权例外情形，一般不允许司法机关自由创设；[①] 其二，三步检测法本身存在一定的模糊性，后两步的判断属于并列关系还是递进关系，在理论上仍然存在较大争议；其三，我国并非英美判例法体制，司法机关仅依据抽象的三步检测法来判定使用作品行为的合法性，容易造成司法实践结果的不一致性，容易因创设新型合理使用而引起"法官造法"的质疑，无法为相关利益主体提供明晰的可预测性司法适用标准。其优势在于司法以个案分析形式，根据使用作品的具体事实情况做出灵活的定性，一定程度上可以弥补成文法的滞后性与僵化性，能够及时回应新技术变化对法律造成的冲击。

其次，保持条款的开放性、包容性，赋予司法机关依据原则性的三步检测法，将人工智能表达性使用解释为合理使用。对于解释论路径，与判例法路径的解决效果比较相似，同样存在法律的不确定性。依据三步检测法作为判断一般准则，通过扩大或者类推等解释方法，就算牵强地将人工智能表达性使用解释为"个人使用""科研使用""评论说明使用"，也难以全面涵盖实践中表达性人工智能最基本的使用作品形式，解释适用特定合理使用类型的不周延性，无法为人工智能技术研发与作品创作消除版权侵权风险。而且伦理解释方法与知识产权法定主义存在一定价值冲突，即使为了实现个案正义，也要尽量与法的可预测性保持协调。其优势在于可以节约立法成本，保持现有制度体系的法定封闭性与稳定性。

最后，效仿英国、欧盟、日本的立法路径，以立法形式增列一项专门适用于人工智能表达性使用的版权例外条款。对于立法路径，在立法上专门增列一项"文本数据分析与挖掘"或"计算机信息分析"类的版权例外条款，可以正面回应表达性人工智能使用作品

---

① 参见《伯尔尼公约》第 9 条第 2 款。

定性问题，解决人工智能合理使用的"两难"困境，为人工智能表达性使用提供明确的合法性制度支持。维护法律明确性与稳定性的同时，促进司法裁判的客观化与一致化。在理论上，也可消除人工智能合理使用问题的广泛争议。

综上分析，将人工智能表达性使用纳入合理使用的不同路径中，专门立法路径是适宜我国人工智能合理使用特有制度构建的最优选择。

2. 人工智能生成物合理使用的本土规则设计

产权的保护与限制涉及不同主体的利益，其制度设计既要着眼于社会发展的总体目标，也要正确判定利益选择的主次关系。[①] 虽然已探得适宜我国制度构建的合理路径，但具体规则内容的设计，仍须考虑本国立法体制的特点与核心价值取向，确保现有制度之间的衔接性与协调性以及法律术语表达的连贯性，综合权衡之下给出具体的规则设计方案。总体而言，在维持现有著作权关于合理使用"三步检测法+法定列举"的立法体制下，再增列一项可以涵盖人工智能表达性使用的著作权限制与例外条款。为人工智能使用版权作品提供合法性的制度空间，同时以三步检测法对此版权例外情形进行严格解释，防止特殊使用情形下不合理的损害著作权人的利益。

为了突破三步检测法中第一步"特定情形使用作品"的限制，应单独增设一项著作权例外条款，继而才能顺利走完三步检验进程。在规则核心内容设定上，英国与欧盟所使用的是"文本数据分析与挖掘"（Text data analysis and mining）这一内容表述。日本所使用的是"计算机信息分析"这一内容表述，不同于上述制定专门的数据库保护法，日本依据《著作权法》与《反不正当竞争法》，来分别保护具有与不具有独创性的数据库。对"信息分析"这一术语进行具体解释时，已经涵盖了"信息挖掘"的使用方式。对比两种表述后，建议采用"计算机信息分析与挖掘"这一表述。具体理由如下：

其一，突出"计算机"这一信息使用媒介，来覆盖"人工智能"的使用。鉴于"人工智能"概念的抽象性与模式划分的争议性，不宜在条文中直接使用这一术语。而且人工智能本身就属于计算机学科的一个分支，"计算机"一词也是我国相关立法与司法所使用的惯常表达，以此来维护制度体系之间的衔接性与协调性，也更能体现其与《著作权法》之间的密切联系。

其二，采用"信息"这一用语来覆盖"文本与数据"。我国与日本都没有类似欧盟的数据库专门保护制度，文本与数据并非我国现行《著作权法》所明确规定的法律术语。更重要的是，使用"信息"概念的外延范围更加广泛，不仅可以完全覆盖文本与数据，还可

---

① 吴汉东. 知识产权总论［M］. 北京：中国人民大学出版社，2020：202.

以包含未来可能出现的新类型信息类无形财产的使用对象。

其三，采用"分析与挖掘"这一表述，将计算机使用作品的具体方式明确化，维护法的可预见性。逻辑上而言，计算机信息分析是挖掘的前置条件，而信息挖掘是分析的最终目的，两者都应予以保留。计算机分析更多指向的是人工智能的非表达性使用，而在先作品内容价值挖掘才是人工智能表达性使用的核心机制，后者才是规制人工智能生成物合理使用的核心问题。将使用方式限定于分析与挖掘，以排除其他作品使用方式，例如，使用版权作品专门制作数据库进行买卖交易的情形。

以计算机信息分析与挖掘将人工智能表达性使用覆盖性引入法定情形之中，仅是解决了合理使用制度封闭性的限制，仍然无法具体划定合理使用的边界。申言之，并非所有计算机（人工智能）信息分析与挖掘情形，都可以被认定为合理使用。还必须通过三步检测法中后两步的标准测试，以防著作权例外的不当扩张侵害版权人的合法权益。

对于第二步中"不得影响该作品的正常使用"，其中对"正常使用"一词的理解，不可仅凭字面含义理解为包括作者未来所有不可预见的作品使用方式。在规范意义层面上，正常使用应是不会形成商业竞争关系并产生严重利益冲突的作品使用。如果是著作权人专有排他权无法指控的作品使用方式，或者远远超出其合理预期的非常规、典型作品的使用方式，以及难以获得可期待性利益的作品使用方式，由于这些使用方式既不会产生直接竞争关系，更不会发生商业利益上的严重冲突，故而不应认定为影响该作品的正常使用。即使是全面复制或商业性使用，也不会必然落入作品正常使用的涵射范围。由于使用内容部分并不涉及原作的表达性内容，或涉及使用表达内容并将其传递给公众，但无法发挥原作的内在表意功能，不会引起观众的审美体验进而减少原作的交易机会，因此，根本不会影响原作的商业化正常使用。所以，使用主体不宜限定为商业性使用主体，应扩展到所有计算机信息分析与挖掘的商业性团体与教学科研机构。

进一步而言，即使作品使用可能产生商业性利益冲突，但也不能就此认定为侵权使用，还必须考虑经济利益冲突的程度，此为第三步"不得不合理地损害著作权人合法权益"的判定旨归。其中关于"损害"的判断，既包括实际损害，也应包括未来明显可预见的潜在利益损失或是利益威胁。既包括财产权益的损害，也应包括精神权益的损害。"不合理"是指超出使用的必要容忍限度。"不合理"限度的判断，可以结合使用方式是否对于"大多数作者"而言达到一般预见难以容忍的程度，使用作品所产生的社会效益与私益减损之间的比例，使用作品获得授权许可的难易程度，以及使用作品可能产生对原作的市场反哺效应。

即使人工智能表达性使用海量版权作品生成完全不同的新作，并与原作处在同一市场竞争领域，但并不意味会不合理地损害著作权人的合法权益。由于技术限制与消费者偏好等因素，人工智能生成物的品质与市场竞争力基本不可能对原作造成较大威胁或形成市场替代，哪怕产生利益冲突也只是轻微性损害。基于人工智能表达性使用对技术创新与知识增值的重要意义，这种轻微性私益损害是可以被以公共利益为核心价值导向的合理使用制度所包容，故而不宜认定损害著作权人合法权益的侵权使用。在人工智能表达性使用目的上，可以参考日本版权例外的限定使用目的与美国"目的转换性"使用理论，将"计算机信息分析与挖掘"限定在"以提供新的知识信息"为使用目的。

相关主体利用人工智能使用版权作品所产生的市场利益，似乎不在著作权人可预见的利益范围内，但如果不加区分就此宽泛地认定构成合理使用，将会对著作权人的利益造成一定威胁。必须协调好创造者与使用者之间的利益冲突关系，将明显侵犯创作者利益的情形排除出合理使用范围之外。根据表达性人工智能使用作品的方式，可以区分为特定作者的作品使用与不特定作者的作品使用。其中，前者使用目的主要是出于模仿与再现该作者的近似作品，此类行为往往涉及作者个性化表达元素的使用，而这些个性化表达元素可能会存在于新作品内容之中难以被权利人所发觉。更重要的是，具有原作专属风格或者个性化表达极其相似的新作品，与原作具有直接竞争关系，对原作价值及其潜在市场利益构成较大威胁。即使人工智能生成物内容并不包含在先作品的独创性表达式，也不足以形成市场替代，但对于使用者而言，并不存在过高的信息搜寻成本与交易成本，不会造成市场失灵的情况，此时训练作品著作权人可预期利益的减损是真实存在，对于"大多数作者"而言已经达到难以容忍的程度，绝非合理使用制度所能包容的轻微性利益损害。所以，未经许可擅自使用特定作者的作品集进行机器学习分析与挖掘的行为，应被认定构成侵权使用，将此情形排除出合理使用范围之外。

第五章 人工智能算法权力的法律规制研究

第一节 人工智能算法权力概述

一、人工智能算法及算法权力的概念和特征

对于人工智能，我们并不陌生，但是对于其背后支撑其运转的算法，特别是机器学习算法却并非足够了解。在进行学术研究时，我们需要厘清具体概念，深刻剖析，才能探寻到对背后问题的规制路径。

（一）算法的概念和特征

算法主要存在于数学和计算机科学，比较公认的一种说法"算法"一词源自波斯学者Al-Khwarizmi 名字的拉丁化。然而，算法来源已久，甚至在"算法"一词被发明之前就存在已久，欧几里得算法被认为是最早的算法。在古代，算法常被运用于数学和天文历法中，古人通过根据天象变化总结人类生活经验，以月为单位辅之以闰月等元素来构建算法模型，为后世留下传承的历法。人们传统的把算法认为是一种按照机械的方式来实现预期目的的指令。这样的定义无疑是不够准确的。在人工智能技术迅猛发展的今天，特别是当机器学习算法的深入发展，人工智能算法已经脱离了最初的设定，并且具备自主学习的属性。提到机器学习最先令人想到的可能是人工智能机器人，事实上，机器学习是一门多领域交叉学科，其研究内容包括计算机如何模拟或实现人类的学习行为，人工智能算法就是这样一种以大数据为基础，分析判断以形成算法决策，并能实现自我升级，从而进行"类人化"行为的智能机制。

对于算法的特征，可将其总结为五点，分别是输入、输出、明确性，有限性和有效性，因而任何一种机制被称为算法必须具有以上几种特征。人工智能算法同样具有以上几点特征，此外人工智能算法更为显著的特征就是机器学习。即利用数据或经验优化程序性能，以深度学习为基础的机器学习可以不间断地改善自身性能。

(二) 算法权力的概念和特征

从概念上，权力可以看作是一种人对人享有的支配和控制权。算法通过控制目标类群的感知环境，在潜移默化中影响目标类群的认知，实现算法对其人为的支配与控制。因而，算法在事实上就形成了这样的一种权力，郑戈教授将这样一种新型的权力称之为算法权力（algorithmic power）。在这种权力模型中，每个人都成为被算法定义的人，人不再是权力的"主体"，而被看作是可控制、可计算、可预测的客体。① 算法权力源自算法本身，依赖人工智能和人工智能的迅猛发展，算法的设计者和控制者依靠自身掌握的优势地位，利用算法实现个人所图。

算法权力，是算法设计者或应用者为了通过算法，利用人工智能形成的技术优势而创造出的一种权力，究其运行机理，其具有以下三种特点：

1. 权力模型具有黑箱性

人工智能在发展进入到机器学习和深度学习的层级之后，并不依靠单一设定的逻辑规则来解决现实问题，而是凸显出人工智能的学习属性，即可以不间断地改善自身认知体系和属性性能，突破既有设定的限制。算法黑箱难以开启的三大原因：真正保密、法定保密、模糊处理。算法权力的黑箱性，源自数据开始，运行的过程便被保护起来，一切都变得极为"复杂"，算法模型具备十足的复杂性，透明性可以解决信息获取的渠道问题，而可理解性才是大众想要的最终结果。"科技做幌子来掩盖利己行为和利益冲突，只要运算法则没有公开，人们就只能靠猜测得出结论，所以难以判断谁是谁非"，个人无法知晓决策的具体过程，只能被动接受算法权力行使主体的意志。这种算法从设计之初，其目的就在于制造算法权力在控制者和使用者之间的隔离，使其得以稳固自身在政治和经济领域的地位。打破算法的黑箱并非易事，在现实层面，具备公民信任基础的政府机关不可能掌握所有的算法，反之对于非政府主体的企业而言，算法作为他们来运营企业，获取利益的工具，天然具有隐秘性，基于企业的利益出发，无法毫无保留地展示自身的算法。从另一角度理解，机器学习算法的结果被人所接受，正是由于它的决策并不透明②，设想一下，若有人知道如何操作变量以实现自己想要呈现的结果时，那么这个算法便已经失去它该有的功效了，因为输入算法的变量的影响因子不为人所知晓，间接实现了算法决策的"科学性"，当然，这种"科学性"并非绝对的科学，但却是算法设计和控制者能给予我们最好的解释了。算法权力正是通过以上的原因，而得以保留自身的黑箱属性。

---

① 郑戈. 算法的法律与法律的算法 [J]. 中国法律评论, 2018 (02), 66-85.
② 王利明. 人工智能时代提出的法学新课题 [J]. 中国法律评论, 2018 (02): 1-4.

2. 权力结果具有非客观性

在设计完成人工智能算法之后，其便可以自己运行，并具备相当程度的自动性，似乎并不依靠人而存在。个人利用人工智能算法的"独立性"，将很多决策权让与算法来进行，以求得决策的科学可靠。然而，根据大量分析表明，算法决策难言可靠。人工智能算法是先由发起者提出算法意图，到算法工程师实际建构模型，最终才面向大众开展服务。在此过程中面对诸多环节，算法权力作为一种人控权力，其设计和控制主体依然是人，他们可以熟练使用保密法规和模糊处理技术将算法权力当作自己的私权力，算法运行的过程最终到达的是他们自身价值导向所引向的结果。算法权力处处隐含着算法实际控制者的意图，蒂姆·吴是一名著名的网络律师，她在 2010 年出版的《The master switch》一书中承认苹果和 Google 公司在以一种强迫的方式利用私权，这些算法权力的享有者，如果我们仅仅去关注他们利用算法为社会和大众做出的贡献，那么是很难循迹其背后攫取的庞大利益。由于缺乏必要的监管，一旦算法设计者在关键输入性数据的选择上进行限制，或者在进行机器学习训练时进行错误的经验输入，就会对整个算法逻辑产生巨大的变化，算法权力在其纯粹的表象之下隐藏的满是肮脏与私利。因此，无论从何种角度去看，算法模型都是以非客观性的形态而存在的。在大数据的指引下，算法模型更像是成为人站在算法背后，以一种上帝视角去面对大众的手段。

3. 权力运行具有自动性

目前的人工智能机器学习算法是在一定的人为监督下运行的，然而，算法的自动化决策依赖算法权力的高度自动化运行，并且机器学习本身就是一个自动性的过程。在传统算法中，需要人类逐步建立算法运行的规则，算法只能通过特定的规则处理数据得到结论，规则的进化需要依赖人力方可实现。而在人工智能算法中，人类只需要输入适合算法学习的数据，并设定预期目的，算法便可以自动分析，建构相应的模型来处理问题。人类力求实现自动化决策，以利于提升经济社会的运转效率和国家与社会治理的水平。自动性特点也为算法权力的掌控和使用增强了隐蔽性，随着社会和国家对算法的依赖性逐步增强，算法以一种技术性工具的形态影响着整体的权力运行格局，公权力被削弱。权力本质上是对权利的限缩，应当具备强制性，算法权力并非天生具备，其强制力的生成存在自我的机理。算法权力没有传统权力的政治背景，而是通过其具备的技术性来对社会和个人产生强大的压制，人脑无法战胜人工智能，同样算法权力也具备这样的地位落差。

二、人工智能算法权力的兴起

随着国家级人工智能产业规划的落地，以大数据与机器学习算法为主要驱动力的人工智能革命席卷而来。在人工智能迅猛发展的背景下，催生出一种新兴权力形态——算法权力。人工智能是一种多种学科相互交织而成的学科，如果只是将它理解成为一门计算机科学，这样的认识无疑是极为狭隘的。人工智能背后的算法同样具有广泛的适用前景，算法设计者和控制者掌控算法，利用算法行业的行业特性和其在技术上领先的优势，开发出属于算法所有者的权力。

（一）算法权力的兴起背景

算法权力兴起有其技术背景，这源自于自身的机器性优势，机器性优势来自其能提供更精准的判断力，这种基于大数据并通过机器强大的计算能力得出的分析结果一经出现很快就得到了社会群体的高度认同。人工智能算法的机器学习，深度学习能力，使得自身可以在海量的数据加持之下逐步实现自我优化和升级，得出结论已然不是人工智能的最终目的，自我学习，在变化的各种因素中提供算法化解决方案。与算法权力相对应的是传统的权力形态，即以国家公权力为代表的，以国家强制力作为权力背书的权力形态。与传统不同，算法权力作为技术权力，并不具有天然的强制性，并且算法权力的合法性也没有得到传统旧权力的承认，更多的情况下，技术性权力往往是被当作传统权力的新形态，工具性是许多学者给予它的评价。然则，随着人工智能技术对于算法的应用和拓展，算法的控制者在潜移默化的发展中不断加深普通用户的依存性，培养黏性用户，进而进一步使得其算法权力具有了强制性，这种强制性而使得算法权力在实质上更加靠近权力的属性。

算法权力兴起还有一个重要的社会背景，即来自算法的干预和引导功能逐渐被社会采纳，无论是政府的行政规制中，还是经济活动中，算法的干预性将无孔不入地改变着全社会的权力结构，重构权力格局，算法权力兴起有着明确的目的性。[①] 总而言之，算法权力源自自身的属性和独特的社会需求，其兴起蕴含着特定的时代性。

（二）算法权力的兴起现状

算法正在逐步成为将自身纳入到权力配置的体系当中，当一个社会中算法逐步占据了统治地位，在公私领域广泛运用算法进行决策，标志着人类社会正在迈向"算法社会"。一种工具，当其掌握绝对的决策能力，并被社会和个人所承认，实质的权力便已经产生了。人工智能可以看成是算法的集合，并且机器学习算法的投入和运用更是该技术的首要特点。算法通常被认为是客观中立的，是一种致力于从事实基础来解决现实问题的技术进

---

① 宋华琳，孟李冕. 人工智能在行政治理中的作用及其法律控制 [J]. 湖南科技大学学报（社会科学版），2018，21（06）：82-90.

步，大数据时代的到来和深度学习算法的重大突破，推动着人工智能应用场景的不断拓展和应用程度的不断提升。人类活动所遗留下的任何信息，都会变成可供算法进行下一步分析处理的数据。而在此之前，决策者在进行决策之前只能依靠对有限的数据小样本进行分析，主要依靠经验形成对事物的判断。在人治社会，经验是最实用的武器，但是随着大数据社会的来临，人类存在千年的决策方式也发生了重大的变革。大数据取代了小样本，分析和决策的方式都在与时俱进地革新。① 人类活动所遗留下的任何信息都变成可供算法进行下一步分析处理的数据，而这个过程是隐秘的，并不为自身所决定。每个人都处在一个被量化的过程之中，算法权力的掌控者使我们认为大数据并不可怕，量化自身才能得到人工智能的馈赠，公民只能通过让渡自己的权利以获得社会生活的便利性。

算法权力的发展将会导致少数人对于人类全面控制，少数人创造历史的局面将在人工智能时代重新上演。算法权力可以为政府在客观上造成对个人监控的效果，公权力甚至可以通过算法在公共决策领域实现对个人的控制。

第二节　人工智能算法权力滥用引发的风险

算法权力一旦发生滥用，则势必会造成个人权利的受损，权力的行使不能以权利的让渡为前提，否则必将引发确定性风险。由于算法权力本身蕴含相应丰厚的经济利益，极易导致权力主体由此利用权力运行的不透明性实现非客观性的算法决策结果。

一、算法权力滥用引发个人权利风险

算法权力滥用将会导致个人平等权、隐私权和自主选择权受到不同程度的限制和侵蚀，在客观科学外衣笼罩下，由权力产生的技术风险值得我们关切，以便做到利用法学的方法做好新事物的风险防控。

（一）平等权风险

平等权究其内涵，并非绝对的平均主义，而是反对区别对待。如果看似客观、机械的技术规范在为人类社会带来便利的同时，却将人类自身作为智能算法区别对待的对象，而这并不意味着区别对象拥有某些独特的体质，而这仅仅是因为他们在被量化成数据经过算法深度分析后形成的技术区分。"在机器学习算法大行其道的今天，算法模型的设计者和

---

① 陈鹏. 算法时代的国家治理：在算法与法律之间 [J]. 法治社会, 2019 (06): 11.

使用者得以隐秘地将其对特定群体的刻板印象植入算法模型之中，进而透过算法自动决策对特定个人和群体加以差别对待。"① 算法权力的滥用会对个人平等权产生侵蚀，频繁导致不平等现象。

算法在最初被投入运用时，设计者并未给予它们过多的个人色彩，云歌人工智能创始人因涉及刑事犯罪之时在接受司法审判时仍宣称技术无罪。然而乔纳森从系统论的角度认为，人们在运用技术时难免背离最初开发的原意，并在应用过程当中对这种背离不断加以改进。在商业领域中，互联网巨头凭借自身掌握的算法权力，利用算法的自动性可以帮助他们更好地监测市场动向，求得更大的利润空间。当这一权力在缺乏规制，便滋生出许多对个人平等权的侵蚀行为，区别对待消费者，压榨其剩余价值。荷兰学者弗雷德里克研究了电商平台运营状况，平台以消费者的个人特征为高级形式而为每个客户提供不同的价格，选择性定价以一种类似于开放性的态度来对待不同的客户，一些对价格不敏感的客户，它们便对其收取更高的价格。当某位客户经常性浏览奢侈品或购买昂贵的商品，那么他浏览的记录将会被长期保存并被平台利用算法模型进行分析，并且采用追踪算法跟踪客户的下一步行为，并针对不同的用户群体再套用特定化算法形成的差别对待，整个过程甚至可以持续数月之久，这种兼具隐蔽性和复杂性的算法行为过程使得客户根本无力察觉到自己几个月前的不经意之举影响自己直至现在，为客户量身定价格俨然成为一些电商平台默认的行为。这样的算法权力滥用还发生在金融领域，Google 的前首席运营官梅里尔，在2009 年创办了一家金融公司——Zest Finance，其宣称所有的数据都是信用数据，Zest Finance 购买那些能够表明申请者是否拖欠话费的数据，还有其他大量可获取的公开数据或者购物数据，梅里尔承诺公司所放贷款的利率将低于其他贷款商。Zest Finance 算法要处理每个申请者高达一万个数据点，包括一些不寻常的观测值，甚至包括申请表是否正确使用了大小写，他们需要多长时间来阅读申请表，以及他们是否仔细阅读了合同条款，算法可以清晰地分析这些数据，进而形成算法决策，这是一种进步，但是这难道公平吗？穷人和一些低知识水平还包括一些残疾人士，它们不合标准的行为便会潜移默化地增加他们的贷款利率，甚至获取不到贷款，即便他们信用良好可以按时支付账单，此外，这一信用评分程序还涉及种族歧视，有色人种很难得到高分的青睐。算法权力的强制力在于它仅靠数据和分析就能主宰个人命运②，而这一过程并非平等和透明。算法权力来自社会，但是这

---

① 张恩典. 反算法歧视：理论反思与制度建构 [J]. 华中科技大学学报（社会科学版），2020（05）：34.

② 张建文，潘林青. 人工智能法律治理的修昔底德困局及其破解 [J]. 科技与法律，2019（9）：43.

一权力崛起又对社会提出了挑战，平等权作为人与生俱来的一种权利，其内涵应当作扩张性解释，而非被任意限缩。

（二）隐私权风险

隐私权是公民享有的一种对自身信息的控制性权利，这一权利决定了公民自身享有的决定自身生活不被非法干涉，个人信息不被非法利用。隐私权的丧失通常是通过数据的泄露而展开的，数据是算法能否得以运行的关键，人工智能的行业巨头无一不在密切关注着数据的走向，马云把数据比喻为 21 世纪技术革命时代的"石油"，即具有最重要经济和社会价值的生产资料。在当下的互联网竞争中，谁更先掌握到数据，谁才能觅得生机。

包含着个人隐私的个人数据时常会被泄露，实现这一过程并不复杂，主要含有以下的三个阶段，分别是数据的获取阶段，数据的存储阶段和数据的处置阶段。最先展开的自然便是数据的获取阶段，在智能手机上使用 App 之前，会有许多的软件权限需要获取，当被动接受这个权限之后，这些我们熟知的 App 普遍会将我们的个人信息上传至软件服务器，此为完成个人信息获取的第一步；第二个阶段是信息的存储，当数据的价值被无限放大的当下，这个人工智能算法的经营者形成了信息交换的完整链条。这个环节处理主要包含几种方式，一种是公司会通过股权的交叉持有的信息形成利益联盟，以此来完成彼此的信息交流，由于彼此的用户群相似，而相互并无直接竞争关系，形成利益联盟的确是互联网企业最优的生存之道。阿里和腾讯两大国内的互联网巨头已经将市场上较大的互联网公司纳入以各自为首的利益阵容之中，不难想象到这背后的信息交换有多么便捷。另一种，便是通过违法的方式攻击人工智能平台的存储服务器，在成功获取到信息之后将其拆分然后出售至需要的第三方，由于我国对于个人数据的保护立法起步比欧美各国较晚，导致在过去许多年里，个人数据就在网络上被频繁泄露和交易。2020 年 12 月 8 日据国内媒体《新京报》报道，多位明星的核酸检测信息及北京健康宝照片在网上流传，这些信息本该由政府部门或者公益单位妥善保存的私人信息却遭到了泄露，然而，此次事件的揭露也只是关于大数据人工智能背景下隐私泄露的冰山一角。第三个阶段是信息的处置阶段，隐私数据在被广泛的集取之后，需要进行下一步的整合处理加工，以形成更加利于操作的数据集合以适用于各种不同的场景。包含个人隐私在内的个人数据在人工智能算法的处置和应变下，已经无处可存，同时在用户使用软件的快餐化的习惯之下，算法权力滥用造成的对隐私权的侵害还远不及此。

（三）自主权风险

在谈到算法权力滥用造成的公民自主选择权的侵害，就不得不认识到一个词语就是

"信息茧房"这一概念是由哈佛大学法学院教授凯斯·桑斯坦在其著作《信息乌托邦——众人如何生产知识》一书中提出的，但是其实，在其 15 年前关注"信息茧房"的时候还并没有想到如今的信息社会如此繁荣，远甚于他时。信息茧房就是指公众只注意自己选择的东西和能够引发自身兴趣的内容，长此以往便会将自己束缚于如蚕茧一般的信息茧房中。近年来，随着信息技术持续发展，特别是以数据挖掘为支撑的算法推送技术①在今日头条、抖音、微博等 App 中得到了广泛应用，信息茧房的问题越来越凸显出来。这一现象无疑造成了我们某些权利的丧失，这一权利便是——自主选择权。人作为社会动物，了解社会现状，获取社会信息这也无可厚非，不同的社会群里之间也需要通过信息的交换来实现彼此认同感，社会需要多元融合，这一切的需求都为背后的算法运营商利用算法权力，制造"信息茧房"提供了机遇。然而，通过社会心理学对人的分析，我们就能知晓这一现象并不可取，当一个人长期活在这样的信息环境中，逐渐丧失的不仅仅是自身的和社会的分隔，更严重的是自身自主选择能力的逐步退化，人们不再知晓自己真正需要的是什么，甚至人们并不具有自己去选择的权利，只得被动接受算法的运营者想要给予我们他们认为我们需要的一切。

算法实现这一过程有几个方式，其中一种就是通过协同过滤，在掌握足够当量的数据之后，便能实现把和当前用户相似的其他用户的意见提供给当前用户。②从而为用户发现新的感兴趣的资源。例如，当一个用户浏览了关于西班牙足球运动的相关信息，信息背后的算法平台便会默认为其推送更多对此感兴趣的用户所浏览的信息，以此来为用户寻找同类信息，增强用户共鸣。更为进步的还有 YouTube 公司采用的神经网络推荐算法系统，其通过用户浏览其平台上的视频之后对内容的评分，以及浏览的时间长度，是否参与交流评论以及订阅的信息，来对用户的喜好做出判别，再得到用户喜好之后，将用户群二次分类，这样 YouTube 公司就能准确给用户推送其喜爱的视频，并在此外还要跟踪用户后续的浏览状况，做出评判和更正。更须注意的是这一过程并非静态，而是处在一个运动变化之中，正如人脑神经一样遍布整个平台。从理论上来说，发表在 YouTube 这类当下时兴的视频网站中的视频内容，创作者并不单一，每一个人都可以成为视频博主，以实现视频内容的丰富性和吸引力。然而，在人工智能时代，新媒体的创作内容取决于对信息的快速获取以及对特定领域知识的深度挖掘，而这，恰恰是普通的内容创作者无力企及的程度。互联

① 李锋，周雅琦. 算法时代的信息茧房与破解之道［J］. 湖南行政学院学报，2020（06）：47-48.
② 李雨峰. 个人数据的保护与利用研究综述［J］. 西南知识产权评论，2020，（06）：17.

网海量资源的分配，必须依赖算法这一媒介，或者说算法实现了一种基础层面的建设，它本身就是现代互联网的一部分，而正是基础性的建设所以往往不为人所关注。如果将网络内容创作者看作是商品的售卖者，而观众视之为商品的交易者，商品是天生的平等派，商品交易应当在平等者之间进行。经营者追逐利益的最大化是市场竞争中不可避免的一种情形，而这并不能成为消费者自主选择权被侵蚀的正当化事由。

二、算法权力滥用引发社会及国家安全风险

近年来，国内出现算法权力威胁社会稳定和国家安全的争论愈演愈烈，这些争论反映出了国内学者对该权力滥用的担忧。在一个"算法社会"中，何以确保行政权力不被算法权力所牵制，保障社会治理领域算法决策行为的正当性和公正性，以及确保社会秩序的稳固，维护国家和社会安全等诸如此类的现实问题足以引发我们的关注。

（一）社会安全风险

人工智能算法基于其深度学习的基础属性，在经过对数据的分析判断和内在升级的程序，可以实现在一些场景中的深度伪造。通过提取大数据中的共性，因而这一伪造具备高度的似真性，掌握这一算法的应用者可以实现深度伪造。AI换脸技术、指纹伪造技术、人脸识别伪造技术等各种技术类型层出不穷，而当前我国对该类算法技术的规范并不重视，网络主播通过AI换脸可以改变自身容貌，变身成明星或者受害者家人，博取他人喜爱或者信任后进行诈骗。同样还有人脸识别技术，无论是日常的手机解锁、乘坐公共交通出行身份验证，还是天眼系统，人脸识别的应用已经极为普遍。在杭州野生动物园人脸识别案中，被告向原告告知年卡系统经过升级，原指纹识别已被人脸识别所取代，需要收集原告脸部生物信息，原告认为其脸部个人生物信息属于高度敏感性信息数据，一旦泄露将会造成其个人人身及财产安全，因此，原告将被告诉至法院，最终一审法院判被告败诉。根据对该案的分析，我们可以清楚了解到，人脸信息对于个人生命财产的重要程度，算法平台在获取到个人人脸生物数据之后可以实现学习并且复制，这对于智能算法来说并非难事，本案中的原告对该个人信息数据较为重视，而社会普遍缺乏这样的意识，人工智能算法在得到数据的喂养，形成深度伪造，威胁社会安全。

在高度智能化的算法面前，传统依靠人力而为的行政体系正在逐步瓦解，依靠技术优势，人工智能算法可以直接面向相对人引发行政行为，例如，在道路交通上，已经采用了由人工智能算法操控的道路交通系统，可以自主进行交通违法行为的甄别和处罚，这一过程并不依赖具体的行为人来实施，算法在某种程度上已然取代人类成为决策者。行政规制逐步趋向的算法化，算法权力在这种情形下，便拥有了充足的施展空间。

"行政机关在使用预测性算法时，依据的是大数据对应关系而非因果关系，因此，无法提供理由说明，算法深度学习与相关可能存在的预测失真问题由于算法自动化决策无法提供理由说明，算法决策缺乏有效的法律程序控制，易于不断自我肯定与强化，造成行政行为持续性错误与相对人权利受损。"① 新泽西先锋媒体（NJ Advance Media）报道，当地警方在抓捕一名犯罪嫌疑人时，将现场拍摄的图像由 Clearview 软件进行比对，结果发现 Parks 与嫌疑人的照片"高度匹配"。于是他很快被警方拘留，然而 Parks 表示，自己压根儿就没去过事发地所在的那个城镇。在法官向检察官施加压力之下，并且要求出示人脸识别软件之外的更多证据之后，检察官方才撤案，这件"乌龙"事件使得 Parks 白白蹲了 10 天的牢房，自从 Parks 被捕以来，美国新泽西州已暂停使用人脸识别产品，同时在制定监管其使用的政策。在算法司法应用场景中，如果犯罪分子通过 AI 换脸，可能会导致在某个犯罪现场监控拍到的图像视频之后，通过隐蔽的算法技术移花接木，从而隐藏了真正的犯罪分子。

社会安全风险源自社会信任基础的崩塌，一个社会需要良好的秩序来运行，社会信任就是必备的要素。人工智能算法打破了社会信任，特别是传统思维下的"眼见为实"，眼见不一定为实，在自媒体横行下，传统媒体式微的时代，任何算法的设计者和应用者都可以利用智能算法实现深度伪造，缔造社会安全风险。

（二）国家安全风险

以人工智能算法为技术支撑的决策辅助系统在国家政治和对外活动中发挥着极为关键的作用，人工智能技术的进步使得各政治主体之间的差异变得越发明显。缺乏人工智能技术储备的国家和地区在对外关系的建立和国家利益的谋取上处于不利地位，国与国之间微弱的平衡局面将被彻底打破，平等关系转变为牵制与被牵制的非平等关系，人工智能技术水平和发展程度较弱的国家将成为技术竞争中的牺牲品，面临严重的国家安全危机。当算法权力主体在对一些计算机技术没有那么发达的国家进行"入侵"之时，并不需要坚船利炮，而需要的只是算法罢了，算法可以重构世界规制格局。

在国家安全领域，算法应用关切到的是国家公民的切身利益，一旦算法运行出现问题，就会引发国家安全风险。近些年来，美国大选中人工智能技术在政治运作中承担的任务越来越重，并得到证明，人工智能技术能够在一种相当的程度下影响政治的结果。算法平台企业通过设计和应用算法，可以打破竞争性选举的平衡，"一只看不见的手搜集了你的个人信息，挖掘出你的希望和恐惧，以此谋取最大的政治利益"，各种资源结合算法的

---

① 张凌寒. 算法自动化决策与行政正当程序制度的冲突与调和 [J]. 东方法学，2020（06）：16.

分析结论针对性地对个体选民实行引导，以达到算法权力行使者的预期目的。同时，一些算法已经逐渐被应用到军事当中，以深度学习为标志的人工智能技术可以增强信息化作战系统的能力，这是改变战争形态的基础。[①] 随着军事智能化的增强，人类利用智能化武器就能轻易实现对他国的打击，这一情境下，军事争端爆发的可能性变得更加不可控，国家的自我军事约束能力降低，战争爆发离每一个人都愈来愈近，这在实际层面为大国之间的智能技术军备竞赛增添了动力，在无形中增加了国家安全风险。

第三节　人工智能算法权力规制的域外经验

现代算法技术是以机器学习为主要表现特征，这不仅是人类理性能力的机器化表达，更是人类对于现代科技的有益掌握。机器学习算法的发展确定了人类未来的人工智能领域发展方向，然而，在迎接和探索未来的方向上，人类面临的是双重的考验，一方面是发展深度的纵向突破，另一方面则是对于算法发展带来的风险挑战的横向拦截。域外对于算法的规制也在进行着探索，例如，事先政府审计、算法风险评估等管理监督程序。这为我国规制算法权力提出了一些有益方案，可供循迹。

一、欧盟《通用数据保护条例》的应对

2018 年 5 月 25 日，欧盟《通用数据保护条例》（以下简称 GDPR）正式生效。这是一份对于规范数据处理行为的立法，数据规制是构成算法权力规制框架的重要一节，算法产生的种种问题需要依靠个人数据保护立法来解决，将个人数据保护立法置于算法权力规制的大背景之下进行探究也显得更富深意。欧盟 GDPR 立法体现了法律处在这样一种逐步适应新情况的完善与变化之中，法律天然具有滞后性，这一特性并不会随时代的进程而产生显著性的变化，但是每一次信息技术向前一步都会引发相应环境下法律的进一步发展。

（一）个人数据处理原则

GDPR 第 5 条将透明度和问责原则列为数据处理的核心原则，这意味着在立法的方向

---

① 封帅，鲁传颖. 人工智能时代的国家安全：风险与治理 [J]. 信息安全与通信保密，2018（10）：30-49.

上着重强化的是数据的控制者责任。这两项原则在 GDPR① 中的确立，将不仅要求数据的控制者，还包括行政机关、私人控制的数据服务商在内的多重数据服务机构，既要确保数据处理过程的公开性和透明性，增强程序透明度，更要在面对自身应尽义务时做到积极应对，并为此承担相应的举证责任。似乎这样的规定是在增加数据控制者的自身责任，但是与此同时，这也是一种赋予数据控制者参与数据规制的一种方式。

（二）　自我救济权利的赋予

在规制算法权力的这条道路上，赋权模式也在欧盟的考量之中。GDPR 在其第 4 条就规定了数据控制者必须在获取到数据主体知情且明确同意的基础上才享有对数据的处理、收集并进行相应分析的权力，数据主体享有对数据的绝对性权力，知情同意是基础性前提。此外，数据主体对其发出的同意享有随时撤回之权利。赋予数据主体以自我决定权，这避免了数据控制者在数据主体未知或者未详知的情形下，随意操作数据，形成对数据主体不利的影响。另外，应当引起我们注意的是，权力既然被创造，必然有其可取和有价值的一面，限制权力应当符合比例原则的要求。对算法权力的合理限制是必要的，而 GDPR 的赋权模式也是一种切实可取的方案。数据控制者在得到数据之后，利用算法这种现代化的工具，将数据转化为真实的自身利益，权力不仅仅需要权力来管理和规制，也需要权利来掣肘和制衡。增加个人权利，赋予其享有自我救济的能力，在 GDPR 这样的法律之中明确个人权利的类型和范围，使得算法的使用者即数据控制者在使用数据来启动算法，进行算法决策之时需要获取到个人的允诺。同时 GDPR 在其第 17 条规定了当满足一定化的条件之下信息主体有权删除和使其个人信息被遗忘的权利。这包含以下的六种情形：其一，对于个人信息收集和处理的目的而言，个人信息已经不是必需。数据处理目的应当享有必要性，即满足相应条件下的目的，缺乏目的性收集和处理并不为 GDPR 所允许。在为了目的实现的必要性，且在能够识别数据主体身份前提之下，可在目的实现的必要时间内进行数据的存储。其二，数据主体撤回同意，GDPR 赋予数据主体对其发出的同意享有随时撤回之权利，一旦数据主体撤回其同意的，则数据控制者处理数据行为的合法性便丧失了。其三，数据主体拒绝对其个人数据的处理，权利是对抗权力的重要武器，赋予数据主体权利便是为保护个人权利不被侵害的制度性保障。其四，个人信息曾经被非法处理，数据处理必须合法且合目的，在违反此前提之下的任何对个人数据的处理都是违法的。其五，个人数据必须被删除的情形，这是在为了履行欧盟或者特定成员国法律设定义务，数据控制

---

① 季卫东. 数据、隐私以及人工智能时代的宪法创新 [J]. 南大法学，2020（01）：5.

者在欧盟的管理体系下，进行数据处理的活动，而必须遵守的强制性要求。其六，这也是最后的一种情形，对个人数据的处理行为涉及对未成年人的保护，被遗忘权，或者说是删除个人信息的权利，必须在对未成年人的保护上给予一定的倾斜，以保护和满足对未成年人个人信息的保护，在其尚未完全实现对自身个人信息的掌握之前给予的特定保护。

另外一项重要的权利即算法解释权也在 GDPR 中有所体现，GDPR 以 1995 年欧盟《数据保护指令》中"获知算法内部逻辑的权利"为蓝本，在"鉴于"部分第 71 条和正文的第 22 条基于算法的自动化决策，赋予个人干预的权利，允许其表达其观点，并在评估后获得该决策的解释，以及对决策提出质疑。[1] 但同时作为一项法律制度，算法解释权的实现还存在现实的障碍[2]，即没有充分考虑到技术上的可实现程度，在机器学习等人工智能算法模型中，向用户提供算法自动化决策及与个体画像相关的信息已经变得非常困难。

（三）数据保护影响评估和认证机制

GDPR 在第 35 条为数据控制者设定了数据保护影响评估义务，在此义务之下，当即将使用一项新技术进行处理行为，考虑到该行为可能造成的对个体自由权利产生风险时，数据控制者应当在处理行为做出前完成一份数据保护影响评估。GDPR 要求数据控制者自身来具体承担数据处理风险的分析、评估和控制，监管机构仅对数据控制者出具的评估报告展开审计而不参与具体的评估过程。在这种模式下，数据保护影响评估为我们保留下来了自我规制的灵活性优势。在第 40 条鼓励了数据控制者拟定自我行为准则以促进本条例的实施，同时规定了经监管机构认证的、拥有适当专业水准的组织对行为准则的遵守进行专项监督。数据保护影响评估和认证机制的确定实现了欧盟数据保护立法从一种由针对数据处理合法性及保护个人权利对抗算法权力转变到了一种数据控制者实现自我规制的情形之下。

二、美国《2019 算法问责法案》

美国的算法问责法案与欧盟的赋权模式存在较大差异，其在算法治理领域采用的是依靠专门性机构、行政机构和社会力量进行算法评估和审查的问责机制。实质是在于忽略算法内部运行环节，将关注的重点放在算法运行结果的公正性。立法者基于保障社会公共利益的目的，通过问责法案来确保算法决策理性，实现个体的自由价值。

---

① 许可，朱悦. 算法解释权：科技与法律的双重视角 [J]. 苏州大学学报（哲学社会科学版），2020（02）：66.

② 解正山. 算法决策规制——以算法"解释权"为中心 [J]. 现代法学，2020（1）：191.

2019 年 4 月，美国参议会参议院提出《算法问责法案》要求美国联邦贸易委员会对企业进行算法审计，适用的对象包括年收入超过 5000 万美元的公司，以及拥有超过 100 万消费者数据的数据代理商和企业。这将赋予美国联邦贸易委员会（FTC）一项新的权力，并迫使企业研究审计在自己的技术中，是否存在种族、性别或其他方面的偏见。并且 FTC 会对要求使用、存储和共享个人信息的实体进行自动决策系统性影响评估和数据保护影响评估。

自动决策系统性影响评估和数据保护影响评估在此法案之中是指，评估自动决策系统和此项自动决策系统开发过程中，包含自动决策系统的设计和训练数据，对于其使用和目的的详细说明，根据自动决策系统目的，来考虑相关的因素，评估适用的相对成本及相关利益。① 对于决策系统的高风险性，该法案认为这是指考虑到所使用的算法技术的新颖性以及算法自动化决策系统的性质、范围、背景和目的进而产生的高风险，毕竟消费者个人信息的隐私或者安全会导致或促成对消费者进行不公平、不公正，换言之是有偏见的算法自动化决策。美国本土算法治理，特别是在算法问责中，FTC 成为肩负重要责任的一环。算法问责的实质是指"算法开发人员有责任提供关于算法相关的解释说明，在算法对社会或者个人产生实质性的伤害之外，对算法控制者的责任进行分配和对危害发生之后进行事后救济"。2019 年算法问责法案还关注到了个人敏感信息的保护问题，该法案要求上述的大型数据代理商和企业，需要自身审计一些可能涉及隐私或者涉及安全风险的敏感数据的相应流程，包含个人身份识别、个人敏感信息保护等，美国参议会通过提交法案的形式要求这些企业为自己的算法行为买单，对其负责。

三、域外算法权力法律规制给予我国的启示

我国与欧盟和美国的法律规范及应用环境都有不同的差异，面临的问题自然也不尽相同，但是对算法权力这一新兴权力，没有哪一个国家或地区寻找到了最优的法律规制方案，都是在相互学习借鉴中探索，各国之间无论是立法还是执法中一些优点和出现的问题，都值得我们借鉴和反思。

欧盟对于算法权力的规制采用的是一种立足数据保护，将建构个人数据权利和健全完备的数据保护法律相结合的方案，将数据权追加为个人的基本权利，通过制定包含 GDPR、网络安全法在内的多部法律法规，来完善对于个人数据权利的保护，同时欧盟模式基于个人数据权利的视角，对算法决策的自动化行使中的人为干预问题进行了规定，肯

---

① 陈思. 算法治理：智能社会技术异化的风险及应对 ［J］. 湖北大学学报，2020（1）：158~160.

定了数据主体的自我决定权，起到了保护算法相对人的利益的作用。但是其中对于个人数据保护中的"知情同意"极易被平台算法架空，沦为"决策厌恶"的附庸，值得反思。通过赋权来瓦解算法权力的欧盟模式，为我国的规制思路也提供了一些借鉴。

美国目前走的是一种以算法问责制度为核心的规制路径，并且采取自我评估和政府评估双轨并行。强调通过企业自身的审计和评估，来规避对社会和个人的风险，政府尽量减少对人工智能产业发展的限制性规定，这体现了美国模式更注重运用市场手段来实现算法的良好运行。在面对一些特定情形时，也采用强制性手段，这包含侵犯隐私权和歧视现象等的算法采用了强制性的禁止。除此之外并未采用过多针对算法本身的制约性规则，这就为企业在巨额利益的诱惑下规避监管和自身虚假审计提供了可乘之机，FTC 并非专业的算法问责机构，可能会产生出监管效率低下的问题。

在这样两种模式之下，欧盟更侧重的是确定良好的数据治理规范，体现出欧盟对于数据的重视，也展现出欧盟对于未来数据应用的急切需求。欧盟将数据视为竞争和发展的重要因素，这与我国绝大多数的学者和商界领袖看法是一致的，但是我国对于数据的治理缺乏立法，更缺乏治理的体系与思路，汲取欧盟的治理经验，同时与我国国情相结合，算法治理离不开数据的作用，但是一旦对数据的收集和应用限制过深，会禁锢算法平台的发展。而美国模式，更强调的是算法平台的规制和问责，重视市场的调节作用，市场主体可以在竞争和技术的驱动下形成行业规范，政府做的是算法问责，这需要 FTC 来运用职权保障市场秩序不被破坏，我国同样可以学习这一模式中的益处，建立立体化的算法的审计监督机制，确定专门的部门履行 FTC 的职权，完善市场的规范作用，保护和促进算法平台企业的良好和有序发展。

第四节　构建人工智能算法权力的法律规制路径

一、算法问责机制的构建

算法权力的规制也必须依靠对算法的问责所形成威慑与约束力，对算法产生的危害进行追责。建立一套合理的算法问责制度，使得算法企业在采用算法塑造隐形权力，为其谋取不平等利益的时候能够获得相应的惩治。其实质在于算法设计者或者实际控制者有义务就算法技术产生的风险及可能产生的危害，承担相应的司法责任和完成危害的事中与事后补救。建立一套公开透明的人工智能监管体系，需要从算法的设计就入手，对人工智能算法的设计、开发、使用一系列流程做到全方面的审计与监督。顶层设计固然重要，但是在此范畴之内，在实践中细化，建立长效且完备的审计监督机制，也显得尤为关键。

（一）算法问责机制的运行基础

实现算法权力运行的公平性和透明性，保证算法的权力运行能够得到公众的信任且接受。那么就必须建立健全算法的审计与监督机制。上海市人民政府印发《关于建设人工智能上海高地构建一流创新生态的行动方案（2019—2021）》[①] 明确提出率先构建人工智能风险评估和法治制度体系，研究通用性的人工智能规制准则。

首先，算法的问责机制的建构是为了规范算法权力的行使，为了规范法律责任的认定和承担。通过参考美国2019年《算法责任法案》，我国也可以在此基础上通过立法机关出台属于我国的专门性算法责任法案，应当明确地对算法问责的主体做出区分，通过设置条件框定算法问责的对象，以及首先问责的标准和法律后果，并且以细化算法企业的用户数量和企业的年收入以及掌握的算法层级将其作为算法问责主体的认定条件。

其次，对于企业，算法问责制度应当对其自行公开的算法运行报告涉及的内容和范围做出规定。一些报告需要面向公众，特别是当算法相对人，其有权知悉算法的运行逻辑，否则在此之间可能存在商业风险性问题。我国的算法企业长期处在一种事后监管机制之中，监管滞后已成为阻碍算法问责具体落地的大难题。算法问责制是实现算法权力规制的重要一步，它可以使得互联网企业肩负起对算法系统的开发和使用职责，利用好算法来为人类发展助力。我国构建的算法问责机制是一种依靠立法来赋予算法控制者法律的责任和义务，说明其算法活动，并承担造成不利后果的法定责任，保证算法的可审计、可追责。构建算法问责制度就是打通技术和法律的责任链条，使得技术行为也能受到法律的监督管辖。

（二）构建本土化算法解释权

本土化的算法解释权的价值可以从三个角度理解：第一，本质上，算法"解释权"是一种请求权，即当一项算法决策对相对人构成法律或其他类似重大影响时，该相对人即有权向算法控制者提出异议，并可要求其提供关于算法决策的解释，进而请求更正错误或不当的算法决策等；第二，若因数据错误导致不利算法决策，那么相对人可要求算法控制者根据其提供的准确数据或在删除错误数据后重新进行决策；第三，算法"解释权"中最核

[①] 上海市经济和信息化委员会关于印发《关于建设人工智能上海高地构建一流创新生态的行动方案（2019-2021 年）》的通知［OL］. http：//www. xuhui. gov. cn/H/xhxxgkN/xhxxgk_ kjw_ ghjh_ zxgh/Info/Detail_ 43737. htm，2019-10-24

心的问题当属解释的标准与内容，即要求算法控制者以简明的自然语言解释算法决策相关信息。简而言之，算法"解释权"就是通过赋予个人对算法决策的解释权利进而实现对"算法权力"滥用的适度制约。①

算法解释权是一项具有其独立价值的权利，在当下的算法社会之中，数字化的决策结论似乎成为我们面对社会的唯一符号，但这并不然，个人仍然是社会主体，算法是人类社会的衍生，其并不能剥夺我们作为人类主体的个人价值，算法解释权作为一种尊重公民自由，自主选择的权力，是一种具有独立内核的价值，其对个人价值的实现，展现出了一种尊重。

第一，在本土的立法层面应当赋予数据主体获得算法解释的权利，对算法设计者赋予解释算法的法定义务，算法的设计者和算法的实际掌控者都应当在算法的归责范围之内，违反义务需要承担相应的不利后果。改变当下国内对于算法的缺乏有力控制的局面，破解算法的黑箱谜题，保护个人和社会合法权益不受侵害。算法解释权，顾名思义，面向的对象是算法，即算法自动决策行为，解释的内容应当包含算法决策结果产生的原因以及算法自动化决策的运行逻辑、意义和个人数据信息使用之说明②，应当针对个体信息的特征性情形，额外参考信息以及特定决策的运行规制提供简明易懂的解释，在立法上应当对解释的范围做出更加详细的规定。③

第二，明晰算法解释权的行使路径，在我国本土构建算法解释权，自然需要在权利设计上考虑到实际的适用情况。首先，算法解释权的行使路径应当做出区分考量，事前的算法解释权可以使得个人数据主体在数据被算法控制者即将被进行算法分析，产生算法决策之前，对算法决策系统的设计理念和决策产生方式及逻辑结构有了事先的准备。而事后的算法解释权，在这基础上更多的是一种个人权利救济路径，个人数据主体通过算法解释权可以获得算法设计者和控制者对于特定决策结果得以明晰。两种不同时间段的解释权，各有利弊，面对复杂的算法技术架构，根据数据主体的需求，可以选择不同时间段的解释，在一些重要的评估决策性场合，例如，上文提及的银行信贷对用户的信用评级采用的算法决策，是判定一个人能否获得贷款的重要标准。为了满足个性化的需求，扩大算法解释权的社会化功能，在不同的应用场合，结合不同的企业即决策类型，本土化立法应当在此基础上做出细化。

---

① 汪庆华. 算法透明的多重维度和算法问责 [J]. 比较法研究，2020 (6)：166.

② 张恩典. 大数据时代的算法解释权：背景、逻辑与构造 [J]. 法学论坛，2019 (04)：152-153.

③ 张欣. 算法解释权与算法治理路径研究 [J]. 中外法学，2019，31 (06)：1425-1445.

（三） 建立算法影响评估机制

我国需要建立的算法影响评估制度应当是一种立足算法运行事前、事中、事后，确立一定的中立并且专业、可信的评估主体，来保证对算法设计及部署、运行的全部流程予以动态评估的制度体系。评估内容兼具算法自动化决策的合法性和必要性，包括其影响及风险。

建立我国的算法影响评估机制，首先应当根据算法的应用领域，划分优先等级，确定最先适用的领域，如在司法领域应用算法，司法程序关系到当事人的人身自由甚至是生死选择和财产的得失，依其重要程度提升其适用等级，在美国有将近一半的州运用人工智能算法来帮助法官量刑，以减轻法官的工作量，目前我国个别地区也在逐步采用人工智能算法来参与诉讼文书制作，信息数据化处理等工作。另外，由于社会治理中广泛推进算法运用的趋势性下，政府决策对算法自动化决策的依赖性使得公共安全的保护处在一种紧迫性之中，虽然政府对于技术的把控最为谨慎，但是随着智慧政府的深入推行，风险也随之成倍增加，算法影响评估需要关注公共规制领域的社会化风险并提升优先级，并且要求自动决策算法在用于商业以及公共事业场景前就接受独立的社会技术分析。其次，需要结合算法平台的技术架构和影响维度来识别高风险应用场景和系统类型并先予评估[1]，结合技术架构的复杂性和部署目的以及任务类型、影响主体、范围、程度、所涉数据和个人信息的敏感程度等等，建立能够识别高风险自动化决策系统的评估指标体系。最后，应当确保评估指标体系的科学性以及提高精准度，根据不同类型的任务需求，并且跟随不同场景变化和环境因素的改变，及时更新不同的评估标准，算法影响评估体系应当是一个时刻更新并且类似数据库的形态，以确保评估行为的可操作性。

这项机制的建立并不只是简单的立法工作，而是需要多部门的配合完成的系统性工作，建立统一的算法影响评估机制。并且由于人工智能技术对数据的深度挖掘能力以及快速的更新迭代能力，算法影响评估工作应当以精准化治理为目标，细分工作环节，增加评估的可操作性。同时在执行层面，量化主体责任，建立强有力的执行保障机制，明确评估部门的法定职权，确定执法权的归属，设立专门性专业化的评估执行机构，同时也接受吸引公众的参与，提高评估的透明度及参与度，接受公众的监督，未能正当履行评估职责，要及时追责，保证算法影响评估机制全环节的稳定良性发展。

---

[1] 张欣. 算法影响评估制度的构建机理与中国方案 [J]. 法商研究，2021 （02）：104.

（四）构建立体化审计监督机制

1. 企业内部审计制度

企业作为算法权力内生和使用的受益者，聚焦企业的算法优势，围绕算法权力来打造企业的发展和盈利模式已经成为一种正常的状态。《个人信息保护法（草案）》第五十三条确立了算法审计制度，个人信息处理者应当定期对其个人信息处理活动、采取的保护措施是否符合法律、行政法规的规定进行审计。算法审计制度的确定，从法定义务和合理性上论证了构建全方位的算法审计与监督机制的必要性。① 从企业内部入手，加强企业的价值引导，强化企业的责任感，引导企业自愿自发开展算法内部审计，这种内部审计并非是一种走过场行为，而是一种法定的约束义务。内部审计具有其必要性，算法自动化决策的风险企业内生的，企业作为算法的设计者，不能从其内部有效约束其决策与行为，而单纯依靠外部的评估和审计，极易产生规制上的失位。立法上应当具体其内部审计责任，将其责任缺失作为对企业进行问责的重要依据。其次内部审计作为一种前置性、基础性的审计模式，也是一种算法权力规制时点前移的重要表现，保障算法安全需要企业的自觉遵守，同时依赖算法问责制的配合，促使企业在投入一项新的算法之时做到更深刻的自我认知。

2. 多主体参与的外部审计制度

在企业内部审计的基础上，外部还需要不同主体的参与和协作。算法审计制度赋予监管部门有权启动外部审计，构建多重主体参与的审计监督模式，包括政府力量控制下的公共机构、专业化的审计机构以及第三方个人的参与，推动算法的审计的灵活性，避免造成公共机关事务紊乱造成的审计效率较低产生对算法的设计和控制方不必要的阻碍，通过多主体之间的对话与协商，以一种博弈的形式来分配最终风险与责任的归属，提升算法安全和质量，促进算法健康的运行与发展。

在制度构建上，首先可以将算法的风险性管控与算法企业的内部审计联系起来，通过企业的内部审计，定时向监管部门提交报告。监管部门根据报告并结合算法影响评估的结论，做出分析与判别，当监管部门认为数据控制者有可能造成算法的损害结果时，即可以启动算法的外部审计，监管部门直接通过外部干预方式对平台日常运营开展审计调查，促进企业内部自律性的提高。算法审计的关键在于不侵害算法设计者或者所有者商业秘密的前提之下消除对于算法可能造成的对相对人之不利影响，这种影响也可能是对相对人自由

---

① 张凌寒.《个人信息保护法（草案）》中的平台算法问责制及其完善 [J]. 经贸法律评论，2021（01）：36.

意志和社会公共利益的不利影响。

多主体的审计模式在世界范围内也得到了广泛的认同，并发挥着作用，例如，第三方非营利性的民间新闻网站 Pro Publica，即在算法审计中发现量刑算法存在的种族歧视问题。同时在认为自身利益遭受算法的侵害时，个人或者社会主体可以要求监管部门开展任意时间和地点的审计工作，以维护个人和社会的公共利益，并且将审计结果作为算法设计者和控制者接受算法问责的依据，如果算法的责任程度在可控和可引导的范围内，那么可以责令算法企业进行及时的改正，对于较为严重的可以采取行政处罚。

二、诉讼保障制度的完善

算法侵权诉讼在可以帮助算法相对人恢复自身受损权利，获取损害赔偿，同时在客观上又兼有促使算法平台改进算法功能，促进其自我约束的功能。算法权力在互联网世界中片面制造了不平等的竞争关系，造成了个人和社会利益的损失，在私立救济存在诉讼成本过高，自身无力保证的情形下，算法侵权行为符合公益诉讼的一定程度性影响要求的，可以鼓励符合公益诉讼条件的主体开展公益诉讼，发挥对私益诉讼的指引作用，降低个体私益诉讼难度，强化诉讼动力。

（一）公益诉讼制度的保障

公益诉讼是一种以检察机关为主导，社会公益性组织和特定个人参与，追究违法行为主体法律责任的活动，在国家倡导和鼓励公益诉讼发展的当下，越来越发挥出其重要的司法作用。2017 年 12 月 11 日，江苏省消费者权益保护委员会就百度公司涉违法获取用户信息权限一案向南京市中级人民法院提起消费民事公益诉讼，最终本案以百度公司的自行整改而撤诉。检察机关在执行法律监督活动中，特别是对算法权力进行法律监督时，当发现有算法企业滥用算法权力，致使国家利益和社会公共利益遭受损失的情形发生，使用公益诉讼又何尝不是一种发挥自身检察机关职能的重要方式。[①] 此外，检察机关还可以结合办案，认真分析侵犯算法权力滥用违法行为的特点和规律，及时向算法监管机构发出填补漏洞、健全机制的检察建议。

检察机关在提起公益诉讼，不仅面向算法企业，还要针对算法的监管部门，确保算法监管部门强化对算法企业算法合法性的监管，做好监管机构的守护者。当发生行政监管部门未履行算法监管义务、监管不到位等问题，可以首先通过行政公益诉讼诉前检察建议的

---

① 刘哲. 以公益诉讼的模式对"算法"进行系统监督 [N]. 中国人民检察院报，2018：02.

方式督促相关监管部门履行监管义务，保障社会公共利益，监管部门在诉前检察建议回复期限届满之后未履行相关义务的情况下，检察机关可以提起行政公益诉讼。其次，针对已经造成社会公共利益受侵害的行为，检察机关应及时通过提起民事或者行政公益诉讼的方式及时督促有关企业和行政执法机关维护遭受损害的社会公共利益。对于检察机关自行发现的算法霸权危害社会公共利益的案件，依据诉前公告程序进行公告，在期满且未有相关社会组织和单位参与的情况下，可自行提起民事公益诉讼。另外，检察机关办理算法企业涉及的刑事犯罪案件中，对存在涉案企业滥用算法权力侵害社会公共利益问题，同样在履行相关公告程序后，检察机关可以通过刑事附带民事公益诉讼的方式及时确保社会公共利益得到法律保护。

（二）诉讼支持制度的完善

个体采取诉讼制度来获取救济常受举证能力和各方面认识条件的制约，因此，有必要建立一套诉讼支持保障制度来确保个人救济路径能得以实现。首先，国家可以在相关的监管机构内部设立诉讼支持保障部门，为个人诉讼救济时提供帮助，帮助其获取必要的证明材料和算法侵权行为的认定。[①] 其次，因为个人权利受损常常存在多种因素共同构成，受损者很难证明受损事实与算法行为本身存在因果关系。因此，在诉讼过程中可以遵循举证责任倒置，由算法的设计和控制者承担举证责任，根据诉讼要求证明自身算法行为的合法性，这当中包括证明从算法设计目的，自身的算法审计行为合规有效，充分履行各项应当公开事项的披露义务，训练算法的数据安全可靠合法，并且法院有权要求其证明在算法决策中运用的数据变量与特定决策之间存在合理性，以保证该算法的客观中立。一旦算法设计者或控制者不能举证，那么应当推定其存在过错，承担不利的法律后果。

---

① 程莹. 元规制模式下的数据保护与算法规制——以欧盟《通用数据保护条例》为研究样本 [J]. 法律科学，2019（04）：50.

第六章 人工智能的刑法规制研究

第一节 人工智能的刑法规制概述

人工智能刑法规制即涉人工智能领域相关犯罪的刑法规制，是指利用刑法手段规范制裁涉人工智能犯罪的方式和方法。易言之，刑法通过犯罪化和刑罚化的方式实现对人工智能犯罪的制裁和预防。犯罪化是指通过修改刑法条文或司法解释，将行为人利用人工智能实施或人工智能本体自发实施的严重危害社会的故意行为及造成严重后果的过失行为上升为犯罪，再通过刑罚处罚的手段实现相关行为的刑事追责。刑罚化则主要是指对未来涉罪的智能主体施以一定的新型刑罚，以实现刑法的惩罚和预防功能。

在面对人工智能时代下迅速升高的社会风险时，仅凭民事和行政两种法律手段进行规制在很多时候会力不从心。刑法作为公民权益的最后保障法，必须介入人工智能领域进行控制，发挥其"兜底"的作用，将严重危害社会的行为上升为犯罪加以规范和制裁。研究人工智能的刑法规制，意在防控人工智能犯罪风险，制裁涉人工智能犯罪，以保障公民合法权益和人工智能技术健康发展。

一、人工智能刑法规制的特征

随着人工智能的社会应用不断推进、普及程度不断提高，新型的人工智能犯罪也会随之出现并不断发生变化。人工智能核心的智能系统实质上是一种计算机信息系统，所以，人工智能犯罪必然会与信息网络类犯罪存在一定相关性，但不尽然相同。因此，人工智能刑法规制也区别于信息网络类犯罪和其他传统犯罪，有自己的特征。

人工智能作为一种新兴技术方兴未艾，与传统犯罪不同，人工智能领域的犯罪具有高科技性。相较而言，人工智能犯罪往往更难以发现，其中的因果关系也更加复杂，在司法实践中可能存在证据难以搜集，因果关系难以认定等难题。所以，在应对人工智能犯罪时，侦查手段和裁判标准也当与时俱进，以彰显刑事司法的有效性和公正性。

区别于自然人能加以控制的信息网络犯罪，智能化程度高的人工智能完全可以脱离自然人的控制自主运行，人工智能犯罪因此，也呈现出不可控的特点。简言之，人工智能犯罪相较于其他犯罪更难以预防，应当更加注重惩治，这也是作者肯定强人工智能犯罪主体的重要原因之一。

除此之外，基于人工智能技术和人工智能犯罪的未知性，人工智能刑法规制还必须具有一定的前瞻性。人工智能给人类带来的更多是潜在风险，且技术的发展趋势和速度我们不得而知。我国成功抓住了人工智能这场科技革命的先机，也许不久后强人工智能就会面世并进入人们的生活中。因此，需要未雨绸缪，适时为未来立法，让人工智能技术在制度的约束下发展，让智能产品在安全的前提下运行。

二、人工智能刑法规制的对象

人工智能刑法规制是为了预防和打击人工智能领域相关的犯罪，作者将其规制的对象主要分为以人工智能为对象实施的犯罪、利用人工智能实施的犯罪、人工智能本体实施的犯罪这三类。

（一）以人工智能为对象实施的犯罪

有学者提出，随着科技的进步，未来人工智能会广泛应用，侵犯人工智能的犯罪可能同时侵害多个法益，妨害多个领域的活动，因而有必要让人工智能的系统安全成为独立受刑罚保护的法益。人工智能是实体和系统的结合，此类犯罪既包括侵害人工智能实体的犯罪，也包括侵犯计算机系统的犯罪和扰乱人工智能正常运行的犯罪。对于前两种情况，可以认定为一般的财产犯罪（如故意毁坏财物罪）和侵犯计算机系统安全的犯罪（如破坏计算机信息系统罪）。而对于后者，其行为的定性就不是那么容易了。若行为人使用特殊手段干扰正在正常运行的人工智能，如切断电源供给使得自主运行的智能机器人无法充电，导致其无法完成指定任务，此种情况显然无法依据上述罪名追究行为人刑事责任。现行侵犯计算机系统安全的犯罪具有局限性，不能很好地应对以人工智能为侵犯对象的犯罪，初步考虑可以通过增设"干扰人工智能活动罪"等罪名来解决前述问题。

（二）利用人工智能实施的犯罪

行为人可以通过入侵、篡改人工智能系统或利用系统的漏洞，向其传递错误的指令，诱导其实施犯罪行为。此情形下，传统刑法并不存在适用不能的问题，通常可以依据行为人的"目的+手段"进行定罪。例如，行为人通过入侵正在运行的自动驾驶系统使其出现错乱，从而导致严重交通肇事。该行为就属于典型的以信息网络资源为工具的犯罪行为，又称为犯罪场所型的网络犯罪。自动驾驶系统当属刑法上的计算机信息系统，行为人的手段行为符合《刑法》第二百八十六条的规定，可构成破坏计算机信息系统罪。同时，根据行为人犯罪主观方面的不同，还可能构成故意杀人罪或以危险方法危害公共安全罪，一行为触犯数罪名，系刑法上的想象竞合犯，当与前述罪名择一重处。

（三）人工智能本体实施的犯罪

人工智能本体实施的犯罪是指强人工智能处于自我意志之下独立实施的犯罪。随着人类对人工智能技术的不断熟悉和人工智能程序的不断扩展，不少人认为人工智能将真正独立于人类。弱人工智能虽然具有一定的自我决策能力，但归根结底还是基于人类事先的编程，只能体现人类意志而无自我意志。但是，强人工智能则完全不同，得益于强大的学习能力，强人工智能会不断从周围的环境中学习并完成自我进化，当其具有与人类相似的辨识能力和控制能力，甚至拥有远超人类的学习能力时，完全可能超出编程范围做出自我判断并自主执行某些不可预知的行为。

在苏联曾经发生过一宗离奇的杀人案，一台超级电脑在和国际象棋冠军尼古拉·古德科夫挑战时，在连续三局都输给这位冠军的时候，似乎突然恼羞成怒，释放出强大的电流将他电死。当时警方经过调查给出的结论是：这个超级电脑在开始的时候输入的是赢棋的程序，但是由于它自己连续地打败仗，于是自己修改了程序，放出电流，将古德科夫电死。虽然之后有专家指出，是电脑运行过程中产生的"电子雾"导致系统出错从而引发的悲剧。虽然这次事件不足以证明人工智能在自我意志下实施了杀人行为，但在这次事件之后，科学家们加强了人工智能的相关研究。经过多年的探索，人工智能技术已经突飞猛进，相关研究成绩斐然，科幻电影中经常出现的类似于"终结者"这样的人形超级智能机器人可能很快会成为现实。

科技革新带来的转变必定是有利有弊，人工智能基于其强大的自主学习能力，终将打破固有的工具属性，升高危险系数。在科技不断发展，机器人越来越智能的时代，机器人能否对自己的行为负责，人类又该如何防范它们带来的威胁。其中，最重要的问题便是传统刑法中的犯罪主体理论会受到冲击。如何应对这一系列新的挑战，将直接决定人工智能的刑法命运。

综上所述，人工智能犯罪主要分为以上三种类型。而相较于传统犯罪，人工智能犯罪呈现出复杂化、多样化的趋势，给社会带来诸多风险，人工智能刑法规制的问题亟待解决。诚然，以人工智能为对象实施的犯罪同传统的财产犯罪或信息网络类犯罪无异，大可直接将智能产品视作人类的合法财产或将智能系统视作计算机系统加以保护。但是，利用人工智能实施的犯罪以及人工智能本体实施的犯罪可能面临许多新的难题。因此，下文将从社会风险防控和人类权益保障的角度出发，着重讨论利用人工智能实施犯罪以及人工智能本体实施犯罪的刑法规制问题。

三、人工智能刑法规制的必要性

对机器人的规制与惩罚是机器人伦理规范在法律层面的表现之一，当前人工智能法律规制的理论研究还是以侵权责任的研究为主。目前来看，学界普遍主张人工智能致害后以侵权责任来解决受害人的赔偿问题，但开发人工智能和使用人工智能的企业或个人大多腰缠万贯，对于他们而言，民事赔偿可以说是无关痛痒，仅通过民事法律规范进行规制明显是不够的，人工智能技术带来的极高的风险决定了人工智能的规制终究要上升到刑法层面。人工智能犯罪类型多样，既包括以人工智能为对象或工具的犯罪，还包括人工智能本体实施的犯罪。在未来，涉及人工智能的刑事犯罪必然呈现多发的趋势，人工智能犯罪将大量涌现。因此，人工智能刑法规制有其必要性。

首先，人工智能刑法规制具有正当性。我国刑法在当下建设和谐社会的工作中发挥着纲举目张的作用，在未来也应继续以公民权益保障为己任。刑法作为公民权益的最后保障，在面对新的风险和挑战时，必须承担起预防和保障的责任。与时俱进，随着科技的进步不断完善刑法条文和司法解释，编制更加严密的刑事法网是当下我国刑法发展的必然趋势。

其次，人工智能刑法规制具有现实意义。对人工智能刑法规制持否定态度的学者普遍认为，现在进行人工智能风险防范的讨论为时尚早。刑法的修改与制定方面问题的探讨不能建立在幻想之上，而应当在所谓的"风险"真实呈现的时候再展开相关的理论研究。作者认为，此种观点与当前人们所处的风险社会的环境是相悖的。回望历史，几次工业、科技革命助推了世界大战，导致了时代的更迭。揆诸现实，科技的进步催生了各种各样的新型犯罪。科学技术的发展之快是难以想象的，从最开始凤毛麟角的传呼机到如今 5G 时代的来临仅仅只用了几十年的时间，正如十几二十年前我们无法想象今天智能手机的普及一样，今天我们也想象不到几十年后智能机器人和人类共存的景象。科学技术日新月异，而法律的完善，尤其是刑法的修订可不是一蹴而就的。倘若现在我们选择坐以待毙，等到强人工智能真正实现自我意志的时候，再对其加以规制想必是难上加难。刑法的"前瞻性"不当成为一个伪命题，而当在立足现在的前提下顺应未来。因此，在保障科技飞速发展的同时，必须动用刑法对领域内涉罪的行为加以规制。面对可能产生的风险，无论是从公民权益保障的角度出发，或是从科技发展的保护出发，都应当做到防患于未然，将人工智能技术可能带来的社会问题最小化。

最后，人工智能刑法规制必须注重适当性。短期而言，对人工智能领域的过度干预必然会阻碍人工智能这一新技术的进步，从而阻碍社会经济生活新增长点的发展。长远来看，这种规制是在与人类发展的必然规律相抗衡，也注定是徒劳无功的。因此，在应对人工智能带来的风险时，刑法的干预和刑罚的设置应保持在适当的限度内，既不能让对人工智能技术的

滥用行为破坏社会的稳定发展，又不能让刑法的过度干预阻滞人工智能技术的创新和发展。

第二节　人工智能的刑法规制现状

事实上，人工智能领域的研究本身就是超前的，没有人能回答出人工智能技术的极限到底在哪里。如霍金所言，人工智能的技术发展到了一定程度会给人类带来威胁，人工智能技术发展的未知性决定了人工智能产品必将给社会带来巨大的风险。

一、规制人工智能犯罪的已有罪名

目前，我国刑法已有罪名可以直接规制部分涉人工智能领域的犯罪，主要集中在信息网络类犯罪领域，具体罪名包括：非法侵入计算机信息系统罪，非法获取计算机信息系统数据、非法控制计算机信息系统罪，提供侵入、非法控制计算机信息系统的程序、工具罪，破坏计算机信息系统罪等。以上罪名可以直接适用于计算机领域的人工智能犯罪，除此之外现行刑法中还有其他一些罪名也可以直接规制人工智能犯罪。

（一）非法侵入计算机信息系统罪

《刑法》第二百八十五条规定，违反国家规定，侵入国家事务、国防建设、尖端科学技术领域的计算机信息系统的，处三年以下有期徒刑或拘役。现阶段的人工智能系统本质上还是计算机系统，应被视作刑法上的计算机信息系统。且国家、企业正在研发的高级别智能技术应当涵盖于本条所述"尖端科学技术领域"之中，所以，此类高级别、非社会化应用的人工智能系统，仍然属于非法侵入计算机信息系统罪的犯罪对象。行为人违反国家规定实施侵入前述智能系统的行为时，应当以此罪追究其刑事责任。

（二）非法获取计算机信息系统数据、非法控制计算机信息系统罪

非法获取计算机信息系统数据罪、非法控制计算机信息系统罪，即包括违反国家规定，侵入除《刑法》第二百八十五条规定的三个领域以外的其他计算机信息系统的行为，也包括违反国家规定，采用其他技术手段，获取该计算机信息系统中存储、处理或者传输的数据，或者对该计算机信息系统实施非法控制，情节严重的行为。

违反国家规定，实施侵入前述三领域之外的人工智能系统或非法获取三领域之外的人工智能系统数据的行为，抑或对该系统进行非法控制的，情节严重时可构成非法获取计算机信息系统数据、非法控制计算机信息系统罪。

（三）提供侵入、非法控制计算机信息系统的程序、工具罪

我国《刑法》规定，提供专门用于侵入、非法控制计算机信息系统的程序、工具，或者明知他人实施侵入、非法控制计算机信息系统的违法犯罪行为而为其提供程序、工具，情节严重的，构成提供侵入、非法控制计算机信息系统的程序、工具罪。

利用人工智能实施上述行为的，也应当成立此罪。司法实践中已有几起案例，绍兴发生的国内首例人工智能案便是该罪适用于人工智能犯罪的一个典型例子。该案中，张某等人通过运用人工智能技术训练机器，让机器如 AlphaGo 一样自主操作识别，有效识别图片验证码，轻松绕过互联网公司设置的账户登录安全策略，给网络诈骗、黑客攻击等网络黑客提供犯罪工具。最终，本案当事人被判处提供侵入、非法控制计算机信息系统程序、工具罪。而在另一案中，行为人通过人工智能"训练"的方式，提高打码平台识别验证码的速度和准确度，以此为手段来增加他人 QQ 号被盗取的风险，为其他实施犯罪的人提供帮助，受诉法院也依法判决被告人构成提供侵入、非法控制计算机信息系统程序、工具罪。

（四）破坏计算机信息系统罪

破坏计算机信息系统罪是指，违反国家规定，对计算机信息系统功能进行删除、修改、增加、干扰，造成计算机信息系统不能正常运行，后果严重的行为。

而侵害人工智能的行为不仅包含破坏实体的行为，还包含破坏系统、程序的行为。行为人实施破坏人工智能系统、程序的行为，造成严重后果时构成破坏计算机信息系统罪。

（五）其他犯罪

除了上述能够直接规制当下人工智能犯罪的计算机犯罪以外，还有不少已有的罪名也能够直接规制人工智能犯罪。譬如，人工智能犯罪类型中，以人工智能为对象的犯罪也几乎全然被囊括于我国现行刑法已有的罪名之下。盗窃智能产品可能构成盗窃罪，故意破坏智能产品的实体可能构成故意毁坏财物罪，窃取或非法公开涉密的人工智能技术可能构成侵犯商业秘密罪，企业或个人非法利用他人的专利技术生产相应的智能产品可能侵犯知识产权罪，利用人工智能技术软件开设网上赌场最终被认定为开设赌场罪等。

二、人工智能刑法规制存在的问题

人工智能犯罪基于其特征，区别于传统的刑事犯罪，其出现势必会对传统的刑法理论造成冲击。虽然现阶段人工智能给刑法带来的只是冲击而不是颠覆，尚未达到需要对现行刑法体系进行重构的程度。从微观上讲，现行规定仍然可以有效适用；从中层来看，传统

理论仍然能起到指导作用；从宏观来说，刑法的稳定性未被动摇。而且，已有部分罪名可以直接规制此领域的犯罪。因此，在应对新的问题时，大部分规定是可以直接适用的，只需要厘清新问题新风险的应对方案并对刑法进行相应的完善即可。

尽管如此，我们仍应看到我国人工智能刑法规制中存在的一些问题。比如，犯罪化程度不高，现行刑法无法涵盖涉人工智能领域的全部犯罪，即部分情况下责任主体无法入罪的问题。另外，归因于强人工智能尚不具有主体资格，无法直接追究其刑事责任，因此，现行刑法无法有效规制强人工智能本体独立实施犯罪的情形。

（一）犯罪化程度不高

通过检索人工智能相关的刑事案件，可以看出，我国现阶段对人工智能的刑法规制仍然停留于计算机、信息网络犯罪这一方面，犯罪化程度较低。而诸如自动驾驶汽车交通肇事等具有严重社会危害性的行为或案件并没有被纳入刑法规制的范畴。2016年轰动一时的邯郸特斯拉案，死者父亲因儿子使用特斯拉"自动驾驶"系统发生交通事故而致死，将特斯拉中国销售公司告上法庭。事故中造成一人死亡的严重后果，最终却没有上升为刑事案件。除了自动驾驶汽车交通肇事的刑事责任问题外，人工智能技术的发展和社会性应用过程中还有许多传统刑法无法介入的情况，譬如一些传统刑法不认为是犯罪却能造成严重后果的行为。

由于现有罪名的有限性，可能导致人工智能犯罪中某些涉嫌犯罪的主体无法入罪。例如，自动驾驶汽车交通肇事后交通肇事罪的适用失灵。不同于传统的交通肇事，自动驾驶汽车的驾驶员会因为不存在违反交通运输管理法规无法入罪，汽车制造商更因为主体不符而无法入罪。又如，行为人通过切断电源供给使得自主运行的智能机器人无法充电的方式，干扰其正常运行，导致无法完成指定任务。此种情况下，智能机器人并没有遭受损害，不能以财产犯罪追究责任。但是，干扰或中断智能机器人的正常运行可能会造成其他严重后果，比如，正在执行重要任务的机器人因此，无法顺利完成任务，间接造成社会或其他个体的重大损失。

根据罪刑法定原则，出罪入罪都需要有刑法的明确规定，即"法无明文规定不为罪，法无明文规定不处罚"。而基于社会稳定的考量，任何涉嫌犯罪的行为都有明确刑事责任的必要，罪与非罪需要明确，此罪与彼罪也需要区分。试想，若危害行为或实害结果发生后因为没有罪名可以适用而无法追究行为人的刑事责任，何以安抚被害人及其家属，又谈何实现社会的公平正义？当然，罪刑法定原则是刑法最重要的基本原则，体现人权保障的精神，必然不可违背，而惩罚犯罪又是刑法的基本功能。因而，我们有必要开展更深入的研究，努力填补人工智能时代下刑法罪名的缺失，化解上述矛盾。

虽说当下的人工智能技术还没有统治人类，但胜似统治人类，智能手机、电脑、互联网等占用了人们日常生活的大量时间，人类似乎已经离不开这些智能产品。有专家因此，预言，"人工智能甚至可能会在未来成为人类的终结者"。但是，若能实现"社会为体、技术为用"的人机共生，人工智能和人类的和谐相处将成为可能。所以，我们应当用未来的眼光开展现代的科研，未雨绸缪，加强人工智能的刑法规制，对可能出现的人工智能犯罪风险提升防范，待问题出现或变得尖锐之时再来想办法解决恐怕只能是收效甚微了。犯罪化是刑法介入人工智能领域进行控制的基础和前提。前述"对象型"和"工具型"犯罪大多已经处于刑法规制的范围之内，但还存在一定的"法外空间"。在社会的急剧发展变化之下，将其他一些具有严重社会危害性的行为纳入刑法规制的范围是十分必要且迫切的。在未来的人工智能犯罪中，人工智能不再仅仅是犯罪的对象或仅充当行为人的犯罪工具，很有可能会成为全新的犯罪主体。因此，随着智能技术的进一步发展，刑法对人工智能的规制理应更加深入。

（二）人工智能刑事责任主体地位存疑

刑事责任是指实施犯罪行为应当承担的法律责任，在我国，刑事责任主要的实现方式为刑罚，刑事责任主体则是指承担刑事责任的犯罪行为实施者。我国现行的刑法体系下，就自然人犯罪而言，刑事责任主体实际上就是犯罪主体，但单位犯罪有所不同，单位犯罪的刑罚方式是以双罚制为原则，以单罚制为补充。双罚制是指既对单位判处罚金，又对直接负责的主管人员和其他直接责任人员判处刑罚；单罚制是指单位犯罪后只追究直接责任人员的刑事责任而不对单位科以处罚。因此，对于单位犯罪来说，基于单罚制和双罚制的处罚原则，作为犯罪主体的单位并不一定是刑事责任主体。

刑法理论中的犯罪主体和刑事责任主体并不是两个等同的概念，实施犯罪并不会必然导致刑责加身。人工智能的性质与法人相类似，与自然人相区别，因而在研究人工智能犯罪时不应将二者混为一谈。人工智能应否承担刑事责任是一个独立的问题，与其是否犯罪主体的问题并无必然关联，而刑事责任能力是成为犯罪主体的前提之一。人工智能刑事责任主体地位问题的研究，主要以人工智能的可罚性以及对其施以刑罚具有现实意义为出发点。

1. 弱人工智能不能成为独立承担刑事责任的主体

一般来说，刑事责任的对象是犯罪主体（单位犯罪只处罚自然人的情况除外）。如果否认弱人工智能的犯罪主体地位，那么通常来说也不应当要求其承担刑事责任。但是也有例外情况，即单位犯罪的单罚制，单罚制又称代罚制，实际上是一种代罚，简单来说就是作为直接责任人员的自然人代替单位接收刑罚处罚，在这种情况下，犯罪主体是单位，被追究刑事责任的却是自然人。但是，这种情况并不能说明弱人工智能也可以作为犯罪主体之外的刑事责任主体。在单位犯罪中，单位和自然人有着极高的关联性，单位意志并不是独立的意志，只是个人意志的集中体现，犯罪行为本质上还是由相关责任人员的意志所引起，而恰恰是这种处罚制度才真正处罚到了单位背后的实际控制人。同理，弱人工智能实施犯罪行为时也不具有相对独立的意志，只是在其他主体的故意或过失（使用者或生产者的重大过错）下实施了犯罪。因而在认定弱人工智能犯罪的刑事责任时也要透过现象看本质，由直接责任人承担故意或过失的刑事责任。

其次，弱人工智能并不具有可罚性，即刑罚目的的实现不能，对其强加刑罚没有现实意义。在人工智能犯罪的刑法规制中，刑罚适用的目的能否实现是一个不可忽视的问题。一般认为，刑罚的出发点是预防犯罪，"犯罪预防是刑罚的目的，是刑罚正当化的依据，为刑罚实施提供积极理由"。刑罚通过惩罚犯罪人，剥夺犯罪人的部分权利，改造犯罪人，教育一般人，强化社会个体的法律意识，达到预防犯罪的目的，而这一切都以刑罚有效为前提，简言之，刑罚至少要让罪犯觉得痛苦，明白犯罪得不偿失。但是，现阶段的弱人工智能并没有思想，我们认为其是一种客观存在的"物"，就像电视机、洗衣机等一样是人类生活的附属品，由于无法感知痛苦，刑罚也就因此，失效。另外，弱人工智能只具备获取信息的能力，即输入的算法语言，而不具备感知、分析和加工信息的能力，因而哪怕对其施以最严厉的刑罚也并不能强化它们的法律意识，促使它们守法，当人类再一次输入犯罪指令时它们还是会毫不犹豫地执行。所以说，运用刑罚处罚弱人工智能并不能实现刑罚预防犯罪的目的，没有实际意义可言。

2. 强人工智能具有独立承担刑事责任的可能性

智能机器人可以成为刑事责任主体，原因在于其已经具备刑事责任能力，且是高于法人的"直接的"刑事责任能力。此观点实际上也是认为犯罪主体和刑事责任主体是两个相同的概念。从字面上理解确实是肯定了强人工智能的刑事责任主体地位，但本质上来说其实是肯定了其犯罪主体地位。强人工智能之所以具有独立承担刑事责任的可能性，原因主要有二：第一，强人工智能与弱人工智能不同，具有可罚性，也有对其施以刑罚的可能性与可行性；第二，对强人工智能施以刑罚能够发挥刑罚的改造和教育功能，达到预防犯罪的目的，有现实意义。

我国现行刑法体系下的刑罚设置不外乎自由刑、生命刑、财产刑几大类，管制、拘役、有期徒刑、无期徒刑、死刑以及罚金、没收财产、剥夺政治权利几小类。这样的刑罚体系仅是针对自然人犯罪和单位犯罪设定的，人工智能不同于自然人和单位，没有生命、没有财产，因而不能对人工智能直接有效地适用，有人甚至因此，提出对人工智能进行定罪处罚同样没有意义。但是，对人工智能施以刑罚完全可以通过修改刑罚体系来实现。强人工智能虽然没有生命，但有系统和程序。系统之于人工智能相当于生命之于自然人，系统和程序是人工智能所有能力的来源。同通过自由刑、生命刑来处罚自然人一样，我们也可以通过修改、销毁程序等方式对人工智能施以刑罚，倘若能根据强人工智能的特点和属性增设一些有针对性的刑罚，重新构建一套刑罚体系，实现人工智能的定罪量刑将不再是痴人说梦。

此外，对强人工智能施以刑罚具有现实意义。可能有人认为，人工智能类似于计算机或其他机器，既然可以通过维修或报废的方式进行处理，就没有必要上升到刑罚的高度。这其实是走入了"工具说"的误区，没有对强弱人工智能做出正确区分。人机共融是人工智能技术下一发展阶段下智能机器人的重要特征，人工智能与人类的关系将由"主仆"转为"伴侣"。届时，人工智能甚至能完成大量人类无法胜任的工作，基于其重要的社会作用以及在经济生活中的重要地位，我们理应将其视为"电子人"，是社会的一部分而不仅仅是人类的附属品而已。

对犯罪的自然人适用刑罚可以起到教育和改造的作用，让接受刑罚的犯罪人不能再犯、不敢再犯、不想再犯，也能对其他人起到预警和震慑的作用。其实，未来的强人工智能会拥有同自然人一样的自我意识，他们也会情绪，也会有感知到害怕或恐惧，对其施以刑罚的效果并不亚于自然人。通过刑罚处罚的改造和教育，从而实现人工智能犯罪预防。一方面，具有强人工智能属性的智能机器人造价昂贵，如果将所有实施了犯罪行为的机器人统统销毁，实为一种资源的浪费。相较而言，施以刑罚可以教育和改造已犯罪的强人工智能，接受改造后的智能机器人能继续为社会做出贡献，何乐而不为。另一方面，对人工智能施以刑罚处罚，不仅可以通过处罚已犯罪的机器人来震慑其他萌生犯罪意图的机器人，使其"悬崖勒马"，还可以让一些存在法律盲区的机器人明确犯罪的边界，懂得什么行为涉嫌犯罪，从而自觉遵守法律，真正成为对人类有益的"有所为，有所不为"的人工智能。

第三节 人工智能的刑法规制相关问题解决建议

一、现行刑法体系下人工智能犯罪刑事归责路径的厘定

在人工智能技术高速发展的今天，可以预见强人工智能时代必将来临。从长远来看，强人工智能时代下的社会风险将会与当下完全不同，用以应对传统社会风险的传统刑法也

无法全盘适用于强人工智能犯罪。但是，科技与传统并不冲突，传统刑法仍然有可以直接适用或借鉴的地方。并且基本可以肯定的是，人工智能是一场耗时较长的科技革命，世界还将长期处于强弱人工智能的过渡时期。基于这种考量，传统刑法在较长的一段时间内仍然是有效的，易言之，现行刑法依旧是现阶段应对人工智能犯罪之重器。

弱智能不具承担刑事责任的现实性和可能性，因而不能以此追究其本身的刑事责任。与强人工智能不同，弱人工智能具有极强的工具属性，其最核心的"大脑"就是算法，对弱人工智能来说，算法本身就是运行规制。在此意义上，弱人工智能产品又表现为人工智能"物"，没有独立的意志自由，因而现阶段在应对人工智能犯罪时应当确认其工具性，坚持"工具说"。在人工智能技术处于转型期的当下，弱人工智能引发的刑事归责难题远未达到需要通过立法来解决的程度，在不改变现行刑法体系的前提下，积极应对弱人工智能带来的刑法挑战将会是更好的选择。

（一）人工智能犯罪不宜适用严格责任

面对人工智能犯罪的新特征，有学者主张，人工智能时代的犯罪主观状态或者说责任认定将以严格责任为常态，而以故意和过失为例外。作者并不赞同这一观点，我国刑法在应对人工智能犯罪时不应展现出严格责任的趋势。

严格责任起源于英美法系国家法官在司法实践中对法律的解释，是指在判断犯罪构成时不考虑主观要件，易言之，只要存在触犯刑法的客观行为，出现了刑法规定的某种结果，就可以以此对行为人进行问责。作者主张当下对人工智能犯罪不宜适用严格责任，理由如下。

首先，我国刑法推行主客观相统一的犯罪构成理论，罪过责任是进行刑事责任处罚的基本原则，且当下立法和司法实践中并未出现真正意义上的严格责任。有学者认为我国刑法已逐步承认并采纳严格责任，如交通肇事罪，司法实践中检察机关只须证明行为人存在违章行为且导致危害结果，而不需要证明行为人对该结果能够预见或已经预见；又如危险驾驶罪，不要求证明肇事及其责任，直接将危险驾驶行为定性为犯罪。人工智能犯罪规制体系，必须在责任要素上普遍采用严格责任。我国现行刑法体系下并无明确的严格责任，上述举例也仅是体现了严格责任的精神。虽然相对的严格责任可以被我国刑法所包容，并且能够在个别情况下发挥一定的作用，但并不代表严格责任适用于人工智能犯罪。相反，从保障相关主体合法权利的角度出发，更应该对人工智能犯罪坚持罪过责任原则。

其次，严格责任理论的推崇者也主张该原则在适用时应当审慎，且严格责任的适用在我国本身就存在一定的争议，反对者大多认为适用严格责任有些许"不分青红皂白"的意味。英美法系中，严格责任的出发点是预防重要而紧迫的危险，且必须严格限制其适用范围，的确有借鉴意义。比如，持有型犯罪中，巨额财产来源不明罪的设立就体现了严格责任的精神，将举证责任倒置，由嫌疑人承担财产合法来源的举证责任，解决了司法实践中检察机关举证难的问题，对打击贪腐有着极其重要的意义和作用。但是，相较于惩办贪腐而言，打击人工智能的使用者或研发、生产者并不是人工智能时代刑事法治首要而迫切的任务，司法实践中也不会出现类似举证难的问题，因而没有必要适用严格责任。相反，我们更应厘清犯罪的边界，让刑法化身科技进步的助推器，勿让其成为阻碍科技创新的牢笼。

因此，人工智能犯罪不应适用严格责任。严格责任的适用是有严格的限制条件的，无条件地适用必然会导致与主客观相统一的刑事归责原则相冲突，在人工智能犯罪的主观方面适用严格责任当"三思而后行"。

（二）追究"工具型"犯罪中行为人的故意责任

工具是与主体相对的概念，主体与工具是支配与被支配的关系。主体在自主意识和意志的支配下，对工具进行支配；工具没有自主意识和意志，其作用范围、活动领域等受到主体的支配。我国刑法及相关司法解释均未对"犯罪工具"做出详细具体的定义，从字面理解，并综合考量司法实践和立法本意，"犯罪工具"可以理解为"供犯罪分子实施犯罪使用的财物或器具"。而在司法实践中，我们常见的犯罪工具有实施盗窃时使用的钥匙、起子、扳手，实施杀人时使用的匕首、枪支等。

同自然人一样，人工智能也存在作为工具被犯罪分子利用的可能。弱人工智能犯罪中，机器人本质上还是行为人的犯罪"工具"，但这种"工具"不同于上述简单地直接用以犯罪的工具，有着不容忽视的特点，即行为人实施犯罪因弱人工智能的介入而具有了"间接性"。一般犯罪中，行为人直接使用工具进行犯罪，比如，直接拿起枪射击、拿钥匙开锁、用绳子绑架，这些犯罪行为都是行为人直接实施的。反观弱人工智能犯罪，行为人要事先向机器人发出犯罪的指令，然后由接受指令的机器人实施，这种情况下行为人不再是直接实施犯罪的人，较之传统的工具犯罪，在定罪量刑时会略显复杂。

如上文所言，行为人可以通过输入机器语言向智能机器人下达犯罪的指令，利用机器人实施犯罪行为。接受指令后，弱人工智能没有选择的余地，只能服从行为人下达的指令实施，这种行为并不是其自由意志下的行为，应当视行为人为犯罪的间接实施者。其实，这个问题不难解决，对于利用无意识的弱人工智能实施的犯罪，可以参考传统刑法中的间接正犯理论。间接正犯是指支配他人（犯意支配），将他人作为犯罪工具的人。间接正犯的成立条件有三：①行为人对实行者支配、操纵（教唆、强迫、欺骗等）；②实行者对支配者所犯罪名不承担正犯责任（因未达不法年龄等而缺乏独立认知能力、缺乏责任要素，如此罪故意、身份、目的等）；③行为人符合正犯的其他条件。司法实践中具体表现为：利用无责任能力者、利用他人无此罪故意的行为（如利用他人的合法行为、过失行为、自害行为或者犯他罪的故意）、利用有故意的"工具"（如利用有故意但无目的者或有故意但无身份者）以及利用有故意但没有共同故意的实行者。

弱人工智能犯罪中，行为人同样符合间接正犯的要件。第一，行为人具有弱智能实施行为所犯之罪的故意，如行为人基于杀人故意输入拿枪射击的指令，此时行为人主观上已具备杀死被害人的故意；第二，行为人对犯罪的弱智能实施了支配行为，即通过输入机器语言引导接受指令的弱智能实施犯罪行为，弱智能接受指令后只能依照指令实行行为，所以行为人输入机器语言的行为实际上就实现了对弱智能的支配；第三，弱人工智能不具备刑事责任能力，弱人工智能与刑法中的无刑事责任能力的主体相类似，如精神病人并不能识别什么是杀人行为，同样，弱人工智能也只能根据指令实施行为，而不能辨认行为的性质，因此利用弱人工智能实施犯罪，符合间接正犯理论中的"利用无责任能力者"。

除此之外，还存在另外一种情况，即人工智能的研发制造者为实现特定的犯罪目的而制造专门用于犯罪的智能机器人，此时，可参考传统刑法中的犯罪构成理论完成刑事责任的认定。根据犯罪两阶层的犯罪构成理论，"客观不法"加"主观有责"等于所构罪名。以盗窃罪为例。通常一般认为，盗窃行为是指"秘密窃取"，即在被害人不知情的情况下秘密转移占有。行为人为实施盗窃而生产研发出"盗窃机器人"，其行为看似不符合刑法上的盗窃行为，无法构成盗窃罪。但在人工智能时代下，刑法各罪名下的实行行为应做扩大解释，这也是未来刑法修正的必然趋势。本案中，行为人制造"盗窃机器人"的行为应当视作盗窃行为，因此，客观上的盗窃行为加主观上的盗窃故意，可直接以盗窃罪追究行为人的刑事责任。

而具有独立意志的强人工智能不再具有"工具"属性，强人工智能独立实施的犯罪行为不再属于"工具型"的人工智能犯罪，其在接受指令后可以自己做出行为与否的选择，若承认强人工智能的犯罪主体地位，则可能与行为人成立共同犯罪。这种情况下，可以通过视实施行为的强智能为正犯，视输入指令的自然人为教唆犯的方式实现相关犯罪的刑事归责。

（三）追究"雇主"及生产者的过失责任

人工智能可以实施故意犯罪，但人工智能犯罪并不局限于故意犯罪。除故意犯罪外，人工智能还可能涉及过失犯罪，自动驾驶汽车造成的严重交通肇事就是典型的人工智能过失犯罪。当前的理论一般认为，人工智能致害后应当追究责任主体的侵权责任。但是，在某些造成严重后果的时候，仅肯定侵权责任是不够的。如自动驾驶汽车在行驶过程中造成严重交通肇事，造成一人死亡或三人重伤以上的结果，已经达到了刑法交通肇事罪的结果要件，理应追究刑事责任，如果仅要求相关主体承担侵权责任似乎对被害人来说是有失偏颇。试想，本来应该被判刑的人最后只是因侵权被要求民事赔偿，被害人何以接受这样的结果？因此，当人工智能实施了严重危害社会的行为，完全有必要将此致害事件中的过失或过错上升为刑事责任。

人工智能的危险系数远高于其他服务于人类生产生活的客体，有必要对该项技术或产品的研究者、生产者以及"雇主"即使用者科以一定的注意义务以保证人工智能在生产研发及使用过程中的安全性。易言之，人工智能的危险性是相关主体注意义务的来源，而承担过失责任以违反一定的注意义务为前提。在明确人工智能生产和使用过程中相关主体的注意义务范围后，面对诸如自动驾驶汽车这样的弱人工智能不能成为承担刑事责任的主体，不妨在损害发生后基于注意义务的违反而追究"雇主"或生产者的过失责任。

1. 智能产品使用者的过失责任

虽说智能技术使得人类对机器人的控制指数大大下降，但现阶段的人工智能还没有突破与人类之间雇员和雇主的关系，其运行仍然在一定程度上受制于人类使用者，二者之间的关联性并未完全消解，因此，必须明确"雇主责任"这一概念。

智能产品使用者应当在使用过程中承担有限的注意义务。第一，正确合理使用智能产品的义务。使用者在使用智能产品的过程中，应当按照使用说明进行操作，防止系统接收错误的指令实施错误的行为，导致损害结果的发生。第二，智能产品报错时及时响应的义务。现阶段的弱人工智能离不开"人机协同"，使用者应当在系统报错或失灵时及时接管，手动操作。第三，定期检查和维修的义务。人类在使用手机时，坏与不坏、修与不修完全是自己的事，人人都可以对自己的东西主张物权，他人无权干涉。但人工智能产品与手机、电脑等一般的科技产品不同，因具有"能动性"而具有了社会危险性，因此，在享受智能产品给我们带来的更多便利的同时必须承担更多的义务。产品"雇主"应当定期检查、保养和维修其名下的智能产品，保证其运行不会导致他人利益或社会利益受损。第四，特定危险作业过程中的监督义务。产品使用者可能在面对一些任务时不想亲力亲为或者不能亲力亲为，此时他们可以选择让人工智能产品代而为之，如医疗机器人代替医生进行手术、清洁机器人代替清洁工人完成高空作业等。然而，没有任何一项技术能保证百分之百的安全，机器人作业也一样，因此，在智能产品从事特定高危作业时，产品"雇主"应当全程监督并做好相应的防护措施和应急处置方案。

2. 智能产品生产者的过失责任

"人机协作"的过程中，智能产品与产品使用者之间的关联程度明显高于与生产者之间的关联程度，因此，我们赋予使用者智能产品工作过程中的注意义务。然而对于人工智能来说，虽然学习的广度广袤无边，凡是人类社会的东西和事物都是它的学习对象。但在面对它未学习过的东西时，人工智能就会不知所措，而且不知道逻辑推理，犯错误和发生事故也在所难免，特别是在人工智能自主运行的过程中很可能因系统本身的缺陷导致损害。使用者并不是专业人员，他们与生产者之间存在极强的信赖关系（消费者通常充分相信科技产品的安全性），所以，除使用者外，还应当在人工智能产品的生产环节对生产者科以一定的注意义务。

每个时代的产品生产者所承担的义务是不同的，在智能时代，智能产品通常在接受使用者的指令后自主运行，虽说行为基于指令，但其运行是自主的，运行过程中遵循的是生产者为其制定的"规则"，因而智能产品的生产者必须承担安全保障义务。产品致害后，使用者和生产者之前存在加害给付的民事法律关系，可主张侵权或违约责任，受害者和生产者之间的侵权关系也毋庸置疑。但当后果足够严重，即上升为刑法上的法益侵害时，应当追究生产者的刑事责任。否则，在弱人工智能阶段，仅对生产者进行民事问责，不足以规制其研发行为，无法有效保证人工智能技术在可控、安全的前提下发展。

刑事责任一般以违反前置性规范为前提，要追究生产者的刑事责任，当下最迫切的就是形成一套完整成熟的人工智能行业规范，并完善《产品质量法》，明确应对智能产品生产过程存在严重问题或造成严重后果的厂家或个人依法追究刑事责任。完善相关规范后，对明知智能产品不合标准，存在安全隐患，为牟利而继续生产并投放市场且造成严重后果的，可以生产、销售不符合安全标准的产品罪论处。而对于主观过失下生产者的刑事责任，现行刑法并无专门的罪名与之对应。《刑法》二百三十三条、二百三十五条分别规定了过失致人死亡罪、过失致人重伤罪，法条的最后都明确写明"本法另有规定的，依照规定"。可见这两个罪名是造成死亡、重伤结果时的兜底条款，但我们不能把各种行为都往这个口袋罪名里面装，像产品致害这样的特殊情况将生产者认定为过失致人重伤、死亡罪显然是不合理的。该问题可以通过增设针对人工智能过失犯罪的罪名来解决，后文中也会提出相关罪名的设想。

法律不强人所难，每个阶段的科技水平都有其限度，不能苛求生产者任何情况下都承担人工智能犯罪的产品责任。试想，要求生产者承担一切未知的风险，甚至是看似完全不可能产生的风险，就像甲对着明确禁止人员入内的空旷的靶场射击，不料却击中了远处看不见的乙，将甲认定为过失致人死亡罪一样，难免过于严苛，也难以使人信服。如若刑法对智能产品的生产者研发者真的这么严格，不难想象在未来人们科研的热情会大打折扣，科技进步的速度也会因此，放缓很多。所以，如果基于当时的技术水平，生产者不能也不可能预见相应的危害结果，则应当将这种危害结果视为刑法中的意外事件，不再追究生产者的刑事责任。

综上所述，我们应当科以人工智能的"雇主"和生产者一定的注意义务，这种注意义务是追究过失责任的前提，作者仅简单举例，在当前阶段理论无法穷尽上述注意义务的范围，需要我们结合实践经验，在风险防控和人工智能带来的社会利益之间找到平衡点。与此同时，在人工智能过失犯罪中，也要结合当前人工智能技术的发展水平，考察过失犯罪构成要件的预见可能性。

二、完善人工智能的刑法规制

传统刑法足以应对现阶段人工智能技术带来的风险和挑战，但技术的发展还在继续，人工智能的智能程度日新月异，核心技术在什么时候取得突破没有人能给出确切的答案，或许实现强人工智能还需要长达几十年的时间，又或许强人工智能的实现就在明天？传统刑法终有一天会受到人工智能技术的强烈冲击，届时刑法体系的完善和重构势在必行。因此，作者拟在现阶段提出以下几个刑法完善和修改的方案。

（一）赋予强人工智能的犯罪主体地位

当前，一般认为人工智能犯罪的刑事责任分配有三种途径：由智能的使用者承担刑事责任、由开发商或制造商承担刑事责任以及由人工智能体本身承担刑事责任。

从立法层面来看，刑法只须做出相应调整即可。目前，我国现行刑法体系中仅有自然人和单位这两种类型的犯罪主体，在刑法总则中对强人工智能的犯罪主体地位加以确认意味着犯罪主体的范围将扩大到自然人、单位、强人工智能三种类型。在明确了强人工智能的犯罪主体地位后，其理应可以和自然人在共同故意的范围内构成共同犯罪，因而传统刑法中关于共同犯罪的规定也要进行相应的修改。

从操作层面来看，由于人工智能在设计过程中模拟了人类的思维体系，具有"类人性"，可以说比单位更接近于法律上的"人"，因而可以借鉴法人制度。作者初步设想，将强人工智能拟制为刑法上的"电子人"，并设立电子人登记制度，将每一个拥有独立意志的非"物"属性的强智能登记在册，让每一个独立的强智能因登记而获得刑法上的"电子人格"。个别预防论主张将刑罚看作治疗手段，将罪犯看作病人。基于这种理论，当我们将实施犯罪的强智能视为刑法上的"病人"时，电子人格也就有可能成为刑法规制的对象了。因此，从个别预防论的角度来看，能够容易地找到"电子人格"的规则性。通过刑罚实现人工智能的"再社会化"还能充分发挥刑罚的功能，这种做法也是完全符合刑法立法目的的。此外，还应当对人工智能的所有权人进行登记，并强制购买人工智能致害保险。当人工智能犯罪引发民事赔偿责任时，强制启动保险来降低被害人遭受的损失。

应当注意的是，赋予强人工智能机器人犯罪主体地位并不意味着其在刑法上处于与自然人完全平等的地位。相反,我们应当坚持差异原则,即自然人的权利位阶依然高于人工智能。在刑法完善的过程中,必须遵循自然人权利中心主义,人类的生命权永远拥有最高的优先级。例如,为救一个自然人而迫不得已牺牲一个人工智能,甚至是多个人工智能,仍应成立刑法上的紧急避险。

(二) 增设针对强人工智能的刑罚

弱人工智能本质是"物",而非"人",探讨针对弱人工智能的刑罚无意义可言,通过现有刑罚方式惩罚其背后的自然人,就可以实现相关犯罪中刑事责任的认定和分配。并且,在刑法未明确强人工智能的犯罪主体和刑事责任主体地位之前,对人工智能进行刑罚制裁也缺乏根本性的前提。但是,在人工智能主体具备足够的理性能力的前提下,对其科处刑罚是有意义的,而且完全符合刑罚目的。如果肯定强人工智能的犯罪能力和刑事责任能力,赋予其犯罪主体地位,如何实现人工智能的刑罚处罚就成了一个亟待解决的问题。

人工智能有着不同于自然人和法人的特点,传统的生命刑、自由刑、财产刑等并不适用,刑罚的目的无法实现,这也使得刑罚执行失去意义。人工智能成为新的犯罪主体后,立法的滞后性将显露无遗,"扬弃"将会是最理性的选择。因此,有必要根据未来强人工智能的特征,突破现有刑罚体系增设新的刑罚种类,完成人工智能时代下刑罚体系的重构。

人工智能刑法规制涉及前瞻性立法,增设针对强人工智能的刑罚是一项全新的科研任务,无前例可循,仍须借鉴传统刑罚体系的构建思维。刘宪权教授提议增设符合人工智能特点的删除数据、修改程序、永久销毁等刑罚手段,此观点具有一定的合理性和可行性,不失为一个好的方案。但是,在增设此类刑罚时必须对人工智能的刑罚手段和技术调整措施做出明确区分,即什么样的删除数据、修改程序属于刑罚手段而不是技术调整措施。因为根据罪刑法定原则,一个行为要构成犯罪必须由刑法明文规定,因犯罪而接受的刑罚也必须由刑法明文规定,所以,如果不做区分地将一般的调整措施也上升为刑罚,则意味着除了在人工智能被认定为有罪的情况下都不可能适用。因此,在人工智能刑罚中采纳删除数据、修改程序、永久销毁等措施的一个必要前提是明确划分刑罚和技术调整措施的界限,否则本合理的立法建议将变为无稽之谈。除上述三种观点外,还可以对犯罪的人工智能进行"降级",一个高级别的人工智能实施犯罪后可以考虑降低其智能等级。比如,比阿尔法更高级别的智能医生实施犯罪后被降级为智能扫地机等。这样既能实现对人工智能的处罚,降低"人工智能犯罪分子"的社会危害性,同时也能实现资源的持续利用。当然,人工智能的刑罚设置也不应局限于此,还可以考虑参考法人制度中的双罚制,同时处罚强人工智能和对其承担监管责任的自然人。最后,人工智能刑罚还当结合技术的发展趋势和规律分阶段、分步骤地进行调整和完善,以保证其不会因科技革新而失效。

第四节　人工智能刑事风险的应对设想

一、坚持科学发展与人类利益优先

综上所述，人工智能技术的发展必然会给人类社会带来很多已知或未知的难题，但不可否认的是人工智能时代的到来是科学技术进步的必然结果，回顾人类历史可见，科学技术会给社会各方面造成风险与灾难，但同样也会为人类带来福利。我们不能为了规避风险而阻碍人工智能技术的发展，相反，我们应该对该项技术的研究予以支持和鼓励，并对发展中产生的问题积极加以应对与解决。

在弱人工智能时代，人工智能产品的自我意识尚限制在人类的规制程序范围内，也许不会主动做出危害人类安全的行为，到了强人工智能时代，人工智能产品可能脱离人类的控制，凭超出规制程序范围之外的自我意识实施危害人类的行为。这就要求我们对这些危害人类利益的情况，尽早确立人类利益优先原则，并从立法、司法、执法等各方面对这些情况做出预防，同时正确面对人工智能技术发展过程中出现的新的法律问题，积极地做进一步规制。

二、弱人工智能时代下的刑事风险应对

在弱人工智能时代，人工智能产品受自身编制程序的控制，其行为实现的是设计者或其使用者的意志。对于这一阶段的人工智能产品，可以将其划为"产品"的范畴，依照《产品质量法》第十三条规定："对可能危及人体健康和人身、财产安全的工业产品，必须符合保障人体健康和人身、财产安全的要求。"其设计研发者、生产制造者对人工智能产品负有安全生产义务。因此，当人工智能产品不符合国家、行业标准，由于自身缺陷或运行错误造成严重损害后果时，可以比照《刑法》第一百四十六条生产、销售不符合安全标准的产品罪，对其设计者、生产者和销售者追究责任。与此同时，如果产品的使用者、管理者未对人工智能产品进行安全操作或尽安全管理义务，也可以被要求承担责任。

另外，对于犯罪人将人工智能产品作为工具实施犯罪，以及犯罪人对人工智能产品进行破坏和利用进行犯罪的行为，可以比照《刑法》第二百八十五条、二百八十六条和二百八十七条，依法对行为人追究刑事责任。

三、强人工智能时代的刑事风险应对

作者在这里将强人工智能时代的刑事风险，以机器人实施的损害行为是否由编制程序

范围之内的自我意识支配为标准分为两类。机器人未超出编制程序，实施具有严重社会危害性的行为；或者被行为人作为工具利用实施犯罪行为从而造成的刑事风险，可以参照弱人工智能进行应对，二者基本一致，这里不多做论述。当机器人通过深度学习具有了辨认能力和控制能力，超出设计编制程序范围，以独立的不受人类控制的自我意志实施危害社会行为时，其造成的刑事风险应如何应对是在这里要重点论述的部分。

先以其他法律对人工智能风险进行初步应对，最后再从刑法上进行规制。现今社会总体上仍处在弱人工智能时代，对于强人工智能时代可能面对的刑事风险主要限于设想和预测层面，社会中涉及的强人工智能产品超出程序范围以自我意志独立实施犯罪的情况较少，直接从刑法层面对其做出完整的规定的现实性较小。因此，可以以其他法律先行，在民事、行政领域出台相关的法律法规，例如，比照《产品质量法》对人工智能产品涉及的犯罪责任承担问题进行解决时，可以在民事、行政法等角度增加一些有关设计者、生产者、管理者注意义务的内容，并不断对技术发展过程中产生的风险做进一步规制。刑法层面则可以首先在现有罪名与解释的基础上做一些补充，待人工智能技术进一步取得突破性进展之后，明确是否确实产生了将强人工智能机器人确定为犯罪主体、刑事责任承担主体，以及设置新的刑罚罪名并调整刑罚体系的需要，然后再将刑法作为最终也是最严厉的法律保障，针对产生的刑事风险，在发展成熟的对应的伦理制度、其他法律制度、社会规则基础上，对人工智能产品进行最后的全面规制。

从立法上对刑法的体系和内容进行补充与改进，可以从犯罪主体体系、刑事责任体系、刑罚体系三个层面进行：

在犯罪主体基本构成上，应将拥有自我辨认能力与控制能力的强人工智能产品作为与自然人、单位相并列的拟制的刑事法律主体。

在刑事责任承担上，设计者或使用者与人工智能机器人就其实施的严重危害社会安全的行为应承担连带责任，因为即便人工智能机器人是以脱离编制程序的独立意识实施的犯罪行为，但其辨认能力与控制能力是源于设计者赋予其的基本程序，其危害行为也可能是由于使用者在使用过程中触发了某项程序而产生，在这里设计者或使用者对智能机器人的犯罪行为承担无过错责任。

在刑罚体系角度，应逐步建立专属于人工智能机器人的，即针对人工智能产品的本质属性及内在需求的有效的刑罚体系。可将适用机器人的刑罚分为删除数据、修改程序、永久销毁三种。这些刑罚方式可以对机器人发挥教育、威慑等功能，且体现了刑罚的层次性、宽严相济、衔接紧凑，能够对人工智能机器人造成"痛苦"且不具有残虐性，同时也是对刑法罪责自负、罪责刑罚相适应原则的贯彻，是可取并值得借鉴与思考的。

后　记

　　人工智能作为一项全新的技术，日后必定会独立做出决策和采取行动，亦会更加广泛地渗透到人类的生活、工作中，给我们的生活带去极大改变。因此，有必要从法律的角度审慎地对待人工智能。一方面应当限制人工智能的无限度开发，推动和保障人工智能为人类谋幸福，而不是相反；另一方面，应当重塑法律体系，以适应人工智能时代的社会关系调整。我们要充分认识到人工智能的特殊性，毕竟它不像一般的存在物那样极易界定性质，一旦赋予其法律主体资格可能产生的各种复杂影响，能够明确的是，赋予人工智能法律主体资格可以轻易破解当前社会存在的重重法律难题并且能够对其进行有效规制。面对人工智能给法律带来的影响，我们必须积极应对和理性思考，迎接人工智能时代带给我们的一系列挑战。

　　本书在撰写过程中，参考和引用了一些学者关于让人工智能的观点和相关资料，在此表示衷心的感谢。由于水平有限，书中难免存在不足之处，恳请广大读者批评指正。

参考文献

[1] 于艾思. 人工智能侵权责任制度的法经济学研究 [D]. 长春：吉林大学，2022.

[2] 陈雅宁. 论人工智能工具人格——私权主体方法论 [D]. 石家庄：河北地质大学，2022.

[3] 赵秉志，袁彬. 人工智能的刑法主体价值问题研究 [J]. 河北法学，2022，40（09）：2-14.

[4] 韩雨潇. 人工智能创作物版权侵权风险及其法律规制探析 [J]. 科技传播，2022，14（13）：30-33.

[5] 肖嘉. 人工智能时代下智慧司法建设研究 [J]. 黑龙江人力资源和社会保障，2022（16）：83-85.

[6] 王莹. 人工智能法律基础 [M]. 西安：西安交通大学出版社，2021.

[7] 卢炳宏. 论人工智能生成物的著作权保护 [D]. 长春：吉林大学，2021.

[8] 董彪. 人工智能时代新型民事法律责任规则研究 [M]. 北京：中国政法大学出版社，2021.

[9] 贺栩溪. 人工智能算法侵权法律问题研究 [D]. 长沙：湖南师范大学，2021.

[10] 高文杰. 人工智能时代的人权问题研究 [D]. 郑州：郑州大学，2021.

[11] 李传军. 人工智能伦理原则及其价值冲突研究 [J]. 山东行政学院学报，2021（06）：114-121.

[12] 沈寓实，徐亭，李雨航. 人工智能伦理与安全 [M]. 北京：清华大学出版社，2021.

[13] 杨昇，张佳卉. 人工智能生成物可专利性探析 [J]. 汉江师范学院学报，2021，41（06）：48-53.

[14] 李昭熠. 智能传播法律规制研究 [D]. 上海：华东政法大学，2021.

[15] 韩旭至. 人工智能的法律回应从权利法理到致害责任 [M]. 北京：法律出版社，2021.

[16] 唐蜜. 人工智能时代的刑事风险与《刑法》应对研究 [J]. 法制博览，2021（35）：43-45.

[17] 苗壮，方格格. 人工智能如何"人性化"：新闻伦理失范分析与对策 [J]. 传媒，

2021（23）：94-96.

[18] 肖季业. 人工智能治理的行政法问题研究［D］. 武汉：中南财经政法大学，2020.

[19] 崔亚东，叶青，刘晓红. 世界人工智能法治蓝皮书2021［M］. 上海：上海人民出版社，2021.

[20] 徐智浩. 论人工智能的民事法律主体地位［D］. 武汉：湖北大学，2021.

[21] 冯启锋. 人工智能创作物的著作权归属［J］. 现代交际，2021（22）：219-221.

[22] 朱梦云. 论人工智能生成物的著作权保护［M］. 北京：知识产权出版社，2021.

[23] 叶利丽. 人工智能应用的风险评估与应对策略分析［J］. 新型工业化，2021，11（11）：107-109.

[24] 杜彦薇. 论人工智能在刑事案件事实认定中的应用［D］. 合肥：安徽大学，2020.

[25] 韦邦龙. 人工智能的法律规制可能性［D］. 武汉：华中师范大学，2020.

[26] 彭辉，杨华. 人工智能法学系列教材人工智能法治应用［M］. 上海：上海人民出版社，2021.

[27] 张兆翔，张吉豫，谭铁牛. 人工智能伦理问题的现状分析与对策［J］. 中国科学院院刊，2021，36（11）：1270-1277.

[28] 李钰，吕翠微，张廷霞. 人工智能对人的发展的双重效应［J］. 现代交际，2021（21）：221-223.

[29] 周辉，徐玖玖，朱悦，等. 人工智能治理场景原则与规则［M］. 北京：中国社会科学出版社，2021.

[30] 蔡思欣. 人工智能发展带来的伦理困境及对策探究［J］. 机器人产业，2021（05）：86-93.

[31] 姚叶. 人工智能算法可专利性研究［D］. 武汉：中南财经政法大学，2020.

[32] 何哲作. 人工智能时代的治理转型挑战、变革与未来［M］. 北京：知识产权出版社，2021.

[33] 岳彩申，侯东德. 人工智能法学研究第4辑：智慧司法的发展与规则［M］. 北京：社会科学文献出版社，2021.

[34] 贾丽萍，曹璨. 人工智能生成创新的可专利性问题研究［J］. 福州大学学报（哲学社会科学版），2021，35（05）：18-24.

[35] 徐悦伟. 人工智能法律人格的否定及其规制构想［J］. 中国石油大学学报（社会科学版），2021，37（04）：84-91.

[36] 白绍华. 人工智能技术应用下的编辑伦理价值观分析［J］. 采写编，2021（08）：103-104.